꾹 은근 Cook!!

초등 한국사
레시피 ①

꽉 ___ 른 Cook!!

초등 한국사 레시피 1

신봉석 지음
김차명 · 남궁주혜 삽화

테크빌교육

From the Chef

우리는 무엇 때문에 역사를 공부하는 것일까요?

역사란 무엇일까요?

누군가 이런 질문으로 제 개인적인 생각을 묻는다면 저는 다음과 같이 답할 것입니다.

역사는 '기억의 공유'라고…….

그렇습니다. 역사는 기억을 공유하기 위한 학문입니다. 역사는 다른 지역에 살고 있는 사람들의 생각을 연결시켜 주기도 하고, 하는 일과 생각이 다른 이들을 이어 주기도 합니다. 또는 동시대를 살아가는 각기 다른 세대의 사람들, 더 나아가 과거와 현재의 사람들을 마주 보게 해 주기도 하니까요. 그렇게 공유된 기억은 사람들의 공공선 실천의 원동력이 되기도 합니다.

그렇다면 우리 아이들이 역사와 처음 마주하게 되는 초등학교 교실에서의 역사 수업은 어떤 방향을 지향해야 할까요? '우리'라는 공동체 내에서 '합의된 기억'을 공유하기 위해 최소한의 지식과 교양을 쌓는 과정이 필요합니다. 하지만 교과서의 내용에 밑줄 긋고, 개념어에 네모 상자를 그리며, 화려한 학습지의 빈칸을 채우는 방식으로는 뭔가 부족합니다. 물론 그런 방식이 틀렸다는 것은 아닙니다. 하지만 그런 수업은 대다수 어른들의 역사 학습에 대한 경험을 현재 아이들에게 재현하는 것일 뿐입니다.

얼마 전 성인들을 대상으로 평생교육을 진행한 적이 있습니다. 첫 시간에 '학창

시절 역사는 어떤 과목이었습니까?'라는 물음을 던졌습니다. 대부분의 수강생들이 학창 시절 역사는 암기 과목 그 이상도 이하도 아니었다고 응답하였습니다.

하지만 저의 초등학교 6학년 역사 수업에 대한 기억은 다릅니다. 담임 선생님께서는 교과서를 펴라는 말씀을 거의 하지 않으셨습니다. 우리는 선생님 책상 주변에 책걸상을 놓고 옹기종기 앉아 재미있는 옛날이야기를 들었을 뿐입니다. 저는 선생님과 역사를 나누는 시간이 마냥 즐거웠고, 다음 이야기가 너무나도 궁금하여 매 시간 가슴이 두근두근했습니다. 동네 목욕탕에서 담임 선생님을 만났을 때도 다음 이야기를 여쭤 보고 싶을 지경이었으니까요.

요즘에는 이를 스토리텔링, 내러티브식 수업이라고 합니다. 최근 10년 동안 역사와 관련 있는 좋은 책들이 엄청나게 쏟아져 나왔습니다. 스토리텔링 자료가 넘쳐납니다. 물론 그 많은 책을 교사가 읽고, 사회과 교육과정과 관련 있는 이야기를 선별하여 수업 시간에 아이들에게 선물하면 참 좋겠지요.

하지만!

현실은 그렇게 녹록지 않습니다. 유관 기관의 통계 자료를 보면 교사들의 업무가 줄었다고 하지만 교사들이 체감하는 것은 그들이 제시하는 데이터와는 다릅니다. 몸은 하나인데 수업 외에도 교사가 할 일은 무궁무진합니다.

그래서 제가 공부하며 알게 된 내용들을 정리해 보았습니다. 사회 교과서에서 다루고 있는 내용을 중심으로, 역대 교과서에서 선별한 사진들을 중심으로, 각각의 문장 및 자료에 얽힌 이야기들을 정리해 보았습니다. 이는 선생님들께서 굳이 여러 참고 서적을 뒤져 가며 스토리텔링 자료를 만들고, 그 조각들을 기승전결이 있는 하나의 이야기로 엮는 데 드는 시간을 단축시키기 위해서입니다. 하지만 이 책에 소개한 모든 내용을 아이들에게 전달해야 한다는 부담은 지니지 않았으면 합니다. 교육과정 내의 키워드들과 관련된 이야깃거리들을 '최대한' 한 곳에 모은 자료이기 때문에 단위 수업 시간에 모든 이야기를 전달할 수는 없습니다.

이 책에 실린 이야기 가운데 아이들과 공유하고 싶은 '기억'들을 골라 선생님만의 스토리 라인을 만드세요! 교사 커뮤니티 '쌤동네'에서 열정의 봉선생이 운영하고 있는 사신(史神) 프로젝트 채널에 방문하여, 셰프의 냉장고 속 링크된 프레지 자료를 참고해도 좋습니다. 수많은 키워드, 영상들을 살펴보고 선생님의 수업 방식에 맞게 플레이팅하세요! 완벽한 자료는 아니지만 수업을 다자인하는 데 도움을 드리기 위해, 제가 수업 시간에 사용한 모든 차시의 자료를 보완하여 공개하였습니다.

선생님만의 스토리 라인을 만들 때에는 어떤 점을 지향해야 할까요? 아이들이 역사에 '흥미'를 느껴 재미있게 수업에 참여할 수 있도록 도와줘야 하지 않을까요? 가끔은 이야기 속에서 '감동'을 느낄 수 있는 수업을 디자인하는 것은 어떨까요? 프레지 자료는 바로 그런 점들을 고민하여 제작한 수업 자료입니다. 이 책과 함께 프레지 자료를 활용한다면 선생님의 역사 수업은 더욱 맛있어질 것입니다.

이제, 단순한 사실 전달과 암기가 아닌, 풍요롭고 맛있는 역사 수업을 지향하는 선생님들께 묻습니다. 앞으로의 역사 수업은 어떤 모습이어야 할까요? 기본적인 역사적 사실을 아는 것도 중요하지만 때로는 역사적 상상력이나 비판 능력 같은 역사적 사고 능력을 기르기도 하고, 때로는 교과서를 만든 국가 기관의 입

장 외의 다양한 시각으로 역사를 바라볼 수 있는 관점을 열어 주는 것도 필요합니다. 또 가끔은 역사 속 인물의 입장으로 감정이입도 하여 보고, 배운 것을 생활 속에서 적용도 해 보는 다양한 활동 또한 필요할 것입니다. 그래서 각 단원 말미에 역사를 소재로 학생들과 진행한 활동 50가지를 '특제 비법 소스'라는 주제로 담아 보았습니다. 다양한 활동으로 선생님의 역사 수업이 풍요로워지고 아이들의 역사 공부가 즐거워지기를 바랍니다.

초등 교사 커뮤니티 '인디스쿨'에 자료를 제작해 올리고, '사신 프로젝트 두드림' 블로그를 운영하는 과정에서 많은 선생님들께서 이 내용들을 책으로 엮어서 냈으면 좋겠다는 요청이 들어와 출판에 도전하게 됐습니다. 출판 사정이 만만치 않은 요즘, 아이들에게 역사를 말랑말랑하게 선물할 수 있는 『초등 한국사 레시피』 출판을 흔쾌히 허락해 주신 즐거운학교 관계자 분들, 제목 이미지 제작에 도움을 준 지인 황승하, 신윤희, 신진희 님, 교정을 도와준 양누리 선생님, 응원해 준 많은 제자들에게 감사한 마음을 전하고 싶습니다.

끝으로 건강한 몸을 주지 못해 부모로서 항상 미안하지만 그럼에도 씩씩하게 버텨 주고 있어 항상 고마운 마음뿐인 사랑하는 딸 가람, 제가 꿈꿀 수 있게 해 주고 저의 꿈을 응원하며 그 꿈을 이룰 수 있게 뒤에서 지원을 아끼지 않는 사랑하는 아내 지숙, 그리고 저를 낳아 주시고 길러 주신 부모님께 고맙다는 말을 전합니다.

2019년 2월
신봉석

From the Chef ⋯ 4

Appetizer_ Show Me The History ⋯10

 나라의 등장과 발전

세계와 활발하게 교류한 고려

유교 문화가 발달한 조선

Show Me The History

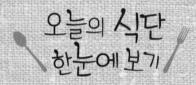

오늘의 식단 한눈에 보기

🍴 역사의 의미

🍴 사관

재료 준비

• 두루마리 화장지 심지
• 드라마 〈별에서 온 그대〉 오프닝 영상

장 보기

• 화장실
• 유튜브

5학년 2학기, 학생들은 처음으로 통사 형식의 역사를 접하게 됩니다. 물론 3~4학년 때 생활 도구를 중심으로 한 식의주의 변화와 지역사를 통해 과거 사람들의 생활 모습 등을 다루기는 하지만, 역사 영역을 본격적으로 지도하는 것은 5학년 2학기부터 6학년 1학기까지입니다. 범주는 우리나라의 역사이고, 세계 여러 나라의 역사는 중등 교육과정에서 배웁니다.

나에게 역사란? 🔍 "학창 시절, 여러분에게 역사란 어떤 과목이었나요?" 성인들을 대상으로 하는 평생교육 첫 시간을 진행할 때 던졌던 물음입니다. '학창 시절, 나에게 역사란 암기 과목이었다.'고 답한 분들이 가장 많았습니다. 저 역시 중·고등학교 국사 시간은 선생님께서 칠판에 써 주신 내용을 공책에 받아 적고 괄호에 들어갈 핵심 용어들을 채우고 외우는 활동을 반복하는 시간이었습니다.

역사 수업의 정석 🔍 암기가 필요 없다는 뜻이 아닙니다. 어떤 공부라도 기본적으로 암기해야 할 내용이 있기 마련입니다. 하지만 어떤 의미인지도 모르고 무턱대고 외우는 것은 우리의 뇌를 괴롭히는 일입니다. 역사 용어를 철저하게 해부해서 어떤 의미인지 알고 외우면 어떨까요? 가끔은 빵빵 터지는, 재미있는 암기법이 있다면 외우는 것이 덜 고통스럽지 않을까요?

또 의미 없어 보이는 교과서 사진 속 유물과 유적에 생명을 불어넣어 주는 스토리텔링, 즉 유물과 유적에 얽힌 이야기를 듣고 그 사진을 다시 살펴보면 딱딱한 역사가 조금은 말랑말랑하게 느껴지지 않을까요? 교과서에 제시된 역사 용어, 유물, 유적에는 모두 나름의 이야기가 담겨 있습니다. 그런 스토리들을 모두 담아 놓을 정도로 교과서 지면이 넉넉하지 않아 내용을 지나치게 압축해 놓아 우리가 그걸 알아채기 어려울 뿐이죠.

저는 역사 이야기를 시작할 때 항상 두루마리 화장지의 심지를 준비합니다. 왜냐고요? 이 물건에도 이야기가 담겨 있기 때문입니다.

역사학자들은 이전 시대에 살았던 사람들이 남긴 흔적이나 물건들을 가지고 그 시대의 생활 모습이나 있었던 일들을 밝혀냅니다. 역사에서는 이전 시대에 살았던 사람이 남긴 물건을 '남길 유(遺)', '물건 물(物)' 자를 사용해 '유물'이라고 합니다. 혹시 어떤 장소나 건축물이 남아 있다면 '자취 적(蹟)' 자를 사용해 '유적'이라고 합니다.

혹시 일기가 있었다면? 🔍 만약 두루마리 화장지 심지와 관련된 어떤 기록이 있었다면 어떨까요? 과거에 있었던 일을 더욱 상세하고 정확하게 파악할 수 있을 것입니다. 저는 이 일을 일기로 기록하였습니다.

<열정적인 봉선생의 일기>

어제 아침 출근 전 화장실에서 용변을 보았다. 그런데 용변을 마치려다 보니 내 옆엔 두루마리 화장지 심지만 덩그러니 있고 화장지는 없었다. 그래서 난 집에 있는 다른 식구들을 불러 화장실로 새 화장지 좀 가져다 달라고 소리를 질렀다. 물론 나도 처음에는 작은 목소리로 불렀다. 하지만 아무리 불러도 소용이 없었고 나의 목소리는 점점 커졌다. 혼자 괜히 부끄러워서 땀이 비 오듯 났다. 참 쪽팔리는 하루의 시작이다.

<○○○○년 ○월 ○일 맑음>

이런 사연으로 이 두루마리 화장지 심지와 저 사이에는 아주 특별한 사건이 생겼고, 저는 이 화장지 심지를 버리지 않고 지금 여러분에게 보여 준 것입니다. 제 일기장에는 두루마리 화장지 심지를 살펴보았던 것만으로는 상상하기 힘든 구체적인 이야기가 숨어 있었습니다. 역사학자들은 이렇게 남겨진 '기록' 속에서도 과거의 사실을 밝혀냅니다.

歷史 🔍 이렇게 기록이 남아 있는 시대를 '역사시대', 그렇지 않아 유적과 유물로만 그 시대 사람들의 모습을 밝혀내야 하는 시기를 역사 이전의 시대, '먼저 선(先)', '역사 사(史)' 자를 사용해 '선사시대'라고 합니다. 역사시대에서 '지낼 역(歷)' 자는 '그칠 지(止)', '벼 화(禾)' 자가 병서된 것에 '굴바위 엄(厂)' 자를 위에 얹은 글자입니다. '굴바위 엄(厂)' 자는 사람이 살 수 있는 곳을 본뜬 모양입니다. 즉 정지하여 농사를 지으며 집을 짓고 사는 시대라는 의미입니다. '역사 사(史)' 자는 네모난 책을 놓고 어떤 사람이 붓으로 무언가를 기록하는 모습을 표현한 것입니다. 인간이 한 곳에 정착해 집을 짓고, 농사지으며 사는 시기의 사건들을 기록으로 남겨 놓은 것을 '역사'라고 하는 것입니다. 이처럼 역사는 사람들이 살아온 이야기를 시간의 흐름에 따라 기록해 둔 것이지요.

Cooking Tip
설명 후 드라마 〈별에서 온 그대〉 오프닝 영상을 보여 주면 '시간의 흐름'이 어떤 의미인지 학생들이 쉽게 이해할 수 있습니다. 여기서 '시간의 흐름'이란 표현은 편년체를 염두하고 사용한 표현은 아닙니다.

사관이란? 🔍 역사의 의미에 대해 알아보았으니 이번에는 '사관'에 대해 이야기해 보겠습니다. 사관이란 '역사 사(史)', '볼 관(觀)' 자를 사용해 '역사를 바라보는 시각' 또는 '역사를 바라보는 눈' 정도로 풀이해 볼 수 있습니다. 사람들은 자신이 역사를 바라보는 시각에 따라 같은 대상이나 사건을 두고도 다르게 해석하거나 다른 주장을 펴기도 합니다. 즉, 역사가에 따라 역사를 바라보는 시각이 다를 수 있고, 관점에 따라 중요하게 생각하는 것이 달라 역사책마다 그 기록에 차이가 있을 수 있다는 의미입니다.

Cooking Tip
『늑대가 들려주는 아기 돼지 삼형제』, 『거인이 들려주는 잭과 콩나무』, 『새엄마가 들려주는 신데렐라』 등의 이야기 책을 활용해 특정 사건이 입장에 따라서. 바라보는 각도에 따라서 다르게 해석될 수 있음에 대한 공감대를 형성한 후 학생들이 국어사전을 준비해 스스로 '사관'이라는 단어의 의미를 찾아본 후 간단히 설명을 덧붙이는 것은 어떨까요?

인류의 변화

위 사진은 인류의 변화 모습을 표현한 조형물입니다. 여러분이 역사 교과서 집필진이고 중세 유럽에서 역사 교과서를 썼다고 해 봅시다. 그 교과서에 이런 사진이 들어갈 수 있었을까요? 아마 불가능했을 것입니다. 하지만 시중에 판매되고 있는 많은 역사책에는 제시한 사진과 유사한 삽화가 들어가 있습니다. 중·고등학교 역사 시간에도 인류의 진화에 대해 자세히 다룹니다. 하지만 중세 유럽은 크리스트교가 종교뿐 아니라 정치, 사람들의 일상생활과 사고방식에 절대적인 영향을 끼치고 있었던 시기였기 때문에 현재와 같은 시각에서 역사를 기록하지 않았을 것입니다.

이처럼 어떤 입장에 서서 바라보며, 무엇을 중심에 두고 역사를 서술하느냐에 따라 역사책에 실리는 내용은 달라질 수 있습니다. 교과서에 나온 것처럼 진화론을 이야기하는 사람들도 있고, 신이 인간을 창조하였다는 창조론의 시각을 지닌 사람들도 있을 것입니다. 제가 여기서 강조하고 싶은 것은 '관점에 따라 다를 수 있다.'는 것입니다.

〈정문경, 출처 : 문화재청〉

특별한 풍미로
　　한 시대를 풍미하다

나라의 등장과 발전

역사 영역! 그 첫 번째 코스 요리는 '나라의 등장과 발전'입니다. 첫 번째 요리는 총 4개의 메뉴로 구성되어 있고, 그 내용은 다음과 같습니다.

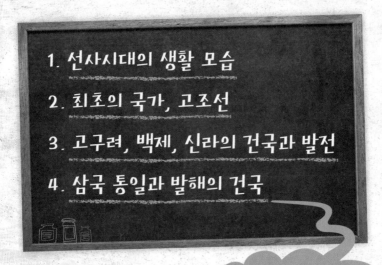

1. 선사시대의 생활 모습

2. 최초의 국가, 고조선

3. 고구려, 백제, 신라의 건국과 발전

4. 삼국 통일과 발해의 건국

초등 사회과에서는 단원을 구성하는 하위 요소들을 '중단원' 또는 '소단원'이라고 하지 않고 '주제'라고 표현합니다.

한반도에 인류 거주 시작

BP 70만 년 · 구석기 시대

BCE 8000년 · 신석기 시대

BCE 2333년 · 고조선 건국

BCE 57년 · 신라 건국

BCE 37년 · 고구려 건국

중학교, 고등학교 한국사 교과서를 살펴보면 선사시대를 지도할 때 구석기, 신석기 시대까지만 다루는 것이 아니라 청동기 시대까지 포함되어 있다는 차이점이 있습니다.

역사 이전의 시대를 선사시대라고 부르는데, 선사시대를 구석기 시대와 신석기 시대로 구분해 공부합니다. 역사 이전의 시대란 기록이 있기 전을 의미하므로 이 시기에 대한 공부는 당시 사용했던 도구들과 식·의·주를 연결하여 그들의 생활 모습을 상상해 보는 방식으로 이야기가 전개됩니다. 이어서 청동기 문명을 바탕으로 성립한 우리 역사 최초의 국가 고조선에 대해 학습하고, 고대 중앙집권 국가로 성장한 고구려, 백제, 신라와 연맹왕국 단계에서 성장을 멈춘 가야의 흥망성쇠에 대해 살펴봅니다. 끝으로 수백 년간 전쟁이 끊이지 않았던 삼국 시대를 통일해, 삼한일통을 이룬 남국 신라의 찬란한 문명과 고구려를 계승해 새로운 나라를 이룬 북국 발해에 대해 공부하는 것으로 첫 번째 食史를 마치게 됩니다.

셰프의 냉장고에 가지런히 정리된 식재료들을 살펴보고 싶다면 스마트폰으로 QR 코드를 인식해 쌤동네 링크를 클릭해 보세요! 셰프가 수업 시간에 사용하기 위해 제작한 프레지 자료를 살펴볼 수 있습니다. 프레지 애플리케이션을 설치하고 보는 것을 추천합니다.

BCE 18년	CE 660년	CE 668년	CE 676년	CE 698년
백제 건국	백제 멸망	고구려 멸망	삼국 통일	발해 건국

Table 01

뭐? 돌멩이 하나에도
이야기가 담겨 있다고?

오늘의 식단
한눈에 보기

- 구석기 시대의 도구
- 구석기 시대의 생활 모습

재료 준비	장 보기
· 〈맥가이버〉 오프닝 영상 · 맥가이버 칼 · 구석기 생활 모습 관련 영상 · 'I. 석기에서 철기까지' 음원	· 유튜브 · 실물 · 〈한국사기〉(KBS) · 멜론

석기시대 🔍 인간은 엄청난 힘도, 날카로운 발톱도, 단단한 부리도 가지고 있지 않은 약한 존재입니다. 하지만 두 발로 걷기 때문에 두 손이 자유롭고, 자유로운 두 손을 이용해 다양한 활동을 함으로써 두뇌가 발달했습니다. 그리하여 다양한 도구를 만들어 사용할 수 있게 되었습니다. 그렇다면 아주 먼 옛날 인간이 최초로 사용한 도구에는 어떤 것이 있을까요?

어떤 사람이 먹을 것을 찾아 숲을 걷고 있는데 늑대가 나타났다고 해 봅시다. 맨손으로는 대항할 수 없기 때문에 무엇인가를 집어 들었을 것입니다. 주변의 나무 막대기나 돌멩이라도 들고 저항했을 것입니다. 그 후에는 그런 경험을 바탕으로 주변에서 구하기 쉬운 나무나 돌을 이용해 무기를 만들었겠죠? 그리고 시간이 흐름에 따라 맹수들에게 대항하기 용이한 형태로 도구는 진화해 왔을 것입니다.

수십만 년 전 사람들이 사용한 도구들이 모두 남아 있어 현재까지 전해지는 것이 가능할까요? 시간이 너무 많이 흘러 무리입니다. 당시 사람들이 사용했던 도구들 중에서 현재까지 남아 있는 것들은 나무로 만든 도구보다는 상대적으로 단단한 재료, 돌로 만든 도구가 대부분입니다. 그런 돌로 만든 도구를 '석기'라 하고, 우리가 가장 먼저 배울 시대를 바로 '석기시대'라고 부릅니다.

석기시대란 말 그대로 돌로 된 도구를 주로 사용한 시대를 가리킵니다. 우리 역사에서 말하는 석기시대는 약 70만 년에 이르는 엄청나게 긴 기간이기 때문에 도구의 제작 방식에 따라 다시 둘로 나눕니다. 더 오래된 시기를 '오래될 구(舊)' 자를 써서 '구석기 시대', 조금 더 현재에 가까운 석기시대를 '새 신(新)' 자를 써서 '신석기 시대'라고 합니다. 물론 구

떤석기 모음

석기와 신석기의 중간 시기인 중석기 시대 유물들도 발견되기도 하지만 우리 나라 전역에서 보편적으로 나타나는 것이 아니기 때문에 보통 구석기와 신석기로만 구분합니다. 그중 이번 시간에는 인류 역사의 98% 이상을 차지하는 구석기 시대에 대해 공부하겠습니다.

무슨 전시관에 돌멩이를 저렇게 잔뜩 전시해 놓았을까요? 저 돌멩이들이 바로 구석기 시대 사람들이 사용한 도구, 석기입니다. 몇 년 전 경기도 연천 전곡리에 있는 선사 유적지에 가서 찍은 사진입니다. 제가 군 생활을 했던 곳입니다. 10년이란 시간이 흘렀어도 아직도 기억이 생생하게 납니다. 구석기 시대 복장을 하고 퍼레이드를 하는 사람들의 모습들, 당시 최고의 인기를 누렸던 군통령 이효리 씨가 구석기 축제 축하공연을 하러 전곡에 온다고 하자 군부대 전체가 들썩들썩했던 기억……. 당시 추억도 떠올려 볼 겸 같이 군대 생활을 했던 동생과 함께 전곡을 다시 방문했습니다.

구석기 시대에 쓰인 여러 종류의 석기 중에서도 가장 중요한 도구를 하나 소개하겠습니다. 이거 하나만 있으면 만능이었습니다. 구석기 시대의 맥가이버 칼! 바로 '주먹도끼'라고 부르는 녀석입니다. 구석기인들은 이 주먹도끼를 여러 가지 용도로 사용하였습니다. 동물을 사냥할 때, 동물의 가죽을 벗겨 옷을 만들 때, 가죽에 구멍을 뚫을 때, 식물의 껍질을 벗겨 낼 때 등 쓰이지 않은 곳이 없는 도구입니다. 이 주먹도끼가 최초로 발견된 곳이 바로 경기도 연천군 전곡리입니다. 평범한 돌멩이로만 보인다고요? 여기에 얽힌 이야기를 하나 소개하겠습니다.

Cooking Tip

추억의 드라마 〈맥가이버〉 오프닝 영상을 보여 준 후 주인공 맥가이버가 사용한 만능 도구 맥가이버 칼을 직접 보여 주었습니다. 그러면서 구석기 시대에도 이렇게 다양한 용도로 쓰인 석기가 있었다며 궁금증을 유발한 후 주먹도끼 사진을 제시하면 더욱 효과적입니다. 자료 사진은 가능하면 여러 각도에서 촬영한 것이 박물관에 직접 견학하는 것만큼이나 효과적입니다.

주먹도끼
(국립중앙박물관)

불과 수십 년 전만 해도 학자들은 구석기 유적을 분류할 때 동아시아·
아메리카 지역은 찍개 문화권, 유럽·아프리카·서아시아 지역은 아슐리안
문화권으로 나누었습니다. 미국의 고고학자 모비우스(H.L. Movius)의
학설에 따른 것인데, 이는 당시 학계의 정설이었습니다. 하지만 이 학설
은 1978년 완전히 깨지고 맙니다.

미군 병사 보웬이 1978년 한탄강 유역에서 여자 친구와 데이트를 하다
가 우연히 주먹도끼로 추정되는 유물을 발견하였습니다. 운이 좋게도 보
웬은 대학에서 고고학을 공부한 사람이었기 때문에 주먹도끼를 알아볼
수 있었습니다. 솔직히 우리처럼 평범한 사람이 봤을 땐 보통의 돌멩이와
구별하는 것이 불가능에 가까운데 고고학을 공부하는 사람들이 보면 인
위적인 가공 흔적이 있는지 없는지 알 수 있다고 합니다. 어찌 되었든 보
웬은 관련 유적지 조사를 의뢰했고, 조사 결과 연천군 전곡리에서 발견된
석기가 프랑스 생 아슐(St. Acheul) 지역에서 나온 주먹도끼와 유사하다
고 하여 고고학에서는 경기도 연천을 아슐리안형 주먹도끼가 발견된 아
주 중요한 장소로 여기고, 보웬의 발견으로 모비우스의 학설은 폐기되었
다고 합니다. 그래서 전곡에서 구석기 축제가 지속적으로 열리고 있는 것
입니다. 모르고 보면 단순한 돌멩이에 지나지 않지만, 알고 보면 주먹도
끼 하나에도 이렇게 재미있는 이야기가 숨겨져 있습니다.

슴베찌르개

떼석기 🔍   그렇다면 구석기인들은 이 도구를 어떻게 만들었을까요? 하나의 돌에 다른 돌을 부딪쳐 깨트리거나 돌의 일부를 떼어 내어 석기를 제작하였을 것으로 추정됩니다. 그래서 이를 '떼석기'라고 합니다. 연배가 있는 선생님들은 '타제석기'라는 용어가 더 익숙할지도 모르겠습니다. 고고학 용어를 우리말로 바꾸는 과정에서 많은 용어들이 바뀌었습니다.

   구석기 시대의 떼석기도 시간이 흘러감에 따라 1개의 석기를 여러 용도로 사용하는 방식에서 용도별로 다른 석기를 사용하는 방식으로 변화했습니다. 주먹도끼, 긁개, 찍개, 슴베찌르개 등이 있습니다. 주먹도끼는 짐승을 사냥하거나 털과 가죽을 분리할 때, 고기를 자를 때 등 다용도로 사용한 것으로 보입니다. 긁개는 사냥한 짐승의 가죽을 벗겨 손질할 때, 찍개는 나무를 자르거나 사냥할 때 사용했다고 합니다. 또 슴베찌르개는 주로 사냥에 쓰였습니다.

사냥

어로 활동

식(食) 🔍   구석기 사람들은 먹고사는 문제는 어떻게 해결했을까요? 사냥을 통해 먹거리를 얻었을 것입니다. 물론 혼자 사냥하기보다는 무리를 지어 여럿이 함께 사냥하는 경우가 훨씬 많았습니다. 인간의 완력은 여타 동물들에 비해 턱없이 약하니까요! 여럿이 힘을 합쳐도 어려운 일이었을 것입니다. 함께 사냥에 나선 동료가 사나운 짐승에게 목숨을 빼앗기는 경우도 허다했을 것입니다.

자연 상태에 있는 열매 같은 것을 모으는 채집과 같은 방법도 생존에 중요한 부분을 차지했습니다. 사냥보다 위험 부담이 훨씬 적었을 테니까요. 강가에 있는 동굴에서 구석기 사람들의 주거지가 다수 발견되는 것으로 보아 어로(漁撈) 활동도 생계 유지의 한 방법이었을 것입니다.

사냥과 어로 등으로 얻은 식량을 불을 사용해 익혀 먹었습니다. 불을 사용하면 어떤 점이 좋을까요? 불에 익혀 먹으면 고기가 더 맛있어진다는 장점 외에도 생고기에 비해 부작용이 덜하다는 장점이 있습니다. 인류의 생존율을 높여 준 것입니다. 또 불을 이용해 맹수로부터 보호받을 수도 있었을 것입니다. 밤에는 어둠을 밝히고 추위를 이겨 낼 수도 있었을 것입니다.

Cooking Tip
사냥 대신 수렵(狩獵)이라는 단어도 많이 사용하는데, '짐승 수(狩)' 자에 밀렵꾼에 쓰는 '사냥 렵(獵)' 자라고 하면 학생들이 곧잘 이해합니다.

고고학자들은 사진과 같은 활비빔 장치를 이용해 구석기인들이 불을 지핀 것으로 추정합니다. 예전 〈정글의 법칙〉이라는 텔레비전 프로그램

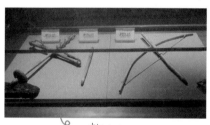
활비비

에서 격투기 선수 추성훈이 고생하며 불을 만들어 냈던 것이 아직도 기억에 남습니다. 의생활의 경우에는 동물의 가죽이나 구하기 쉬운 나뭇잎을 이용했다고 합니다.

Where 🔍 식·의·주 가운데 식과 의를 살펴보았습니다. 끝으로 '주'를 살펴볼 차례입니다. 구석기인들은 어떤 곳에 살았을까요? 사진과 같은 동굴이나 바위 그늘에서 주로 살았을 것으로 추정합니다. 사진은 국내 구석기 유적지 중 가장 오래된 곳으로 알려져 있는 단양 금굴 동굴입니다. 동굴 안에서의 모습은 어땠을까요? 한쪽에서는 동물의 가

단양 금굴 유적(문화재청)

KBS에서 제작한 다큐멘터리 〈한국사기〉 2화 '인간의 조건' 편을 활용하여 관련 수업 자료를 제작할 수 있습니다.

죽을 벗기고 있고, 다른 한쪽에서는 불을 피우며, 또 다른 한쪽에서는 뗀석기를 제작하고 있지는 않았을까요?

다음 사진처럼 동물 가죽이나 식물을 이용해 막집을 짓기도 했습니다. 지금의 텐트와 유사한 모습인 것 같습니다. 집을 지어도 이렇게 간단하게 짓거나, 자연 상태의 동굴에서 생활했던 이유는 먹을거리가 떨어지면 새로운 먹을거리를 찾아 발바닥에 땀이 나게 다른 곳으로 옮겨 다니는 이동 생활을 했기 때문입니다. 굳이 집을 짓는 데 노력과 시간을 낭비할 필요가 없었겠지요. 사실 몇 만 년 전의 구석기 시대는 빙하기에 속하기 때문에 우리나라와 중국, 일본이 육지로 연결되어 시간과 노력만 들인다면 얼마든지 이동이 가능했습니다. 그래서 구석기 시대 한반도에 머물렀던 사람들이 이후 시대에까지 대를 이어 머물렀다는 보장이 없습니다. 때문에 구석기 시대를 우리 역사의 시작으로 보기는 힘듭니다.

Cooking Tip

수업 시작 전 흥겨운 선사 시대 관련 노래를 틀어 놓고 즐거운 역사 시간이 될 것이라는 기대감을 심어 주었고, 수업이 끝날 때도 배운 부분까지 함께 들어 보며 복습용으로 사용했습니다. 효과 만점입니다.
개정 교과서에 실려 있던 '흥수아이 이야기'는 유골의 시대 논란 때문에 수업 시간에 다루지 않았습니다.

막집

하지만 이 구석기 시대 유적과 유물을 놓고도 총성 없는 역사 전쟁이 벌어지기도 합니다. 관련해서는 우리나라 최초의 구석기 유적인 종성 동관진 유적을 첫 번째 예로 들 수 있습니다. 함경 북도 종성 동관진 유적은 일제 강점기에 발굴되었는데, 당시 일본 입장 에선 일본 열도에서 발굴되지 않은 구석기 유적이 한반도에서 나온 것이 자존심 상해 세밀한 발굴을 하지 않고 덮어 버렸다는 설이 있습니다. 묘 한 자존심 싸움인 것이죠.

두 번째 예로는 일본 현대 고고학사에서 '신의 손'이 라고 불리던 후지무라 신이치의 '구석기 유물 조작 사건'을 들 수 있습니 다. 그는 구석기 유적을 잘 탐지해 내는 학자였습니다. 일본 고고학계의 자존심이었죠. 일본의 구석기 문화를 70만 년 전으로 끌어올려 세계 고 고학계의 주목을 받았습니다. 하지만 그의 계속된 성공에 의문을 품은 『마이니치 신문』은 그가 유물을 조작하고 있는 장면을 동영상으로 촬영 하는 데 성공하여 그의 사기 행각을 밝혀냈습니다. 이동 생활을 하여 열 도 사람들의 조상이라고 확신할 수도 없는 구석기 시대가 얼마나 길게 전개되었는지가 학자적 양심을 팔아넘길 정도로 중요했을까요?

외워야 할 만큼 크게 중요한 내용은 아니지만 한반도의 구석기는 약 70 만 년 전에 시작한 것으로 보고 있고, 이 내용은 새로운 고고학적 성과가 나오면 얼마든지 바뀔 수 있는 가변적인 내용입니다. 물론 구석기 시대가 얼마나 길게 전개되었는지가 어떤 민족의 우월성을 드러낼 수 있는 조건 이 될 수도 없습니다. 하지만 구석기 시대를 가지고도 이렇게 열띤 신경 전이 벌어지기도 한다는 것! 흥미롭지 않습니까? 구석기와 관련된 이야 기는 여기까지로 마치고, 다음 시간에는 무언가 새로워진 석기시대! 우리 역사의 여명! 신석기 시대 사람들의 생활 모습을 살펴보도록 하겠습니다.

신석기 혁명

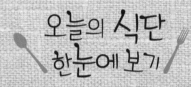

오늘의 식단
한눈에 보기

- 역사 용어 특강
- 신석기 시대의 도구
- 신석기 시대의 생활 모습

재료 준비	장 보기
• '1. 석기에서 철기까지' 음원	• 멜론
• '뾰족 그릇의 비밀' 영상	• 〈역사채널e〉(EBS)
• 가락바퀴 사용 영상	• 유튜브
• 정착 생활 관련 영상	• 〈한국사기〉(KBS)
• 배를 이용한 고래 사냥 관련 영상	• 〈한국사기〉(KBS)

Cooking Tip
본 차시 시작 전에 이전 시간
에 사용한 'I. 석기에서 철기
까지' 음원의 일부를 활용하
면 전시 학습 상기에 도움이
됩니다.

BC와 AD 🔍   신석기 시대에 대해 살펴보기 전에 역사 용어 몇 가

지만 점검하고 넘어가도록 하겠습니다. 먼저 BC와 AD입니다. 서양에

서 연도를 구분하기 위해 사용하는 약자입니다. 서양 세계는 크리스트교

의 영향력이 절대적이었음을 생각하며 용어를 이해해야 합니다. 먼저 BC

는 Before Christ의 약자로 예수 그리스도 이전의 시대(서력기원전), AD

는 Anno Domini의 약자인데 라틴어로 '그리스도의 해'라는 의미입니다

(서력기원). 서력기원은 로마 신학자 디오니시우스 엑시구스(Dionysius

Exiguus, 470~544)라는 사람이 처음 제정했다고 합니다. 당시에는 0이

라는 숫자를 활용할 줄 몰랐기 때문에 기원을 0년부터가 아닌 1년부터

시작했다고 합니다. 지금은 서력기원 2019년인 셈입니다.

   그럼 오늘 이야기할 내용과 연관 지어서 한번 생각해 보겠습니다. 우

리 역사에서 신석기는 기원전 약 8000년경에 시작한 것으로 봅니다. 그

럼 기원전 약 8000년 전은 지금으로부터 몇 년 전일까요? 8000에 기원

후 2019년을 합하면 10019년, 약 1만 년 전으로 표현할 수 있습니다.

BCE와 CE 🔍   하지만 요즘 박물관 같은 곳에 가면 우리가 흔히 알

고 있는 BC와 AD를 사용하지 않는 경우가 많습니다. 우리나라 국립중

앙박물관도 그렇습니다. 국립중앙박물관은 BC 대신에 BCE를, AD 대신

에 CE를 사용합니다. 몇 해 전 영국 BBC가 기존의 BC와 AD라는 용어

대신에 BCE와 CE라는 새로운 용어를 도입하여 시끌벅적했던 적이 있

습니다. BC와 AD라는 용어가 기독교를 믿지 않는 사람들에게는 받아들

이기 어려우며 정치적으로 공평하지 않다는 이유에서였습니다. BCE는

Before Common Era, CE는 Common Era의 약자입니다. 실제 의미는

기원전과 기원후를 나타내는 BC, AD와 크게 다르지 않습니다. 다만 박물관이나 전시관에서 점점 BCE와 CE를 많이 사용하는 추세여서 잠시 언급했습니다.

신석기 시대 🔍   구석기 시대에는 돌을 깨트리거나 떼어 내 도구를 만든 뗀석기를 사용했습니다. 신석기 시대에는 이 뗀석기와는 다른, 새로운 석기를 사용하였습니다.

뗀석기 vs 간석기 🔍   구석기 시대와의 구분 지점은 바로 석기입니다. '간석기'는 돌을 정교하게 갈아 만든 석기라는 뜻으로 예전에는 '마제석기'라는 용어를 사용하였습니다. 다음으로는 신석기 시대의 상징을 살펴보겠습니다.

빗살무늬토기
(국립중앙박물관)

서울특별시 강동구 암사동에 있는 선사 유적지에서 만날 수 있는 유물입니다. 표면에 비스듬한 선이 새겨져 있어 '빗살무늬토기'라는 이름이 붙었습니다. 이 빗살무늬토기가 바로 신석기 시대의 상징과도 같은 유물입니다. 강가에서 땅에 콕 박아 놓기 위해 끝을 뾰족하게 만들었다고 합니다. 음식을 조리하거나 저장하기 위한 도구로 보입니다. 자세히 살펴보면 구멍이 몇 개 나 있는데, 일설에 따르면 이는 토기를 수리한 흔적이라고 합니다. 빗살무늬를 새긴 이유는 고기잡이가 잘되길 바라는 마음을 담고 있으며, 불에 구울 때 갈라지거나 깨지는 현상을 줄이기 위한 것이라고 합니다. 빗살무늬토기는 우리가 평소 생각한 것보다 훨씬 큰 것도 많습니다. 그리고 빗살무늬토기라고 해서 꼭 끝이 뾰족한 것만 있는 것은 아닙니다. 빗살무늬토기도 지역

동북 지역 빗살무늬토기

별로 다른 형태가 다수 등장하는데, 특히 한반도 동북쪽에는 바닥이 일반 그릇처럼 평평한 것들도 출토된다는 점 참고하세요!

Cooking Tip
바닥이 평평한 빗살무늬토기를 소개하여 유물을 대하는 데 있어 고정관념이 생기지 않게 해 주세요! 국립중앙박물관에 체험학습을 간다면 다양한 형태의 빗살무늬토기 찾기 미션을 추천합니다.

정착 생활 🔍

토기가 출토된다는 것은 농경을 시작했다는 중요한 증거가 될 수 있습니다. 평양 남경 유적이나 봉산 지탑리 유적에선 탄화된(불에 탄 것을 의미) 좁쌀(잡곡류에 해당하고 쌀과는 차이가 있음)도 발견되었다고 합니다. 농경을 시작했다면 구석기 때처럼 이동 생활을 해서는 안 됩니다. 물론 신석기 때의 정착 생활을 지금과 같은 정착으로 해석해선 안 됩니다. 지력이 쇠했을 때 거름을 주거나 소를 이용해 밭을 가는 우경이 시작되지 않았을 시기이기 때문에 어느 정도 정착을 했다가 다시 기름진 땅을 찾아다니는 불완전한 형태의 정착 생활을 의미합니다. 하지만 원시 농경의 시작과 그로 인한 불완전한 형태의 정착 생활의 시작이 인간의 식·의·주에 엄청난 변화를 가져옵니다.

Cooking Tip
KBS 다큐멘터리 〈한국사기〉 3화 '최초의 문명' 편 영상을 활용해 정착 생활에 이르는 과정을 수업 자료로 만들 수 있습니다.

신석기 혁명 🔍

영국의 고고학자 고든 차일드(V. Gordon Childe, 1892~1957)는 이를 '신석기 혁명'이라고 명명했습니다. 혁명이라는 단

Cooking Tip
'혁명'의 뜻을 국어사전이나 스마트 기기를 사용해 스스로 찾아보게 하는 것은 어떨까요?

어가 어울릴 만큼 농경은 인간의 생활 모습을 변화시켰습니다. 삽화의 오른쪽 아래를 보면 농사를 지어 얻은 수확물을 빗살무늬토기에 저장하는 모습을 볼 수 있습니다. 그리고 곡식을 빻는 용도로 갈돌과 갈판을 사용하고 있습니다. 위에 있는 두 사람은 돌보습을 이용해 땅을 파고, 밭을 갈고 있습니다. 하지만 인간의 힘은 소에 비해 훨씬 약하기 때문에 깊이 갈아엎을 수가 없어 지력이 약할 수밖에 없었습니다. 바로 아래 있는 사람은 돌괭이를 사용해 잡초를 뽑으며 땅을 파고 있습니다. 삽화 왼쪽을 보면 한 사람이 뼈로 된 낚시 바늘을 나무 막대에 걸어 들고 있습니다. 그 아래쪽에는 강물 속에서 사람들이 물고기 떼를 몰고 있는 장면입니다. 그물 끝에 돌을 매달아 그물이 목표물이 있는 곳에서 가라앉을 수 있

Cooking Tip
프레지에 교과서 삽화를 삽입하여 Zoom In, Zoom Out 기능을 사용하여 수업을 진행하는 것은 어떨까요? 삽화 속 사람들이 무엇을 하고 있는지 질문한 후 아이들에게 잠시 스스로 생각할 시간을 주세요!

게 하여 사용한 것으로 추정됩니다. 이를 그물에 단 돌이라고 하여 '돌 그물추'라고 합니다. 물론 수렵(사냥)을 통해 짐승을 잡아먹기도 합니다. 신석기 땐 정착 생활과 더불어 가축을 길러 잡아먹기도 했습니다. 여전

가축

히 채집 활동도 합니다. 농경이 시작되었다고는 하지만 아직까지는 사냥과 채집의 비중이 상당히 높습니다.

달라진 기후와 사냥의 변화 🔍

구석기 시대에 비해 신석기 시대는 무척 따뜻해졌습니다. 기후가 변화함에 따라 빙하가 녹아 해수면이 올라가고 바닷가는 해양 자원을 채집할 수 있는 안정적인 공간으로 변화합니다.

한반도의 신석기 사람들은 이때 바다로부터 지구상에서 가장 큰 포유류인 고래를 식량 자원으로 확보하기에 이릅니다. 그 근거로 들 수 있는 유적이 바로 울산 대곡리 반구대 암각화 유적입니다. 바위 절벽의 모양이 거북이의 모습과 닮았다고 하여 '거북 구(龜)' 자를 사용해 '반구대'라

Cooking Tip
반구대 암각화는 실제로 울산에 가도 제대로 살펴보기 힘듭니다. 박물관에 세시된 큰 그림을 살펴보거나 만공 한국사와 같은 만들기 자료를 통해 바위에 새겨진 그림에 접근해 보는 것은 어떨까요?

고 합니다. 반구대 바위그림은 신석기에서 청동기에 이르기까지 여러 차례 덧새겨진 것이라고 합니다. 반구대 바위그림에는 196점의 다양한 그림이 새겨져 있습니다. 이 가운데 육지 동물은 86마리, 바다 동물은 60마리가 새겨져 있고, 바다 동물 가운데 46마리가 바로 고래입니다. 고래는 지구상에

반구대 암각화 만들기 모형

서 가장 큰 포유류로 당시 한 마리를 포획하면 마을 전체가 한 달 이상 식량 걱정 없이 지낼 수 있는, 바닷가에 사는 신석기 사람들에게는 없어서는 안 될 소중한 식량 자원이었습니다.

그런데 선사시대 사람들이 그렸다고 하여 마구 새겼다고 생각해서는 곤란합니다. 고래 그림 가운데 새끼 고래를 업고 있는 모습의 고래를 볼 수 있습니다. 당시 울산만을 찾았던 귀신고래로 보입니다. 귀신고래는 새끼의 호흡을 돕기 위해 새끼를 업는 습성이 있다고 합니다. 선사시대 사람들이 고래의 습성까지도 정확히 파악하여 표현했다는 이야기입니다. 그외에도 가슴지느러미가 강조된 긴수염고래, 뭉툭한 사각형 모양의 머리가 특징인 향유고래, 줄무늬를 자세하게 표현해 놓아 배에 주름이 있는 것이 특징인 혹등고래까지! 고래에 대한 신석기인들의 무한한 관심을 느낄 수 있는 유적입니다. 당시 사람들이 직접 보지 않았다면 이렇게까지 그릴 수는 없었을 것입니다.

작살 꽂힌 고래뼈

반구대 바위그림이 해외에 알려지기 전까지 인간의 고래 사냥의 시작은 10세기 정도로 알려져 있었습니다. 반구대 바위그림이 세계에서 가장 오래된 고래 사냥 그림인 것이지요. 국립중앙박물관에 가면 고래의 뼈에 작살이 박혀 있는 유물도 볼 수 있습니다.

Cooking Tip
배를 사용해 고래를 포획하고 있는 모습을 설명하는 영상〈한국사기〉 3화)을 사용해 학생들의 이해를 돕는 것은 어떨까요?

신석기 사람들은 도대체 어떻게 바다로 나갔을까요? 그 답은 창녕 비봉리에서 발굴된 8000년 전 사람들이 제작한 배에서 찾을 수 있습니다. 통나무를 파서 만든 카누 형태의 배입니다. 처음에는 배가 아니라는 주장도 많았지만 노까지 발견되면서 배가 확실하다는 주장이 우세해졌다고 합니다. 이 배를 사용해 여럿이 함께 바다로 가서 고래를 잡은 것으로 보입니다. 배를 사용해 고래를 포획하는 장면 역시 반구대 바위그림에 새겨져 있습니다. 생존을 위한 신석기인들의 목숨을 건 도전! 고래 사냥과 반구대 암각화 이야기를 마치겠습니다.

Cooking Tip
식물 줄기를 이용해 실을 만드는 영상을 찾기 힘들어 동물의 털과 가락바퀴를 이용해 실을 실제로 만드는 장면을 보여 주었습니다. 지금 바로 유튜브에 접속해 '가락바퀴(spindle)'라고 검색해 보세요!

가락바퀴 🔍 다음은 신석기인들의 의생활을 살펴보겠습니다. 신석기 시대에는 동물 가죽을 다듬는 기술이 발전하였고, 실을 만들어 옷감을 짜는 방법을 알게 되었습니다. 식물의 줄기를 세로로 길게 쪼갠 다음 가락바퀴로 꼬아 실을 만들었다고 합니다. 이렇게 만든 실을 뼈로 만든 바늘에 꿰어 옷을 만드는 데 사용한 것으로 보입니다.

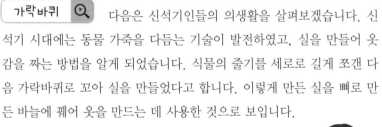

신석기 시대 여인의 모습입니다. 조개껍데기로 만든 팔찌와 목걸이로 몸을 치장하고 있는 모습입니다. 물론 주술적 의미도 담겨 있습니다.

얼굴 모양의 조개껍데기입니다. 흔히 조개껍데기 가면이라고 부르는 유물입니다. 하지만 실제로 국립중앙박물관에 가서 보면 얼굴을 가리기엔 부족한 크기로 '가면'이라기에는 무척 크기가 작습니다. 부산 동삼동 조개더미(패총)에서 발견된 유물입니다. 국립중앙박물관에 가면 패총의 단면도 살펴볼 수 있습니다.

조개 껍데기 가면

사진은 암사동 선사유적지에서 찍은 움집의 모습입니다. 신석기인들이 이러한 집에 살았을 것이라고 생각하여 발견된 움집터 주변에 복원해 놓은 모습입니다. 저 집들 가운데 두 군데 정도는 안을 살펴볼 수 있게

움집과 함께

개방되어 있었던 것으로 기억합니다. 움집의 의미는 '움을 파고 지은 집'이라는 뜻입니다. 움은 땅을 판 구덩이를 의미하겠지요. 70cm에서 1m가량 땅을 파고 지은 반지하 집으로 생각하면 됩니다. 당시에는 보온 기술이 약했기 때문에 이처럼 땅을 깊이 파고 집을 지었다고 합니다.

실제 발굴된 움집터 모습입니다. 전시관에 가 보면 구멍마다, 흔적마다 기둥을 세웠던 자리인지 불을 피웠던 화덕 자리인지, 토기를 놓았던 자리인지 등이 표시되어 있습니다. 이곳에 살던 신석기인들은 집의 중앙에 화덕을 만들어 놓았나 봅니다.

여기까지 신석기 시대 사람들의 식·의·주를 살펴보았습니다. 이것으로 역사 이전의 시대, 선사시대를 마칩니다. 다음 시간에는 역사시대에 해당하는 고조선 시기를 살펴보도록 하겠습니다.

Cooking Tip
'I. 석기에서 철기까지' 음원을 신석기 부분까지만 들으며 수업을 마무리했습니다.

움집터와 함께

옛 조선, 금속을 다루다

오늘의 식단 한눈에 보기

- 🥄 청동기 시대의 도구
- 🥄 고조선 건국 설화
- 🥄 고조선 사람들의 생활 모습
- 🥄 고조선 문화 범위

재료 준비	장 보기
• 'I. 석기에서 철기까지' 음원 • '한국 신화를 찾아서' 1부 영상(일부분) • '청동거울의 비밀' 영상	• 멜론 • 〈EBS 다큐프라임〉 • 〈역사채널e〉(EBS)

비파형 동검(국립중앙박물관)

거친무늬거울
(국립중앙박물관)

먼저 2장의 사진을 살펴보겠습니다. 어디에 사용한 물건일까요? 그렇습니다. 칼입니다. 날이 양쪽으로 나 있으니 검이겠죠? 검이니 전쟁을 할 때 사용했던 것으로 추정됩니다. 두 번째 사진은 무엇일까요? 원형의 물체에 선이 그어져 있습니다. 볼록 튀어나온 부분이 있고요. 두 유물에 어떤 공통점이 있을까요? 둘 다 청동을 이용하여 만들었다는 공통점이 있습니다. 신석기 시대 이후의 유물은 돌로 만든 도구, 간석기와 함께 청동으로 만든 도구가 많이 출토됩니다. 전에 볼 수 없었던 새로운 금속 도구들이 출현한 것이지요. 이 시기를 '청동기 시대'라고 합니다.

Cooking Tip
본 차시 시작 전에 이전 시간에 사용한 'I. 석기에서 철기까지' 음원을 활용해 전시 학습을 복습했습니다.

청동기 시대의 도구 🔍

국립광주박물관에 가면 사진과 같은 청동기 세트 메뉴를 볼 수 있습니다. 특히 팔주령(방울이 8개 있는 유물)은 국립광주박물관의 마스코트이지요. 사진으로 제시한 유물은 전남 화순 대곡리에서 출토된 청동 유물로 국보 제143호로 지정되어 있습니다.

생각해 보니 청동이 무엇인지 설명하지도 않고 청동 유물에 대해 이

화순 대곡리 청동 유물(국립중앙박물관)

야기하고 있었네요. 청동이란 금메달, 은메달, 동메달 할 때 동메달에 해당하는 구리를 의미합니다. 동메달의 '동'이 '구리 동(銅)' 자입니다. 하지만 구리로만 도구를 만들면 무척 무르기 때문에 청동기인들은 주석이나 아연을 섞어 도구를 만들었

Cooking Tip
청동거울의 경우에는 무엇에 사용한 물건인지 물었을 때 아이들의 다양한 생각을 들을 수 있었습니다. 또 두 유물의 공통점을 생각해 볼 수 있게 학생들에게 시간적 여유를 주는 것은 어떨까요?

Cooking Tip
주변에 있는 박물관에 전시된 청동기 유물 사진을 수업에 사용해 보길 추천합니다.

Cooking Tip
전선의 재료인 구리선을 생각해 보세요. 잘 휘어집니다. 구리로 칼이나 기타 도구들을 만들기는 힘들겠죠? 호기심 많은 선생님께선 학생들과 함께 과학실에 있는 전선 피복을 벗겨 내 보면 '무름'의 정도를 바로 알아낼 수 있을 것입니다.

습니다. 요약하면 구리에 주석, 아연을 합금해 만든 도구를 '동기'라고 하는데, 아연과 주석 가운데 주석의 함량이 많으면 '청동', 아연의 함량이 많으면 '황동'이라고 합니다.

다시 국립광주박물관의 사진으로 돌아가면 여러분은 청동검, 청동방울, 청동거울 등을 볼 수 있습니다. 거울이 어디 있냐고요? 오른쪽 아래에 있는 것이 거울입니다. 국립중앙박물관에서 어떤 외국인이 자신을 데려온 한국인에게 묻더군요. 저게 어떻게 거울 기능을 하냐고요. 하지만 질문을 받은 한국인은 모르겠다고 하며 다음 유물로 자리를 옮기려고 했습니다. 그래서 짧은 영어 실력으로 이야기했습니다. Back! Back of mirror! 모든 거울은 얼굴을 비춰 보는 면은 맨들맨들해 무늬가 없습니다. 그 뒷면의 장식과 문양을 보라고 박물관 큐레이터들은 거울의 뒷면을 볼 수 있게 뒤집어서 전시하고 있는 것이지요.

하지만 청동거울은 얼굴을 비춰 보기보다는 제사장이나 지배자의 권위를 나타내기 위해 사용한 것으로 추정합니다. 위쪽에 있는 방울도 마찬가지 아닐까요? 하지만 높은 사람의 권위를 보이기엔 색깔이 촌스럽다고요? 청동의 원래 색깔은 사진처럼 푸르지 않습니다. 저건 수천 년의 세월이 지나 녹슨 것입니다. 청동도 황동도 처음에는 금빛입니다. 10원짜리 동전으로 따지면 초기의 완전 반짝거리는 색 정도가 황동, 조금 시간이 지나 살짝 어두운 금빛을 내는 정도의 색깔이 청동의 원래 빛깔이라고 생각하면 됩니다. 태양이 내리쬐는 어느 날 빛이 반사되어 눈부신데 딸랑딸랑 금속 소리를 내는 물건을 가지고 어떤 이가 길을 걸어 다닙니다. 신석기인들이 그 모습을 처음 봤다면 엄청난 충격이지 않았을까요?

다음은 왼편에 날만 있는 청동검 이야기를 해 보겠습니다. "에게~ 날카롭지도 않고 저게 어떻게 칼이에요?" 하고 말하는 학생들도 있습니다. 네, 실제 칼로 사용되지 않았을 수도 있습니다. 거울과 방울처럼 위신재(높은 신분이나 권위를 상징하는 물건)였을 수도 있고, 제사에 사용된 물건이었을 수도 있습니다.

여기서 잠깐 옛날이야기 하나를 해 보겠습니다. 제가 중학교 2학년 때였습니다. 교실에서 누군가가 자꾸 제 뒤통수를 치고 모르는 체했는데, 사춘기 소년이어서 그랬는지 참을성이 없어서 그랬는지 화가 나서 욱하는 마음에 스틸 자(학용품)로 손등을 찍어 버렸습니다. 손등에서 피가 쏟아져 주변 친구들이 약간 당황했던 기억이 납니다.

금속은 날카롭지 않아도 어느 정도 강도만 있으면 충분히 동물의 피부를 뚫어 버릴 수 있습니다. 중국에서는 청동 창이 많이 나온다고 합니다. 그에 비추어 보았을 때 우리나라에서 출토되는 청동검 역시 전쟁에 사용되었을 확률도 낮지 않다고 생각합니다. 특히 처음에 제시한 청동검은 중국 악기 비파와 닮은 모양이라고 하여 '비파형 동검'이라고 합니다. 대부분의 절에는 부처님의 세계를 지키는 사천왕상이 있는데, 사천왕 중에 한 명은 악기 비파를 들고 있습니다. 신석기인들이 청동검이라는 신무기를 처음 봤을 때, 인류가 1945년 처음 원자폭탄의 무서움을 느꼈던 것처럼 충격에 빠지지 않았을까요?

고인돌 🔍

다음은 청동기 시대에 특별히 볼 수 있는 유적을 소개하려고 합니다. 강화도에 있는 고인돌입니다. 돌을 괴어 놓았다고 하여 '굄돌', '고인돌'이란 표현을 씁니다. 사진을 보고 작다고 오해할 수 있는데 실제로 답사를 가 보면 생각보다 훨씬 규모가 큽니다. 이 고인돌이 우리나라 대표 고인돌로 덮개돌만 70톤에 육박한다고 합니다. 한반도

↳ 강화도 고인돌

지도를 놓고 보면 북쪽에서 많이 나온다고 하여 예전에는 '북방식 고인돌'이라는 표현을 많이 사용했습니다. 하지만 요즘에는 탁자 모양처럼 다리가 길어 '탁자식 고

화순 고인돌

고창 고인돌

Cooking Tip
탁자식과 바둑판식 고인돌 만 있는 것은 아닙니다. 지 하에 만든 무덤방 위에 뚜 껑을 바로 덮개로 덮은 형 식의 고인돌도 있는데 이를 '개석식'이라고 합니다.

반달돌칼
(국립중앙박물관)

Cooking Tip
여기서 포인트는 '벼'입니 다. 꼭 벼이삭만 따는 용도 는 아니었을 테지만 벼라는 작물을 강조해 가르치는 것 이 학생들이 시기를 구분하 는 데 도움이 됩니다. 물론 신석기 시대에 하던 밭농사 도 더욱 발전했겠죠?

인돌'이라는 용어를 더 많이 사용합니다. 이런 형태의 고인돌이 남쪽 지방에서도 종종 나오기 때문입니다. 하지만 모든 고인돌이 저렇게 생겼다고 생각하면 안 됩 니다. 다리가 짧은 바둑판식 고인돌도 있습니다.

이러한 고인돌은 여러 발굴 정황을 살펴보았을 때 흔 히 지배자의 무덤으로 설명합니다. 강화도 고인돌처럼 70톤짜리 바위가 있었다고 해 봅시다. 그걸 이동시키 는 데 한두 명의 힘으로 가능했을까요? 못해도 수십 명 에서 백 명 이상이 달려들어 옮겼을 것입니다. 어떤 이 의 무덤을 만드는 데 수십 명, 수백 명이 관여한다는 것은 그 무덤의 주인공이 지역의 세력가 또는 권력을 쥐고 있던 사람이었을 것이라고 생각해 볼 수 있습니다. 물론 모든 고인 돌을 지배자의 무덤으로 볼 수 없으며 제단, 집회 장소, 기념물 등의 기 능을 한 것도 있다는 설이 유력합니다.

우리나라는 고인돌이 많기로 무척 유명합니다. 세계에 있는 고인돌의 절반 정도가 우리나라에 있다고 합니다. 수만 기에 이릅니다. 특히 강 화, 고창, 화순 지역의 고인돌 밀집 지역은 유네스코 세계문화유산으로 지정되어 있습니다.

반달돌칼 🔍 무엇처럼 생겼나요? 제가 볼 땐 가오리 모양 같습니 다. 무엇에 쓰이던 물건이었을까요? 또 구멍은 왜 뚫어 놓았을까요? 학 자들은 끈을 달고 손목에 끼운 후 벼이삭을 따는 데 사용했을 것으로 봅 니다. 그리고 반달 모양이라고 하여 '반달돌칼'이라고 부릅니다. 이렇게 곡식을 수확한 다음에는 사진과 같은 민무늬토기에 담아 저장했을 것입 니다. 그런데 왜 청동기 시대에는 신석기 시대와 달리 토기에 무늬를 새 겨 넣지 않았을까요? 일설에 따르면 청동기 시대에는 빗살무늬토기를

만들던 신석기 시대에 비해 토기를 제작하는 기술 수준이
높아져 굳이 무늬를 새겨 넣지 않아도 토기를 굽는 과정에
서 파손되지 않았을 것이라고 합니다. 물론 청동기 시대에
는 민무늬토기 외에도 다양한 토기들도 많이 출토됩니다. 우
리나라의 대표적인 청동기 유적지로는 충청남도 부여 송국리가
있습니다. 그래서 사진으로 소개한 민무늬토기를 '송국리형 토기'라고
도 합니다.

• 민무늬토기
(국립중앙박물관)

청동기 시대의 움집 🔍

청동기 시대의 움집은 신석기 시대에 비
해 움을 파는 깊이가 얕아졌습니다. 보온 기술의 발달에 따른 것이겠지
요. 그리고 불 자리(화덕)를 놓은 위치도 신석기 때는 정중앙이었다면 가
장자리로 옮겨졌습니다. 집의 모양도 동그란 원형 모양에서 직사각형 모
양으로 변화합니다. 하지만 이것 역시 꼭 그렇다는 절대적인 법칙은 아

닙니다. 저도 고등학교 때까지만 해도 청동기 시대 주거는 모두 장방형 (직사각형)인 줄로만 알았습니다. 하지만 답사를 다녀 보고, 더 공부해 보고 나니 부여 송국리 유적처럼 청동기 시대 유적임에도 원형의 집터가 발견되기도 한다는 것을 알게 되었습니다.

의복 제작 수준 또한 상당히 높아진 것으로 추정됩니다. 검술 연습을 하고 있는 것으로 보아 전쟁에 대비하고 있는 것 같습니다. 적의 침임을 막아 내기 위해 하천을 끼고, 그 물줄기를 따라 목책(나무 울타리)도 설치되어 있습니다. 동물을 제단에 올리고 무엇인가 종교 의식을 행하는 모습도 볼 수 있습니다. 대장장이들이 금속으로 도구를 만들고 있는 모습도 볼 수 있습니다. 그들은 전문 기술자들이었을 것입니다.

끝으로 그림 하단에서 농사를 짓고 있는 사람들에게 주목해 봅시다. 이 사람들이 사용하고 있는 괭이는 돌괭이일까요, 아니면 청동괭이일까요? 지금으로 따지면 다이아몬드나 금으로 농사를 짓지는 않는 것처럼 당시에도 청동은 농기구의 역할은 하지 않았습니다. 강도 자체가 무척 무르기 때문에 땅을 파는 등의 행위에 적합하지도 않았을 것입니다. 청동은 당시 무척 귀한 물건으로 지배자나 권력자만이 가질 수 있는, 그들의 권위를 상징하는 것이었습니다. 여기서 '권력자'라는 단어가 처음으로 등장했습니다. 계층 또는 신분이 분화하게 된 것입니다.

청동기 시대에는 이전 시대에 비해 생산 능력도 향상됩니다. 그래서 소비 후 남는 생산물도 생겨납니다. 특히 벼농사의 시작은 잉여 생산물이 생기는 데 큰 기여를 했을 것입니다. 벼는 단위 면적당 수확할 수 있는 양이 다른 작물들에 비해 무척 많기 때문입니다.

청동기 사람들은 물을 대기 쉽고 비옥한 저습지를 활용해 벼를 재배했을 것으로 보입니다. 풍년이 든 마을이 있는가 하면, 흉년이 들어 식량이 부족한 지역도 있었을 것입니다. 풍년으로 식량이 많이 남은 마을의 생산물을 두고 발생하는 갈등이나 대립은 필연적입니다. 전쟁이 빈번해

Cooking Tip

청동 농기구가 없다는 개념 역시 상대적입니다. 기후와 토질에 따라 다릅니다. 물론 위신재일 수도 있겠지만 외국의 경우 청동괭이가 박물관에 전시되어 있기도 합니다. 거기다 땅을 파는 용도가 아닌 청동낫은 더 흔한 편입니다.

집니다. 전쟁에서 진 사람들은 당연히 대가를 치렀을 것입니다. 전쟁 노비가 발생합니다. 수천 년간 계속되는 신분제 사회의 시작이 바로 청동기 시대입니다. 물론 전쟁에서 승리한 마을 안에서도 전쟁 전부터 나름의 계층 분화는 있었을 것입니다. 잉여 생산물의 발생 자체가 사람들 사이의 재산에 격차가 생겼다는 것이고, 이는 채무 노비의 발생을 가져왔을 것입니다.

고조선 건국 설화 🔍

우리나라의 청동기 문화는 기원전 2000년경에 시작된 것으로 봅니다. 지금으로부터 약 4000년 전 정도입니다. 이러한 청동기 문화를 바탕으로 세워진 나라가 바로 조선입니다. 조선을 세우고 통치한 단군과 관련된 이야기는 『삼국유사』, 『응제시주』, 『제왕운

↳ 삼국유사

기』, 『동국여지승람』, 『세종실록지리지』 등에 실려 있습니다. 그 가운데 우리는 고려 시대 승려 일연이 쓴 『삼국유사』에 집중해 보겠습니다. 단군왕검 이야기가 실려 있는 가장 오래된 책이기도 한 『삼국유사』는 종종 김부식의 『삼국사기』와 헷갈리기도 합니다. 하지만 김부식의 『삼국사기』에는 단군왕검 이야기가 실려 있지 않습니다.

단군왕검 🔍

단군왕검이라는 단어가 나왔습니다. '단군'은 하늘에 제사를 지내는 종교적 지배자, '왕검'은 정치적 지배자를 의미합니다. 이렇듯 제사장과 정치 지배자를 모두 포함하고 있는 단군왕검이라는 단어를 사용한 것으로부터 제사를 주관한 사람과 정치의 우두머리가 한 사람이었다는 것을 알 수 있습니다. 이를 제정일치의 사회라고 합니다. 우리나라 최초의 국가 조선은 단군왕검이라는 직책을 지닌 사람이 나라를 통

Cooking Tip

7차 교육과정까지만 해도 기원전 10세기 정도에 청동기 문화가 시작된 것으로 보았습니다. 하지만 2007 개정 교육과정에선 기원전 15~20세기 정도를 청동기 문화의 시작으로, 현재 2009 개정 교육과정 이후에는 한반도와 그 주변 지역의 청동기 문화의 시작을 기원전 20세기경으로 보고 있습니다. 최근의 고고학적 성과가 반영되어 청동기 문화 연대의 상한선이 바뀌고 있는 것으로 보입니다.

Cooking Tip

단군의 '단'은 실제로 '박달나무 단(檀)' 자이지만 '제단(祭壇)'할 때 '단' 자로 생각하게 했습니다. '제사'라는 단어를 연상시키기 위함이었습니다. 왕검이라는 표현에서는 '왕' 자에 집중하게 했습니다. 정치적 지배자를 쉽게 연상할 수 있는 단어이기 때문입니다.

Cooking Tip

EBS〈다큐프라임〉'한국 신화를 찾아서' 1부의 일부분을 활용하여 단군왕검 이야기에 접근하는 것을 추천합니다. 이 영상에선 천부인 3가지를 비파형 동검, 팔주령(청동방울), 청동거울로 표현하였습니다.

Cooking Tip

2002 월드컵 때 등장한 '붉은악마' 티셔츠의 도깨비 캐릭터는 전쟁의 신 '치우'라는 인물을 모티브로 만들었다고 합니다. 중국 사마천의『사기』, 중국에서 가장 오래된 지리서라고 전해지는『산해경』등을 보면 치우에 대한 기록이 있습니다. 치우가 이끄는 동이족이 황제 헌원이 이끄는 무리와 전투를 치렀다는 기록입니다. 또 '동두철액(銅頭鐵額)'과 같은 표현에서 '치우 무리가 금속을 다룰 수 있었던 것은 아닌가?' 하는 추정을 할 수 있습니다. 어떤 사람들은 치우를 환웅 가운데 한 명으로 보기도 합니다. 아이들의 흥미 유발을 위해 양념처럼 이런 이야기도 해 주면 좋을 것 같습니다. 우리는 조선 하면 단군왕검이나 청동기 문화를 바탕으로 세운 나라 등으로 연결 짓는데 '단군왕검이 다스리던 조선 이전에도 청동기를 사용하였나?' 하는 역사적 상상력을 발휘해 볼 수 있는 대목이기도 합니다.

치했나 봅니다. 대한민국 국민들이 대통령을 선출하듯이 단군 역시 1대 단군, 2대 단군 이런 식으로 권력이 이어진 것은 아닐까요? 물론 형제 간에 왕위의 세습이 이루어질 정도로 권력이 강력해진 것은 한참 후의 이야기입니다. 인터넷에서 검색해 보면 1대 단군부터 47대 단군의 이름이 등장합니다. 하지만 이는 많은 학자들이 위서라 평가하는『환단고기』라는 책에 실린 내용으로 학계에서 정설로 인정받지 못하는 내용입니다.

한민족의 건국 설화, 단군왕검 이야기를 살펴보겠습니다. 이야기 첫 부분에서 환인이라는 인물이 등장합니다. 하늘나라를 다스린다고 하였으니 하느님 정도로 생각해 볼 수 있습니다. 그의 후계자들이 나라를 세웠다는 이야기이니 우리는 하늘에게 선택받은 민족이다, 신성하다는 것을 강조하기 위한 표현으로 보입니다. 그의 아들 환웅이 널리 인간을 이롭게 한다는 '홍익인간'의 이념과 천부인 3가지를 가지고 인간 세상에 내려왔습니다. 이는 원래 그 지역에 살던 사람이 아닌 다른 지역의 사람이 청동기라는 선진 문물을 들고 이주해 왔다는 것으로 해석해 볼 수 있습니다. 환웅이 거느리고 온 바람, 비, 구름을 다스리는 풍백, 우사, 운사라는 표현에서는 당시 사회에서 농경이 가지는 중요성을 알 수 있습니다.

어찌 되었든 그렇게 출현한 환웅 집단은 태백산 신단수 아래 '신시'를 다스렸다고 합니다. 민족의 영산 백두산을 태백산으로 보는 견해가 많지만『삼국유사』에서는 태백산을 묘향산을 가리키는 것으로 봅니다. 그러던 어느 날 곰과 호랑이가 찾아와 곰은 사람이 되어 환웅과 결혼을 하였고, 호랑이는 고행을 견디다 못해 동굴을 뛰쳐나갔다는 표현이 나옵니다. 이는 이주 민족인 환웅 집단과 곰을 숭배하는 곰 부족이 연합을 하였고, 호랑이 부족은 거기에서 배제된 것을 상징합니다. 세월이 흘러 그 둘 사이에서 단군왕검이라는 자식이 생깁니다. 이 표현은 환웅 집단과 곰 부족이 융화되는 과정에서 조선이라는 나라가 생겼고, 조선을 통치하는 자를 단군왕검이라 불렀다는 것을 알 수 있습니다. 단군은 아사달로 도읍을 옮기고 환웅의 홍익인간 이념을 계승해 조선을 건국합니다. 여기서 아사달의 위치는 평양이나 황해도 구월산 등으로 학자들마다 생각이 다릅니다. 『삼국유사』에 실린 단군왕검 이야기는 특히 신비로운 느낌이 드는 이야기가 많이 실려 있는데, 이는 일연이 불교적 신이사관(神異史觀)에 의해 서술했기 때문입니다.

기원전 2333년 🔍 우리는 흔히 기원전 2333년, 지금으로부터 4300여 년 전에 조선이 세워진 것으로 생각합니다. 교과서에도 그렇게 서술되어 있습니다. 하지만 이 역시 역사가가 어떤 책의 기록을 따랐느냐에 따라 달라질 수 있음을 이야기하고 싶습니다. 또 우리가 오해하기 쉬운 것이 『삼국유사』에 마치 조선의 건국이 기원전 2333년으로 기록되어 있는 것처럼 생각하는 것인데, 이는 잘못된 상식입니다.

삼국유사 vs 동국통감 🔍 서거정의 『동국통감』이라는 책에서 중국 요임금 25년 무진년에 단군이 조선을 세웠다는 대목에서 나온 연대가 기원전 2333년이고, 실제 『삼국유사』에는 요임금 즉위 50년 되던 해인 정사년, 기원전 2284년에 조선을 건국한 것으로 나옵니다.

왜 조선이라고 표현할까요? 🔍 다음은 조선 사람들의 생활 모습을 살펴보도록 하겠습니다. 왜 헷갈리게 고조선이라는 표현을 사용하지 않고 조선이라는 표현을 사용했을까요? 원래 나라 이름이 조선이었을 테니까요! 조선이라는 나라는 통치 시기가 무척 길었던 것으로 보이는데, 왕조의 변천에 따라 위씨 조선과 구분하기 위해 '오래될 고(古)' 자를 붙여서 편의상 고조선이라고 부르는 것입니다. 지금부터는 조선을 '고조선'이라고 부르겠습니다!

Cooking Tip
한영우 교수님의 『다시 찾는 우리 역사』나 현행 고교 『동아시아사』 교과서를 살펴보면 고조선의 초기 중심지로 알려진 요하강 주변에서 발굴된 유물들이 소개되어 있습니다. 이 유물들을 보면, 무척 조심스럽지만 웅녀 이야기(곰 토템)가 떠오릅니다. 혹시 단군 설화도 트로이 전쟁 이야기처럼 (신화로 치부되다가 유적이 발굴된 사례) 단지 전해져 오는 이야기가 아니라 고고학적으로도 무언가 연결 고리가 있으면 좋겠다는 바람 때문일까요?

└ 여신상

└ 진흙으로 빚은 곰 발

Cooking Tip
물론 무진년이냐 정사년이냐가 아이들에게 중요한 것은 아니지만 2009 개정 사회과부도의 오기, 아이들이 듣는 인터넷 강의에서 몇몇 강사들이 실수하는 모습을 봐서 선생님들께서 바로잡아 주길 바라는 마음에서 언급합니다.

고조선의 법 🔍

고조선 사람들의 생활 모습을 보려면 당시의 법을 살펴보는 것이 효과적입니다. 총 8개의 조항이 있었다지만 현재는 3개 조항만 전해집니다. 중국 한나라의 역사가 사마천과 더불어 반고라는 사람도 역사가로서 무척 유명한데, 그의 기록 『한서』에 고조선에 대한 내용이 실려 있습니다.

'사람을 죽인 자는 사형에 처한다.'는 대목에서 인간의 생명을 귀하게 여겼음을 알 수 있습니다. 또 해석하기에 따라서는 '노동력'을 중요시했다고 볼 수도 있습니다. 다음으로 '남에게 상처를 입힌 자는 곡식으로 갚는다.'는 대목에서는 다른 생산 활동에 지장을 준 경우 생산물로 책임을 졌음을 알 수 있습니다. 당시가 농경 사회였음을 알 수 있는 근거도 되겠죠? 끝으로 '도둑질한 자는 도둑맞은 집의 노비로 삼는데, 죄를 면하려면 50만 전의 돈을 내야 한다.'는 대목에서는 일단 '노비'라는 단어에서 고조선이 신분제 사회임을 알 수 있습니다. 참고로 남자 종은 '노', 여자 종은 '비', 남녀를 합쳐서 '노비'라는 단어를 사용합니다. 또 50만 전의 돈이라는 표현에서 화폐를 사용했음을 알 수 있습니다. 춘추전국시대 전국 7웅 가운데 하나인 중국 연나라 화폐가 고조선의 강역에서 발견되긴 하지만, 고조선 고유의 화폐는 발견되지 않고 있습니다. 연나라 화폐 명도전이 너무 많이 발견되어 그것이 고조선의 화폐였던 것 아니냐고 이야기하는 책들도 있습니다. 어찌 되었든 법 조항을 두고 봤을 때 고조선 사람들이 화폐를 사용한 것만큼은 분명해 보입니다.

고조선의 생활 모습 🔍

대전에서 발견된 청동기로, 농사짓는 모습이 표현되어 '농경문 청동기'라고 합니다. 우측 하단의 괭이로 땅을 파는 모습, 좌측의 토기에 수확물을 담는 모습, 우측 상단의 따비로 밭을 가는 모습을 통해 당시 모습을 상상해 볼 수 있습니다. 특히 따비로 밭을 가는 사람의 머리에 있는 깃털 장식으로 그를 제사장으로 보기도 합

니다. 그리고 성기가 표현된 것을 보고 남성으로 추
정합니다. 그는 왜 나체로 밭을 갈고 있을까요? 이는
조선 중기 지식인 유희춘 선생이 『미암선생집』에서 비판
하고 있는 조선 시대에도 있었던 '입춘(立春) 나경(裸耕)'
의 풍습을 통해 벌거벗고 밭을 갈며 풍년을 빈 것으로 추
정됩니다. 밭의 모습의 경우 이와 거의 유사한 청동기 시대
밭 유적지가 발견되었습니다. 또 풍요를 가져오고 하늘과 인간을 연결해

농경문 청동기
(국립중앙박물관)

주는 새도 청동기에 표현되어 있습니다. 국립중앙박물관 전시 유물이기
때문에 직접 뒷면도 살펴보고 실제 크기가 어느 정도인지도 살펴보면 좋
습니다.

　그림에서 국자, 시루, 뼈로 만든 칼과 숟가락 등을 사용하고 있는 모
습이 보입니다. 고대 우리 조상들은 지금과 같은 밥의 형태보다는 곡식
을 쪄서 떡의 형태로 즐겨 먹었다는 이야기를 어느 프로그램에서 보았던
기억이 납니다. 시루를 보니 그런 내용이 떠오릅니다. 교과서에는 없는
내용이지만 고조선은 콩의 원산지라서 콩을 발효시켜 만든 간장과 된장

Cooking Tip

농경문 청동기가 2009 개
정 교과서에 처음 실렸을
때는 고조선의 유물로 소개
되었습니다. 하지만 발견된
대전은 고조선의 문화 범
위에서 벗어납니다. 그래서
일까요? 다음 해부터는 교
과서가 수정됐습니다. 물론
당시 사람들이 농사짓는 모
습을 짐작해 볼 수 있다는
점은 달라지지 않습니다.

Cooking Tip
고대로 올라갈수록 국가 사이에 명확한 경계가 없어 지금과 같은 영토의 개념을 적용시키기는 어렵습니다. 그래서 영토라는 용어보다는 생활 범위 또는 문화 범위, 강역 등의 단어를 사용합니다.

을 조미료로 많이 사용했을 것이라는 이야기도 있습니다. 다양한 모양의 민무늬토기에 곡식, 음식을 담았다고 합니다. 옷은 삼베, 동물 털, 비단 등으로 만들어 입었다고 합니다. 당연히 비단으로 만든 옷은 신분이 높은 사람이 입었을 것입니다. 또 대부분의 사람들은 짚신을, 신분이 높은 사람은 가죽신을 신었을 것으로 추정됩니다.

고조선의 생활 범위 🔍

이번에는 고조선의 문화 범위, 강역을 살펴보도록 하겠습니다. 고조선 사람들은 현재 지도로 보았을 때 어느

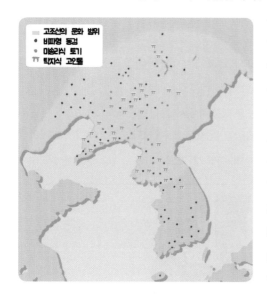

지역에 살았을까요? 비파형 동검, 탁자식 고인돌, 양쪽에 손잡이가 달렸고 표주박의 윗부분을 잘라 낸 듯 아가리 모양이 이색적인 미송리식 토기가 함께 발굴되는 지역을 고조선의 세력 범위로 간주합니다. 고조선의 중심 세력은 요하강 유역에서 대동강 유역으로 옮겨 가 중심지의 변천이 있었던 것으로 학자들은 추정합니다. 연나라 장수 진개의 공격으로 고조선이 확 밀렸다는 기록이 남아 있어 그렇게 보는 것 같습니다. 또 고조선 아래 남방에는 규모나 실체를 명확하게 규정할 순 없지만 '진'이라는 세력이 있었다고 전해집니다.

미송리식 토기에는 무늬가 없다? 🔍

고조선의 문화 범위를 비파형 동검, 탁자식 고인돌, 미송리식 토기가 함께 발견되는 곳으로 본다는 것은 고개가 끄덕여집니다. 하지만 평안북도 의주 미송리에서 발견된 미송리식 토기를 민무늬토기로 분류하는 책들도 있습니다. 실제로 미송리식 토기는 선 여러 개를 모아 그어 놓은 집선 무늬가 있습니다. 무늬가

있는데 왜 민무늬토기라고 분류한 것일까요? 고고학 전문가가 아닌 저로서는 이해가 되지 않습니다. 물론 처음 의주에서 발견된 토기는 무늬가 없었다곤 하지만, 집선 무늬는 부여가 세워지기 전 그 일대에서 유행한 서단산형 토기와의 차이점이기도 한데 말입니다.

다뉴세문경 🔍 끝으로 한국 청동기 문화의 정수, 우리나라 청동기 문화재의 자부심! 국보 제141호 다뉴세문경에 대한 이야기로 마무리하겠습니다. 대한민국 최고의 기업이자 세계에서도 인정받는 기업, 포스코의 TF팀도 완벽히 재현해 내지 못했다는 정문경 이야기입니다.

정문경은 충남 논산에서 발굴된 '다뉴세문경'을 말합니다. '많을 다(多)', '고리 뉴(紐)' 자로 고리가 여러 개 있고 세밀한 무늬가 새겨진 거울(細文鏡)이라는 뜻입니다. 이전에 출토된 청동기와는 비교불가! 엄청나게 정교한 문양을 자랑합니다. 지름 21.2cm의 청동거울에 0.3mm 간격의 선 1만 3천여 개를 정확하게 새겨 넣은 2500여 년 전 한반도 세공 기술의 정수입니다. 숭실대학교 박물관에서 소장하고 있으니 기회가 된다면 직접 살펴보시길 권장합니다.

국보 제141호 잔무늬거울
(문화재청)

Cooking Tip
다뉴세문경은 잔무늬거울을 가리킵니다. 잔무늬거울 관련 영상으로 '청동거울의 비밀(역사채널e)'을 강력 추천합니다. 출토된 곳이 충남 논산인 것을 고려하면 영상 속 '고조선 세공기술의 정수'라는 표현이 조금 어색합니다. 꼭 숭실대학교 박물관에 전시된 국보 제141호 정문경이 아니더라도 관람 시간에 제한이 덜한 국립중앙박물관에 전시된 유물을 통해 잔무늬거울의 섬세함을 느낄 수 있습니다.

Cooking Tip
'Ⅰ. 석기에서 철기까지' 음원을 청동기 부분까지만 들으며 수업을 마무리했습니다.

Table 04

삼국과 가야의 위대한 탄생

오늘의 식단 한눈에 보기

- 고조선 못 다한 이야기
- 열국 시대
- 고구려, 백제, 신라, 가야의 건국
- 중앙집권 국가로의 성장

재료 준비

- 'I. 석기에서 철기까지' 음원
- 위씨 조선~고조선 멸망 관련 영상
- 우리나라 지도 포스트잇
- 고구려 철갑옷 관련 뉴스 영상

장 보기

- 멜론
- 〈한국사기〉(KBS)
- 티처몰
- KBS(2011. 5. 18.)

고조선 못 다한 이야기 🔍

오늘은 고조선과 관련된 이야기를 마무리 짓고 시작하도록 하겠습니다.

Cooking Tip
본 차시 시작 전에 이전 시간에 사용한 'I. 석기에서 철기까지' 음원을 활용해 구석기 시대부터 청동기 시대까지의 내용을 복습했습니다.

중국 '연'과 대등한 국력 과시 🔍

혹시 중국의 4대 소설 가운데 하나인 『삼국지연의』를 아십니까? 조조, 유비, 손권, 관우, 장비와 같은 이름을 한 번 정도는 들어 보았을 것입니다. 그 소설의 배경이 되는 중국의 삼국 시대를 통일한 것이 바로 사마염입니다. 그 시기 정도에, CE 3세기 정도에 쓰인 『위략』이라는 책에 고조선과 관련된 기록이 남아 있어 그 이야기를 소개할까 합니다.

『위략』에 따르면 고조선은 기원전 3세기에 부왕, 준왕과 같은 강력한 왕이 등장하여 왕위를 물려주고(세습, 왕의 권한이 강해야만 가능한 일), 그 밑에 제후 또는 군장 정도로 보이는 '상', 문관 관료로 보이는 '대부', 무관 관료 '장군' 등의 관직을 두었으며, 이런 체제를 바탕으로 중국의 전국 7웅 중 하나인 연나라와 대적할 만큼 강성했다고 합니다.

하지만 기원전 3세기 초 연나라 장수 진개의 침략을 받아 서쪽 2천여 리의 땅을 잃게 되었다고 합니다. 2천 리면 폭 800km 정도 되는 영역인데, 서울에서 부산까지의 거리가 400km 정도 된다는 점을 고려하면 실제로 어마어마한 크기의 땅을 잃은 것입니다. 이 사건으로 인해 고조선의 세력이 약화되고 고조선의 수도가 요하강 유역에서 평양 지방으로 이동한 것이라고 주장하는 학자들도 있습니다.

위만의 등장 🔍

다음으로 고조선 말기의 상황을 살펴보도록 하겠습니다. BCE 194년이 무척 중요합니다. 고조선을 굳이 두 시기로 구분한다면 그 해가 바로 위씨 조선이 등장했던 시기이기 때문입니다. 위만의 등장 이전은 단군 조선이라고 부릅니다.

중국 진·한 교체기의 혼란한 시기에 만주 지역과 가까운 제나라, 조나라, 연나라 등에 머물던 사람들이 난리를 피해 대거 고조선 땅으로 이동해 옵니다. 이때 연나라에 사는 위만이라는 사람도 조선 땅으로 오는데, 그가 데리고 온 무리가 약 1천 명 정도였다고 합니다. 당시 조선의 왕인 준왕은 위만에게 서쪽 백 리의 땅을 주어 국경 수비의 임무를 부여했습니다. 하지만 위만은 이주민 세력을 통솔해 나가며 점차 세력을 넓혔고, 마침내 수도인 왕검성을 공격해 준왕을 몰아내고 스스로 왕이 되었습니다. 그때가 바로 BCE 194년입니다. 이때 위만에게 쫓겨 간 준왕은 남쪽의 진으로 내려가 왕이 되었다고 하는데, 이를 잠시 후에 다룰 마한의 기원으로 보기도 합니다.

진이라는 세력을 보면 지난 시간 이야기했던 고조선 강역 아래쪽인 대전에서 발굴되었다고 하는 농경문 청동기와 잔무늬거울이 떠오릅니다. 이미 고조선에도 중국으로부터 철기가 유입되고 있었겠지만 위만 세력의 이주를 계기로 한반도의 철기 문화 전파에 가속도가 붙은 것으로 보입니다.

Cooking Tip
KBS〈한국사기〉4화 영상을 활용해 위만의 등장, 섭하 사건, 한나라의 침공과 고조선의 선전, 고조선 멸망까지 수업 자료를 만들 수 있습니다.

한무제의 침략 🔍

위씨 왕조 3대 86년간의 시기에 조선은 철기 문화를 적극적으로 퍼뜨렸습니다. 철을 사용하면서 농기구와 무기 생산을 중심으로 한 수공업도 발달했겠지요. 그로 인해 상업과 무역도 발달했을 것입니다. 그리고 무력과 지리적 이점을 이용해 동방의 예와 남방의 진이 중국과 직접 교역하는 것을 차단하고 중계 무역으로 이득을 독점했습니다.

당시 중국은 통일 왕조이자 진정한 중국다운 모습의 시작을 보여 준 한나라가 세워진 시기입니다. 그 전성기를 이끌었던 한무제! 중계 무역을 통해 번성하는 고조선이 마음에 들지 않았습니다. 거기다가 강력한 유목 민족인 흉노와 손을 잡으려는 움직임을 보이는 고조선! 한무제는 위씨 조선에 섭하라는 사신을 보내 위만의 손자인 우거왕을 압박하였는데, 실질적인 효과는 없었던 것 같습니다. 성과 없이 돌아가던 섭하는 자신을 배웅하던 '장'이라는 사람을 살해하고 돌아가 외교적 성과는 없지만 고조선 관리를 죽였다는 공로로 요동 동부 도위라는 직책을 얻게 됩니다. 이에 화가 난 고조선은 특공대를 보내 섭하를 제거하는 것으로 보복합니다.

이 '섭하 사건'을 계기로 한나라와 고조선의 관계는 건널 수 없는 강을 건너게 되었고, 한무제는 누선 장군 양복에게 육군 5만, 수군 7천 명의 대군을 지휘하게 하여 수륙 양면으로 왕검성을 공격했습니다. 당시 인구를 기준으로 했을 때 5만 7천 명은 정말 엄청난 대군이었습니다. 고조선은 첫 번째 전투인 패수 전투에서 대승을 거두었으며, 이후 약 일 년간 한나라의 군대에 맞서 완강하게 저항했습니다. 하지만 전쟁이 길어지면 의견이 갈리는 법! 왕검성 내에서 화친을 주장하는 주화파와 전쟁을 주장하는 주전파로 내분이 일어나고, 고위 재상으로 보이는 '참'이 우거왕을 시해하고 한나라에 투항해 버렸습니다. 물론 '성기'와 같이 끝까지 나라를 지키고자 싸운 이들도 있었지만 BCE 108년 결국 왕검성이 함락되어 위씨 조선은 3대 86년 만에 멸망하고 맙니다.

열국 시대 🔍 고조선의 멸망 전후로 규모가 작은, 수를 헤아리기 어려울 정도의 여러 세력들이 다투어 나라를 세우는데 이를 '벌일 열(列)', '나라 국(國)' 자를 써서 '열국 시대'라고 합니다. 물론 꼭 고조선 멸망 후에 세워진 나라만 있는 것은 아닙니다. 『산해경』에 소개된 부여는 이미 기원전 2세기 정도의 시기에 국가의 모습이 전해집니다.

우리 기억 속의 강력한 군사대국 고구려도 작은 국가로 시작했습니다. 그리고 고구려에 항상 시달리다가 나중에 결국 고구려에 흡수되는 옥저

Cooking Tip
한나라와 흉노는 앙숙이었습니다. 한나라를 세운 한 고조 유방은 흉노를 치러 갔다가 오히려 흉노에게 포위당해, 그들에게 거의 목숨을 구걸하다시피 해서 살아 돌아왔습니다. 이를 역사는 '평성의 역'이라고 합니다.

나주 신촌리 금동관
(국립중앙박물관)

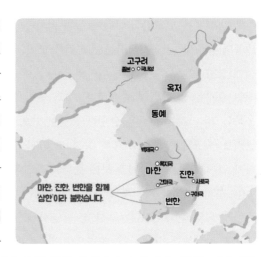

마한, 진한, 변한을 함께 '삼한'이라 불렀습니다.

와 동예, 아까 준왕 이야기할 때 잠시 나왔던 마한, 철 생산으로 유명했던 변한, 위씨 조선 멸망 이후 망명 세력들이 세운 것으로 보이는 진한 등 여러 나라들이 등장합니다. 특히 마한의 경우에는 54개국, 진한과 변한의 경우에는 각각 12개국의 나라들로 구성된 세력이라고 합니다. 방금 이야기한 마한·진한·변한 3개의 세력을 합쳐 '삼한'이라고 부릅니다. 특히 마한의 소국 가운데 하나인 목지국의 지배자가 마한왕 또는 진왕으로 추대되어 삼한 전체를 주도하였습니다. 목지국은 처음에는 현재의 천안 지역에 자리 잡고 있다가 백제의 성장에 밀려 후에는 익산, 나주로 중심지를 이동했다고 합니다. 그 흔적들이 영산강 유역에서 발굴되는 대형 옹관묘(독무덤)들로 남아 있습니다. 사진 자료는 영암에 있는 마한 문화 공원에 있는 전시관의 모습입니다. 다소 오래되어 기억이 가물가물하긴 하지만 전시관에 마한 54개국의 나라 이름들이 다 적혀 있었는데, 그 이름들이 너무 생소했던 기억이 납니다.

옹관

그들의 마지막 근거지인 나주에 몇 해 전 국립나주박물관이 건립되어 반남고분군에서 출토된 유물 등을 전시하고 있습니다. 개방형 수장고를 특색으로 하는 박물관이며, 나주에서 출토되어 국보 제295호로 지정된, 우리나라에서 최초로 발견된 금동관인 나주 신촌리 금동관도 전시되어 있으니 기회가 되면 꼭 한번 들러 보길 추천합니다.

이렇게 생겨난 열국들 가운데 강한 철제 무기를 바탕으로 주변 나라들을 정복하며 세력을 키운 나라들이 있습니다. 고구려, 백제, 신라, 가야 연맹체인데, 이 나라들의 건국 이야기를 살펴보도록 하겠습니다.

Cooking Tip
'I. 석기에서 철기까지' 음원에서 일부(고조선~열국)만 녹음해 들려주며 고조선 부분을 복습하고, 이어서 열국 시대 부분은 초등학생 수준에서 알아야 할 키워드만 빈칸을 만들어 채우게 했습니다. 그 외의 내용은 학생들이 궁금해 하는 것들만 간단히 설명해 주었습니다. 이 부분의 가사는 쌤동네 열정의 봉선생 채널을 참고해 주세요!

고구려 🔍

고구려를 세운 시조는 주몽(또는 추모)이라고 알려져 있습니다. 주몽은 부여 출신으로 알에서 태어났다는 특별한 출생 이력을 가지고 있습니다. 활은 파리를 쏘아서 맞출 정도로 백발백중이었다고 전해집니다. 하지만 부여 내의 권력 투쟁에 밀려 새로운 땅을 개척할 수밖에 없었습니다. 다른 왕자들에 의해 생명의 위협을 느낀 주몽은 부여를 탈출했는데, 추격군이 따라붙었고 강을 만나게 됩니다. 그때 주몽의 기도로 드라마틱하게 물속에서 자라와 물고기들이 튀어나와 다리를 만들어 주어 무사히 강을 건넙니다. 추격을 따돌리는 상황을 보았을 때 여러

Cooking Tip
고구려 건국 설화는 부여의 건국 설화에서 따온 것이기 때문에 두 국가의 건국 설화의 내용이 거의 같습니다.

사람들의 도움으로 도망칠 수 있었음을 알 수 있습니다. 실제로 물속에서 거북이 등이 올라와서 다리를 만들어 주지는 않았을 테니 신화 속의 숨겨진 의미를 읽어 보면 그렇게 해석해 볼 수 있습니다. 실제로 『삼국지』 「위서」 '동이전'에 보면 부여와 고구려의 풍습이나 법이 비슷한 면이 많은 것은 주몽이 부여 계통이기 때문입니다.

그런데 고구려는 주몽이 새로 세운 나라는 아닙니다. 소노부 중심의 구고구려가 있는데 주몽이 이끌고 온 계루부 등과

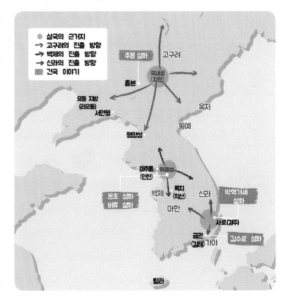

연합하여 신고구려를 세운 것입니다. 드라마 〈주몽〉에서 소노부의 여인으로 소서노가 등장했던 것이 기억납니다.

십제 🔍   백제는 마한 54개의 소국 가운데 하나로 그 시작이 무척 미약했습니다. 처음에는 '십제'라는 이름을 썼습니다. '열 십(十)', '건널 제(濟)' 자를 써서 강을 열 번 건너온 세력이 세운 국가로 해석할 수도 있습니다. 건너온 것은 온조입니다. 물론 혼자 내려온 것은 아닙니다. 어머니 소서노와 형 비류, 그들을 따르는 세력과 함께 내려왔습니다.

고구려의 주몽은 부여에 살던 때 이미 부인과 자식이 있었습니다. 검하나를 쪼개서 서로의 증표로 삼고 훗날 아들 유리에게 자신을 찾아오라 했고, 그 전언에 따라 유리는 고구려로 아버지 주몽을 찾아옵니다. 어찌 보면 아름다운 이야기이지만 소서노의 아들 비류와 온조 입장에서 봤을 땐 마른 하늘의 날벼락 같은 이야기입니다. 부여에서 온 주몽의 아들, 유리에게 밀려 온조 세력이 내려간 것입니다.

형 비류는 미추홀(현재 인천 지역)에 터를 잡았고, 동생 온조는 한강 유역(위례성)에 자리 잡았습니다. 하지만 비류는 정착에 실패하여 그 세력이 온조가 세운 국가에 편입되었습니다. 온조가 세운 나라가 훗날 백제입니다. 한편 유리는 고구려의 왕이 되고, 도읍을 졸본(환런)에서 국내성(지안)으로 천도합니다.

박혁거세 🔍   신라는 진한의 소국, 사로국에서 시작했습니다. 사로국은 6개의 마을로 이루어진 작은 나라였는데, 한 촌장이 나정이라는 우물가에서 울고 있는 흰 말과 커다란 알을 발견합니다. 촌장에 의해 발견된 흰 말은 곧 승천하였고 남겨진 알에서는 한 사내아이가 태어납니다. 그 사내아이가 바로 신라의 시조 박혁거세입니다. 박 같은 알에서 태어나서 박씨 성을 사용했고, 혁거세는 '세상을 밝게 한다'는 뜻입니다.

Cooking Tip
고대 사회에서 안정적 용수 확보는 생존에 절대적인 영향을 주는 것이었습니다. 우물 유적에서 각종 유물들이 출토되기도 하는데, 이는 깨끗한 물을 안정적으로 공급받기를 기원하면서, 지신(地神)과 수신(水神)에게 제사를 지낸 흔적이라고 합니다. 고대인에게 우물은 특별하고도 중요한 존재였기에 '나정'이라는 장소가 신라 건국에서 등장하는 것 역시 우연은 아닌 것 같습니다.

이 역시 풀이하는 사람에 따라 여러 가지 주장이 있습니다.

가야 🔍 6가야의 건국 이야기는 특이하게도 무척 오래된 노래, '구지가'와 관련이 있습니다. 중·고등학교 국어 시간에 한 번쯤은 학습한 구지가입니다. 노래의 가사는 '거북아, 머리를 내밀어라. 그러지 않으면 구워 먹겠다!'는 내용으로 거북이를 협박하는 노래입니다. 그랬더니 하늘에서 6개의 알을 내려보내 주었고, 거기에서 나온 여섯 아이들이 금관가야, 대가야, 고령가야, 소가야, 성산가야, 아라가야의 왕이 되었다고 합니다. 특히 현재 김해 지역에 금관가야를 세웠다는 김수로의 이름이 가장 널리 알려져 있습니다.

Cooking Tip
5. 6세기 가야와 관련된 내용과의 연계성을 고려해 현재 고령 지방에 세워진 대가야의 시조이자 김수로의 동생이라고 알려진 '이진아시왕'이란 이름도 소개해 주었습니다.

김수로왕릉

사진은 김해시에 있는 김수로왕릉입니다. 그는 아유타국의 허황옥이라는 여인을 부인으로 맞이했는데, 아유타국의 위치는 현재 인도 정도로 추정합니다. 수로왕비릉에 가면 그녀가 무사히 도착할 수 있게 바라는 마음에서 배에 싣고 온 파사석탑을 볼 수 있습니다. 우리나라에서 볼 수 없는 석재를 사용해 쌓은 탑이라고 합니다.

가야 연맹을 부여에서 기원한 국가로 보는 견해가 있습니다. 1990년대 김해 대성동 고분군에서 말 장식이 쏟아져 나왔고, 북방 기마민족풍의 유물이 다수를 이룬 점, 부여 계통의 장례 문화가 이루어졌음을 근거로 펼치는 주장입니다. 유목 민족의 필수품인 동복(말에 달고 다니다가 이동 중 조리할 때 사용하는 청동 솥)의 발굴과 부여처럼 순장을 한 유골이 발견된 것이 그 예입니다.

파사석탑

건국 이야기에 숨겨진 상징 🔍

삼국과 가야의 건국 이야기에 숨겨진 여러 상징적 의미를 생각해 봅시다. 알에서 태어났거나 알에서 태어난 사람의 아들이 나라를 세웠다며, 그들의 기이한 행적과 관련된 이야기들을 전해 신성화했습니다. 알은 하늘을 날아다니는 새가 낳은 것이므로 하늘과 연결된 느낌을 주어 그 나라의 사람들은 하늘이 '선'택한 '민'족이라는 선민사상이 담겨져 있습니다. 다른 나라의 수많은 건국 신화들이 그렇듯이 말이지요.

고대 중앙집권 국가로의 성장 🔍

고구려, 백제, 신라, 가야 가운데 왕에게로 권력이 집중되어 큰 나라로 성장하게 된 국가는 고구려, 백제, 신라입니다. 가야는 고대 중앙집권 국가로 발전하지 못하고 연맹 왕국 수준에 머물러서 이 시기를 사국 시대가 아닌 '삼국 시대'라고 합니다. 하지만 윤내현 교수의 『한국 열국사 연구』라는 책을 보면 삼국 시대라는 명칭을 왜(일본)가 가야를 비롯한 한반도 남부를 지배했다는 임나일본부설을 염두에 두고 일본이 사용한 용어라고 되어 있습니다. 용어 사용 하나에도 다양한 생각이 있는 것이 '역사'인가 봅니다.

철기의 사용 🔍

고대 중앙집권 국가로 발전했다고 평가하는 데는 여러 가지 조건이 있습니다. 첫 번째 조건은 바로 철로 된 무기로 정복 활동을 하여 영토를 넓히고, 철제 농기구를 활용해 경제적으로 성장하는 것입

철갑 기병

Cooking Tip

삼국의 중심지, 수도에 대해 잠깐 정리해 보겠습니다. 고구려는 유리왕 때 국내성(중국 지안, 집안현), 장수왕 때 평양성으로 천도합니다. 백제는 문주왕 때 웅진(공주), 성왕 때 사비(부여)로 천도합니다. 신라는 약 천 년간 금성(경주)을 도읍으로 합니다. 중앙집권 국가로 발전하지 못한 가야는 김해에 거점을 둔 금관가야가 연맹체를 주도하다 고령의 대가야로 세력의 중심이 옮겨 갑니다.

Cooking Tip

고구려의 유물로 발굴된 철갑옷 관련 뉴스(2011년 5월 18일자 KBS)를 시청하고 고구려 벽화에 그려진 갑옷의 실제 모습을 살펴보는 것도 의미 있을 것 같습니다.

니다. 물론 철기의 수용은 고조선이 있었던 BCE 5세기경부터 이루어지지만 그것이 우리 민족의 전체 활동 범위에 확대되고 나름의 발전을 이루는 데 다소 시간이 필요했던 것으로 보입니다.

율령격식 🔍 다음 조건은 율령을 반포하고 여러 제도를 정비하는 것입니다. 율령은 '율령격식(律令格式)'이라고도 하는데, '율'은 어떤 범죄를 저질렀을 때 그에 대한 처벌을 규정한 것으로 형벌 법규 정도로 생각하면 됩니다. '령'은 나라를 운영하는 제도, 즉 행정 법규 정도로 보면 됩니다. 또 '격'은 율령의 규정을 변경했을 때 개정된 법규를 의미하며, '식'은 세부 시행 규칙 정도로 보면 될 듯합니다. 교과서에서 율령을 만들었다는 표현은 어떤 사건이나 일을 처리할 때 관습에 대한 의존도를 낮추고 '법에 의해 국가를 통치하는 체제를 갖추었다.' 정도로 풀이하면 됩니다. 삼국이 독자적으로 만들었다기보다는 당시 먼저 나라의 기틀을 세운 중국의 것을 수용하여 우리의 실정에 맞게 활용했습니다.

세금, 국가 살림의 원동력 🔍 삼국은 율령을 만든 것과 함께 여러 제도도 정비하였습니다. 대표적인 것이 바로 세금 제도의 정비입니다. 화폐 경제가 발달한 시기가 아니므로 농사지은 것의 일부를 국가에 세금으로 바쳤을 것입니다. 그리고 '역'의 의무를 다했을 것입니다. 역은 2가지로 분류됩니다. 외적으로부터 나라를 지키는 '군역'과 성을 쌓거나 각종 국가의 일에 동원되어 노동력을 제공하는 '요역(徭役)'으로 나뉩니다. 여기서 '요'는 부역 또는 노역을 의미합니다.

불교, 왜 중요했을까요? 🔍 연맹 왕국 수준의 국가와 구별되는 중앙집권적인 모습의 국가가 되기 위한 마지막 조건으로 불교와 같은 고등 통치·지배 이데올로기의 수용이 있습니다. 고대 국가에서 불교를 받아

Cooking Tip
보통 왕위의 세습 역시 강력한 왕권을 뒷받침하는 근거로 많이 활용되는데 교과서에서는 빠져 있습니다. 하지만 제시된 4가지만으로도 우리 학생들의 머리는 깨질 듯합니다. 특히 '율령'이라는 개념이 교육과정 개편과 함께 들어온 것이 그렇습니다. 그래서 네 번째 불교의 수용 부분을 지도할 때는 학생들의 고통을 덜어 주기 위해 이 부분에서 소개된 불교 유물, 유적에 대해 설명하는 것은 뒤로 미뤘습니다.

들이는 것이 왜 중요했을까요? 불교는 지배계층의 존재를 정당화시켜 줍니다. '업설'과 '윤회설'로 이를 뒷받침합니다.

불교에서는 사람에게는 현재의 삶만 있는 것이 아니고 과거의 삶인 전생과 죽은 후에 다시 맞이할 세상이 있다고 합니다. 끊임없이 돌고 도는! 이를 '윤회설'이라고 합니다. '수레바퀴 륜(輪)', '돌 회(廻)' 자를 사용합니다. 그런데 이 윤회의 수레바퀴 안에서 현재 높은 계급으로 살아가고 있는 사람들은 전생에 많은 덕을 쌓았기 때문이고, 낮은 신분의 사람들은 전생에 많은 죄를 지었기 때문으로 봅니다. 즉, 지금 잘 먹고 잘사는 것은 과거의 공덕에 대한 당연한 대가로 보는 것이지요. 그러니 너희도 이번 생애에서는 현실에 불만을 갖지 말고 공덕을 많이 쌓아라, 그러면 다음 생애에는 우리처럼 너희도 살아갈 수 있을 것이라는 논리지요. 이를 '업설'이라고 합니다. 특히 왕의 경우에는 왕이 곧 부처라는 사상인 왕즉불 사상으로 왕권을 강화하는 데 불교를 이용했습니다.

또 일단 겉으로는 전쟁과 정복 활동으로 한 국가가 되었으나 속으로는 각기 다른 신을 섬기고, 다른 생각을 가지고, 다른 풍습으로 살아 왔던 사람들을 강제로 묶은 것에 불과해 백성의 마음을 하나로 모으기 위해 수용했다고 볼 수도 있습니다.

Special Flavor

〈호우총 청동그릇, 출처 : 국립중앙박물관〉

특별한 풍미로
한 시대를 풍미하다

Table 05

이 땅의 주인공은 나야~ 나!

오늘의 식단 한눈에 보기

- 🍴 백제의 전성기
- 🍴 고구려의 전성기
- 🍴 신라의 전성기

재료 준비	장 보기
• 우리나라 지도 포스트잇 • 투명 종이 • 근초고왕과 고국원왕 영상 • 광개토 대왕 소개, 아신왕, 왜와 후연 정벌 영상 • 장수왕과 한강 유역, 평양 천도 영상 • 나제 동맹, 진흥왕과 성왕, 성왕의 최후 영상	• 티처몰 • 가까운 문구점 • 〈역사저널 그날〉(89회) • 〈역사저널 그날〉(90회) • 〈역사저널 그날〉(91회) • 〈역사저널 그날〉(92회)

How To Make? 80min

전성기란? 🔍 이번 시간에는 삼국이 전성기를 맞이했던 시기에 대해 공부해 보겠습니다. 전성기란 무엇일까요? 사전적 의미로는 '형세나 세력 따위가 한창 왕성한 시기'를 전성기라고 합니다. 삼국이 모두 강력한 고대 중앙집권 국가 체제를 갖추었던 만큼 고구려, 백제, 신라는 모두 한 시대를 주름잡았던 때가 있었습니다. 역사학자들은 고구려, 백제, 신라의 전성기를 어떻게 알아낼 수 있었을까요? 물론 역사시대이니 기록과 유적, 유물을 통해 알아냈을 것입니다. 이 시기에는 다소 특이한 곳에 남겨 둔 기록들이 이 시대를 파악하는 데 무척 중요한 열쇠가 됩니다.

금석문 🔍 바로 금속이나 돌에 문자를 새겨 두었습니다. 이를 '금석문'이라고 합니다. 물론 다른 시대에도 금석문은 존재합니다. 하지만 삼국 시대처럼 금석문이 중요하게 다뤄지는 경우는 흔치 않습니다. 책으로 기록을 남기는 것보다 금속이나 돌에 기록을 남기는 것이 훨씬 어렵기 때문에 학자들은 여타의 기록보다 금석문을 더 중요하게 여깁니다. 이번 시간에는 역사책에 담긴 내용과 금석문에 실린 내용을 활용하여 당시의 시대상을 살펴보도록 하겠습니다.

건국: ㅇㅈ 🔍 가장 먼저 전성기를 맞이한 백제에 대해 살펴보겠습니다. 백제는 누가 건국하였을까요? 초성 힌트를 보고 기억을 떠올려 보세요. 네! 바로 온조가 한강 유역에 세운 나라가 백제입니다. 그리고 500년 가까운 기간 동안 그곳을 도읍으로 삼습니다. 거의 조선 왕조와 맞먹는 긴 세월 동안 백제의 중심지는 서울이었습니다. 이를 백제의 한성, 위례성 시기라고 합니다. 국립공주박물관(웅진 시기), 국립부여박물관

Cooking Tip
먼저 '전성기'라는 단어를 국어사전으로 찾아보고 아이들에게 본인이 생각할 때 자신의 전성기는 언제였다고 생각하는지 간단히 적어 보고 발표하는 형식으로 수업에 들어갔습니다. 아직 삶을 12년밖에 살지 않았어도 '옛날에는 이랬는데, 그때가 좋았는데' 등 어른들이 들으면 다소 웃음을 자아낼 수 있는 표현들이 많이 나옵니다. 그들 역시 자신만의 역사가 있는 것이죠. 우리나라 지도 포스트잇과 투명 종이를 활용한 활동은 특제 비법 소스 편에서 소개하겠습니다.

Cooking Tip
세계에서 가장 많이 팔리는 만화책 『원피스』를 아시나요? 『원피스』라는 만화에 등장하는 '포네그리프'도 많은 정보가 기록되어 있는 돌이므로 금석문이라고 볼 수 있습니다. 학생들의 흥미를 유발시키기 위해 『원피스』의 한 장면을 띄워 놓고 이야기를 풀어 갔습니다.

Cooking Tip
흙으로 만들어진 토성이라 강도가 약할 것 같지만 판축법으로 다져져서 상상 이상의 강도를 자랑한다고 합니다. 판축법이란 판으로 틀을 만들어 그 안에 흙이나 모래 등을 층층이 부어 다짐 방망이 등으로 찧어서 단단하게 쌓아 올리는 대표적인 고대 토목 기법을 말합니다.

(사비 시기)은 많이 알려져 있어 학생들 수학여행 필수 코스로 자리매김하고 있습니다. 하지만 몇 해 전에 세워진 한성백제박물관은 잘 모르는 경우가 많아 소개합니다.

박물관 내부에 들어가 보면 88 서울올림픽 준비 과정에서 발견된 풍납토성의 실제 성 벽면의 일부를 떼어 박물관에 옮겨 두었습니다. 풍납토성은 1997년 풍납동 아파트 건설을 계기로 발굴된

●풍납토성 모형

유적으로, 둘레가 2km에 이르는 대형 토성입니다. 이를 백제 초기 중심 궁궐, 하남 위례성으로 보는 견해가 우세합니다. '위례'의 의미는 학자들마다 풀이가 다르나 '우리' 또는 '울타리'를 어원으로 보는 학설이 있습니다. 도읍의 방어를 위해 토성을 쌓은 점에 착안한 것 같습니다.

몽촌토성 모형

풍납토성 근처에는 상대적으로 내륙에 위치한, 올림픽공원 쪽에서 발굴된 몽촌토성도 있습니다. 몽촌토성의 경우 별궁 정도로 보는 견해가 우세합니다. 몽촌토성 역시 88 서울올림픽을 준비하다가 발굴된 유적지입니다.

근ㅊㄱ왕 (4) 🔍

십제로 미미하게 시작한 나라가 백제라는 이름을 사용할 정도로 강력해졌고, 그런 백제의 전성기를 이끌었던 왕이 바로 근초고왕입니다. 여기서 '근'은 우리말 '큰'을 음차 표기한 것이라고 합니다. 5대 군주 초고왕과 13대 군주 근초고왕은 다른 인물입니다. 초고왕은 '솔곧'이라는 순우리말을 음차 표기한 것이랍니다. 솔은 '하늘',

Cooking Tip
근초고왕 하면 네 글자니까 4세기에 백제의 전성기를 이끌어 간 왕이라고 외우면 기억하기 쉽습니다.

곧은 '후손'으로 파악해 볼 수 있습니다. 물론 어떤 단어라도 어원에 대해서는 여러 이견이 있을 수 있으며, 여러 주장들 가운데 하나의 의견입니다.

근초고왕 시기 백제는 마한 54개국을 병합하며 성장하였고 남해안 지역까지 진출하였습니다. 남쪽 끝의 가야에도 영향력을 미칠 정도로 세력이 커졌습니다. 특히 371년에는 고구려를 공격하여 황해도 일부 지역까지 영토를 넓혔습니다. 이를 넘어서 강대국으로 성장하고 있는 고구려를 무릎 꿇게 하는 큰 사건이 벌어집니다. 고구려의 왕이 백제군과의 전투 중 전사한 것입니다.

고국원왕은 시대를 잘못 타고나 원한이 엄청나게 많은 왕입니다. 본인 자체가 그렇게 무능하지 않았음에도 여러 가지 원한을 갖게 되었습니다. 먼저 전연에게 당합니다. 고구려는 전연의 공격으로 수도가 불타고, 고국원왕의 아버지 미천왕의 묘가 파헤쳐졌습니다. 그리고 그 시신을 빼앗기는 수모까지 당했습니다. 거기다가 하필이면 백제 최고의 전성기를 이끌었던 근초고왕과 대면했고, 전사하고 맙니다. 어찌 되었든 371년 이 사건은 당시 백제가 강대국이었음을 보여 줍니다.

근초고왕 시기에는 해상무역도 활발했습니다. 요서, 산둥, 규슈와의 교류도 활발합니다. 학계에서는 진출인지, 교류인지 혹은 정복인지 등 여러 시각이 존재합니다. 요서(요하강 또는 랴오허강 서쪽) 지방 진출과 관련하여, 실제 중국 사서에도 중국 지명을 제시하며 중국의 바로 동쪽에 고구려가 아닌 백제가 존재한다는 표현이 나옵니다. 백제의 요서 진출을 어느 정도 수준으로 볼지는 역사적 상상력에 맡기겠습니다.

근초고왕 시기 백제의 강력함을 증명하는 기록이 하나 더 있습니다. 바로 금석문입니다. 현재 일본 이소노카미 신궁에 보관되어 있는 유물 '칠지도(七支刀)'입니다. '7개의 가지가 있는 칼'이라는 뜻입니다. 60여 글자가 상감 기법으로 새겨져 있습니다. 금실로 글자가 새겨져 있어 금

Cooking Tip
〈역사저널 그날〉에 제시된 드라마 근초고왕의 일부를 수업 자료로 활용하는 것은 어떨까요?

Cooking Tip
북방에서 발원한 선비족은 흔히 탁발 선비와 모용 선비로 구분합니다. 탁발 선비는 중국의 남북조 시대의 북조에 해당합니다. '북위'라는 나라를 세웁니다. 여기서 전연은 모용 선비가 세운 나라입니다. 전연 역시 전투 능력이 무척 강력했던 것으로 보입니다.

칠지도

상감이라고 부릅니다. 백제 왕자 기생성음이 왜왕에게 이 칼을 하사한다는 내용이 새겨져 있습니다. 하지만 일본은 이를 백제가 당시 일본이라는 국호도 없었던 왜에게 바쳤다고 해석합니다. 일본에서는 칠지도를 대표적인 위서 『일본서기』를 증명할 유물로 국보 대우를 하고 있습니다. 하지만 4세기 왜에는 칠지도와 같은 칼을 만들 수 있는 제철 기술조차 없었습니다. 실제 칠지도에 새겨져 있는 한자를 해석해 보면 백제의 말투는 명령조로 쓰여져 있습니다.

칠지도는 한성백제박물관의 상징입니다. 박물관에 가 보면 복원 유물이 2점 전시되어 있는데, 하나는 후대에 발견된 모습을 그대로 복원한 '현상 복제'이고, 다른 하나는 최초 생산되었을 때의 모습을 추정해 '원형 복원 복제'한 것입니다.

475년 🔍 하지만 근초고왕이 이끈 4세기 전성기를 지난 후 5세기 고구려의 광개토 대왕, 장수왕에게 밀려 백제의 기세는 꺾이기 시작합니다. 475년 사건이 상징적인데, 백제 개로왕 사건이 있었던 해입니다.

Cooking Tip
광개토 대왕과 장수왕 시기는 광개토 대왕의 글자 수를 연상해 5세기가 고구려의 전성기라고 기억하면 편합니다.

백제 개로왕은 바둑을 무척 좋아했다고 합니다. 당시 외교술의 대가였던 장수왕은 개로왕에게 승려 도림이라는 스파이를 보냅니다. 바둑을 무척 잘 두는 사람이었죠. 고구려는 도림을 활용해 개로왕이 바둑에 빠져 정사를 멀리하게끔 하고 기밀을 빼내지 않았을까요? 과정이 어찌

바둑판

되었든 백제 개로왕은 한강 유역을 빼앗기고 고구려는 고국원왕의 원한을 풀었습니다.

사진의 바둑판은 한성백제박물관에 있는 복원 유물입니다. 복원하는 데 3억 원 정도 들었다고 합니다. 바둑알에 멋진 그림이 새겨져 있고 한쪽에서 서랍을 빼면 반대쪽에서도 자동으로 열리는 구조의 최고급 바둑판입니다. 칠지도와 마찬가지로 일본에 보관되어 있는 것을 복원한 것입니다.

공주(ㅇ진) 🔍 개로왕 전사 후 백제 문주왕은 도읍을 웅진(현재의 공주)으로 옮깁니다.

Cooking Tip
아이들이 지명이나 인명을 그냥 스쳐 지나가지 않게 하려고 키워드를 제시할 때 완성형으로 제시하지 않았습니다.

사진은 공주에 있는 공산성의 모습입니다. 강변의 110m 능선에 2,600m에 이르는 성을 쌓고 수도를 방어했습니다. 웅진에서 혼란기를 극복하고 백제를 다시 중흥으로 이끌고자 노력했던 무령왕 이야기는 후에 문화(공주 무령왕릉) 편에서 더 자세히 해 보겠습니다.

공산성

부여(사ㅂ) 🔍 하지만 웅진은 다른 나라와 교역하기엔 부적절하고, 공산성은 방어에 부적절했는지 이후 성왕은 사비(현재 부여)로 도읍을 옮겨 백제를 다시 중흥으로 이끕니다. 사비는 배를 띄우면 곧장 서해로 갈 수 있는 교통의 요지였습니다. 당시 성왕은 국호를 '남부여'라고 칭했습니다. '남쪽에 있는 부여'라는 뜻인데, 백제가 부여 계통의 나라임을 확인할 수 있는 대목입니다. 부여의 주몽이 고구려를 세웠고, 그 아들이 백제를 세웠으니까요. 그래서 현재도 부여라는 지명이 남아 있습니다. 사진은 부여에 있는 백제문화단지의 모습입니다. 백제문화단지는 사비성을 모티브로 만들어 놓은 곳입니다.

백제문화단지

`건국 : ㅈ몽` 🔍 다음은 고구려의 전성기에 대해 알아보겠습니다. 고구려도 시작은 미약했습니다. 추모(주몽) 대왕이 건국했다고 전해지지요. 위와 같이 써 놓으니 장난스럽게 '자몽'이라고 대답하는 아이도 있었습니다.

`오녀산성` 🔍 주몽이 나라를 세웠다고 전해지는 길림성 환인현 북쪽 해발 800m 지점에는 아직도 축구장 30개 넓이의 오녀산성이 남아 있습니다. 이를 고구려 초기 수도로 보는 견해가 유력합니다. 절벽 위의 산성으로 오르는 길은 서쪽 입구만이 유일한 통로로 천혜의 군사 요충지입니다. 정상에 세워진 성벽의 높이는 6m에 이르며 2천 년이 지났어도 견고한 모습을 자랑합니다. 쐐기 모양의 돌 하나에 여섯 돌을 끼워 쌓는 육합쌓기 방식을 사용했기 때문입니다. 또 성 안 곳곳에서는 우리의 전통 난방 방식인 온돌의 흔적이 발견되었습니다.

`미ㅊ왕 : 낙랑 정복` 🔍 고구려는 중국 세력과 경쟁하며 성장했습니다. 미천왕(을불)은 낙랑을 밀어내고 고구려의 국력을 키웠습니다. 참고로 고구려는 왕의 이름을 붙일 때 그의 묘가 조성되어 있는 곳의 이름을 땁니다. 미천왕은 미천강 언덕에, 동천왕은 동천강 언덕에, 소수림왕은 소수림 언덕에 묻혀서 그렇게 부릅니다.

`고국원왕 전사` 🔍 한참 성장기였던 고구려는 모용 선비가 세운 강국 전연에게 짓밟히고, 백제 근초고왕과의 전투에서 고국원왕이 전사하는 국난을 맞이합니다. 이렇게 고구려의 성장은 한풀 꺾입니다. 교과서에 나온 중국의 공격에 위기를 맞이했다는 대목이 바로 이 내용입니다.

`I'll be back` 🔍 고국원왕의 아들 소수림왕은 바로 복수전에 들어

가지 않습니다. 뼈를 깎는 심정으로 참아 내고 훗날을 도모합니다. 소수
림왕이 복수심에 바로 전쟁을 일으켰다면 백제에게 더 크게 당했을지도
모를 일입니다. 당시는 백제가 가장 강력했던 시기이니까요. 전쟁 대신
다시 국가 체제를 정비하기 위해 많은 노력을 기울입니다. 불교를 받아
들이고, 율령을 반포하고, 인재를 기를 태학을 세웁니다.

광ㄱㅌ 대왕 (5) 🔍

4세기 말에 혜성처럼 등장하여 고구려를 최고
전성기로 이끈 왕이 바로 광개토 대왕입니다. 호태왕 또는 국강상왕이라
고도 하는데, 넓은 영토를 정복한 정복 군주이기에 광개토 대왕이라고
부릅니다. 그의 수많은 정복 활동에 대한 내용은 훗날 아들 장수왕이 만
들어 세운 광개토대왕릉비(현재 중국 지안 소재)의 사면에 1,800여 글자로
새겨져 있습니다. 비문의 내용은 크게 세 부분으로 나눌 수 있는데, 첫
번째 대목은 고구려의 건국 과정을, 두 번째 대목은 광개토 대왕의 정복
활동, 마지막 부분은 태왕의 능을 지키는 수묘인들과 관련된 내용으로
구성되어 있습니다.

광개토 대왕(담덕)은 18세의 나이
에 왕위에 등극하여 39세에 세상
을 떠납니다. 수년 만에 국력을 키
워 엄청난 정복 활동을 이루어 냅
니다. 한강과 임진강이 합류하는
곳에 관미성이라는 백제의 서부 요
충지가 있었습니다. 391년 광개토
대왕은 그 관미성을 수륙 양면으로
공격해 공략합니다. 그리고 396년
백제의 약 50개에 이르는 성과 700
여 개의 마을을 쓸어버렸습니다.

중국 길림
광개토대왕릉비 동면
(국립중앙박물관)

이때 백제 아신왕은 광개토 대왕 앞에 무릎을 꿇고 영원히 노객이 되겠다는 말까지 했다고 합니다. 4세기 말 고구려의 시대가 열린 것이지요.

하지만 그 말은 아신왕의 진심이 아니었던 것으로 보입니다. 이후 다른 일을 꾸몄기 때문입니다. 아신왕은 한반도 남부의 주도권을 다시 찾기 위해 신라를 공격합니다. 또 이전부터 동맹 관계에 있던 왜를 끌어들입니다. 앞서 이야기했던 가야에 대한 영향력을 이용해서! 김해에 있는 금관가야를 통해 들어온 왜가 신라를 공격할 수 있게 외교술을 펼친 것으로 보입니다.

이에 당시 지리적 조건으로 선진 문화와의 접촉이 힘들어 발전이 더뎠던 신라는 고구려 광개토 대왕에게 도움을 요청합니다. 새파랗게 젊은 광개토 대왕에게 나이 든 내물 마립간이 원군을 요청합니다. 이에 400년 광개토 대왕은 기병과 보병 5만 명을 이끌고 왜 세력을 쓸어버립니다. 거기다 들어오는 통로인 금관가야까지 밟아 버립니다. 개운하게 외세를 몰아냈지만 국제 관계에 공짜는 없습니다. 신라는 이후 더욱 강하게 고구려의 통제를 받게 됩니다. 왕위 계승 문제까지도 마음대로 하지 못할 정도로 고구려의 간섭을 받습니다. 광개토 대왕 시기 고구려는 한 강 이북까지 세력을 확장합니다.

고구려의 유물 호우명 그릇을 소개합니다. 그릇의 바닥에 닿는 부분에는 '국강상 광개토지 호태왕 호우십'이라는 한자와 '우물 정(井)' 자 비슷한 상징 기호가 새겨져 있습니다. 이 기호를 광개토 대왕의 문장으로 보는 사람들도 있습니다. 고구려를 상징하는 문양에는 다리 3개 달린 까마귀인 '삼족오'도 있습

Cooking Tip

당시 신라에는 왕이라는 칭호가 없었습니다. 마립간은 산마루, 고개마루 할 때의 높다는 의미의 '마루'와 크고 넓다는 의미의 '간'의 합성어로 대군장 정도로 해석해 볼 수 있습니다. 마립간이라는 용어를 사용하기 전에는 지도자를 표현할 때 거서간(군장), 차차웅(무당), 이사금(연장자) 등의 용어를 사용했습니다.

호우명 그릇

니다만 여기서는 쓰이지 않았습니다. 또 '열 십(十)' 자는 이 청동 그릇을 10개 이상 만들었다는 의미로 해석하기도 하고, 단지 공백을 채우기 위해 사용했다는 학설도 있습니다. 이런 기념 주화 비슷한 청동 그릇이 왜 경주 호우총이라는 무덤에서 발견되었을까요? 학자들은 이를 당시 신라에 대한 고구려의 영향력을 보여 주는 유물로 봅니다.

Cooking Tip
수업 말미에 광개토 대왕의 정복 활동을 다른 각도에서 살펴보는 것은 어떨까요? 아이들이 정복당한 입장은 어떠했을지 고민해 볼 수 있게 배려해 주면 좋겠습니다. 역사는 2가지 면을 다 보아야 하니까요. 해마다 소금과 같은 공물을 무겁게 이고 수백 킬로미터를 걸어 고구려에 바치는 옥저인의 입장에서 고구려를 바라보는 것은 어떨까요?

가야 연맹의 리더 🔍 아까 마무리 짓지 못한 가야 이야기를 조금 더 해 보겠습니다. 신라 구원을 위해 남하한 광개토 대왕의 군대가 금관가야까지 뒤흔들었다고 했습니다. 당시 가야는 판갑옷을 사용하고 있었고, 고구려는 쇠비늘 갑옷을 사용하고 있었습니다. 이는 방어력에서도 큰 차이가 있었다는 의미입니다. 같은 거리에서 활을 쐈을 때 판갑옷은 뚫려 버리고, 쇠비늘 갑옷은 튕겨져 나옵니다. 가야의 갑옷도 고구려에게 공격당한 이후에는 오른쪽 사진처럼 변화하게 됩니다. 어찌 되었든 고구려의 공격으로 금관가야의 세력은 급속히 약해져 가야 연맹의 맹주는 고령의 대가야로 바뀝니다. 그리고 과거 모용 선비족이 세운 전연은 잠시 왕조가 끊겼다가 새로 후연을 세우는데 광개토 대왕은 그 후연마저 격파합니다. 그 외에도 비려, 부여 등을 공격해 요동, 만주 지역을 장악합니다.

고구려 공격 전
가야 갑옷

고구려 공격 후
가야 갑옷

장수왕 🔍 그다음 고구려의 전성기를 이어간 왕이 바로 장수왕입니다. 흔히 오래 살아서 장수왕이라고 이야기합니다. 장수왕은 98세까지 살았으며 79년간 재위했습니다. 그래서 아들 조다는 왕위를 계승하지 못했습니다.

다음은 장수왕 재위 시기, 주변 국가들의 왕위 계승 과정을 보여 주는 표입니다. 국가 이름이 바뀐 경우도 있고 수많은 왕들이 바뀝니다. 하지만 고구려만 변화가 없습니다. 장수왕, 정말 오래 사셨죠?

연도	고구려	유연	북위	남조	북연	백제	신라
396		애고개가한 욱구려곡율	명원황제	동진 안황제	문성제	전지왕	실성왕
413	장수왕	가한 욱구려보록진 모한흘승개가한 욱구려대단	태무황제	공황제 무황제 송 소황제 문황제		구이신왕 비유왕	눌지왕
450		칙련가한 욱구려오제 처라가한 욱구려토하진 수라부진가한 욱구려여성	남안은왕 문성황제	원흥 효무황제 전패황제 명황제	소성제(풍홍)	개로왕	자비왕
491		복고도가한 욱구려두륜	헌문황제 효문황제	후패황제 순황제 제 고황제 무황제		문주왕 삼근왕 동성왕	소지왕

장수왕의 평양 천도 🔍

18세에 왕위에 오른 장수왕은 당시 내부적으로 왕의 위상을 높여 국내성의 귀족 세력을 약화시키고 북방의 안정을 바탕으로 남진 정책을 효율적으로 추진하기 위해 강수를 두었습니다. 바로 평양 천도를 단행한 것입니다. 물론 주변 국가들과의 교류 가능 여부 등을 고려했겠지요. 이로써 고구려의 본격적인 남하 정책이 시작된 것입니다. 훗날 고구려 최전성기를 이끈 장수왕의 평양 천도 결심은 신의 한 수로 평가받습니다.

82세의 장수왕, 움직이다 🔍

그리고 3만 대군을 이끌고 개로왕이 이끄는 백제군을 박살 냅니다. 하지만 이는 평양 천도 후 바로 이루어진 일이 아닙니다. 장수왕은 상당히 치밀한 사람이었습니다. 수십 년간 기회를 보았습니다. 그리고 그 때를 82세의 나이에 맞이했고 노구를 이끌고 대군을 지휘해 백제를 박살 내 버립니다. 이때 바둑덕후 개로왕에게

고구려의 알파고 도림을 첩자로 보내는 등 사전 작업
을 철저히 하는 치밀함을 보입니다. 그렇게 해서 한강
유역을 차지하며 장수왕은 남쪽으로 밀고 내려옵니다.

장수왕의 고구려가 한반도 어느 지역까지 내려왔었
는지를 보여 주는 금석문이 바로 충주 고구려비입니
다. 예전에는 우리 땅의 가운데 있다고 해서 '중원 고
구려비'라고 했습니다. 광개토대왕릉비와는 달리 훼손
된 부분이 무척 많은 비석인데, 해석되는 일부 비문의
내용은 다음과 같습니다.

↳ 충주 고구려비

'고구려 태왕이 신라 매금(왕을 낮춰 부른 호칭)을 만나
양국 사이에 우호를 다지기 위해 왔는데 만나지 못해 대사자 다우환노와
발위사자 금노로 하여금 신라 매금을 만나게 하였다. 그리고 이 지역에
사는 신라인들을 신라 내지로 옮겨 가 살게 하였다.'

이런 내용으로 보아 충주 고구려비가 세워진 곳까지 장수왕 시절 고구
려의 영토로 볼 수 있습니다. 장수왕 시기 고구려는 한강 유역 일대를 완
전히 장악한 것으로 보입니다.

Cooking Tip
이를 삼성 교립제라고 하는
데 박혁거세 외에도, 석탈
해, 김알지 등의 이름을 소
개해 주는 것도 좋을 것 같
습니다. 다들 신라의 시조
급으로 모셔지니까요.

[박, 석, 김씨가 번갈아 🔍]   신라는 4세기 내물 마립간 시기에 가서
야 왕위 세습이 이루어질 정도로 왕권이 약했습니다. 박, 석, 김씨가 돌
아가며 왕을 했다고 합니다.

[월성 🔍]   경주 월성은 신라의 궁궐이 있던 곳으로 성의 모양이
반달처럼 생겼다고 하여 '반월성'이라고도 불립니다. 성을 쌓기 전에는
호공이라는 자가 살았는데 탈해왕이 어렸을 때 꾀를 내어 이곳을 차지했
고, 남해왕이 그 이야기를 듣고 탈해왕을 사위로 삼아 석탈해가 신라의
4대 왕이 되었다는 이야기가 전해 내려옵니다.

Cooking Tip
신라의 '라' 자가 단어의 앞에 가게 되면 두음법칙에 의해 '나'로 발음됩니다!

김씨의 왕위 세습 시작 🔍 내물 마립간! 바다 건너 왜 세력에 공격당할 때 고구려 광개토 대왕에게 원군을 요청했던 왕입니다. 당시 마립간이라는 명칭을 쓴 것은 그래도 이전보다는 왕의 권한이 세졌다는 의미입니다. 내물 마립간 시기 전보다 왕의 권한이 강해진 이유는 고구려의 후광도 있었습니다.

신라와 백제의 동맹 🔍 이후 5세기에는 장수왕의 평양 천도에 이은 남하 정책으로 백제가 곤란했고, 신라도 고구려의 영향권에서 벗어나고자 안간힘을 씁니다. 그렇게 해서 맺어진 것이 나제 동맹입니다. 나제 동맹은 100년 이상을 갑니다. 딱 고구려의 전성기 때였습니다.

우산국과 ㄱㄱ 가야 정복 🔍 신라는 6세기 지증왕 때에 이르러 신라라는 국호를 사용하고, 중국식 왕호를 사용합니다. 또 이사부(진흥왕 대까지 활약한 장수) 장군을 보내 우산국을 정벌합니다. 나무로 짐승 모양을 조각해 우산국을 정벌했다는 이야기가 전해집니다. 거기다 법흥왕은 광개토 대왕의 남하 이후 연맹에서 힘을 못 쓰는 금관가야까지 통합해 버립니다.

진흥왕 🔍 이러한 기틀 위에서 20대의 젊은 진흥왕은 신라의 전성기를 이끌어 갑니다. 먼저 한강 유역을 차지하기 위해 노력합니다. 진흥왕은 백제 성왕과 연합하여 한강 유역을 고구려로부터 빼앗습니다. 고구려는 북방의 돌궐과의 격돌로 남쪽 방어에는 신경을 쓰지 못합니다. 강의 상류 10개 군은 신라가, 한강의 하류 6개 군은 백제가 차지했다고 합니다. 여기까지는 나제 동맹의 작전대로입니다. 하지만 진흥왕! 여기서 멈추지 않습니다. 어떻게 찾아온 기회입니까?

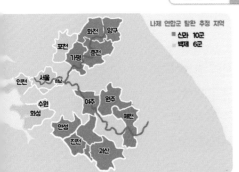

수백 년간 우리 역사의 변두리에 있어 중심에 서지 못했던 신라! 한강 하류까지 차지하기로 결심합니다. 이내 한강 유역 전체를 꿀꺽해 버립니다. 훗날 한강 유역을 차지한 것을 기념하기 위해 북한산 꼭대기에 친히 행차해 비석을 세웠습니다. 국보 제3호 진흥왕 순수비입니다. 현재는 국립중앙박물관 내부에 전시하고 있습니다.

북한산 진흥왕 순수비

백제 입장에서는 배신이죠. 이에 성왕도 가만히 있지 않습니다. 하지만 신중을 기합니다. 신라에게 뒤통수를 맞은 입장임에도 관계를 진정시키고자 자신의 딸을 진흥왕에게 보냅니다. 그리고 관산성을 비롯해 한강 유역 수복을 마음속으로 계획합니다. 당시 관산성이라는 곳이 전략적으로 꽤 중요했던 것 같습니다. 백제 성왕은 총공세를 벌여 관산성을 차지합니다. 엄밀히 말하면 아들 부여창이 군대를 이끌고 가서 용맹하게 싸웠죠. 이런 모습들을 보았을 때 백제를 군사력이 약한 나라로 보는 일부 사람들의 생각은 잘못된 것 아닌가 싶습니다.

하지만 관산성을 차지했을 즈음인 554년! 아주 큰일이 일어납니다. 여기서 성왕은 엄청난 오판을 합니다. 기록에 의하면 부하 50여 명을 데리고 관산성에 정찰을 갔다가 신라군에게 사로잡혀 전사했다는 내용인데, 어찌 보면 정말 무모하고 생각 없이 행동하다가 덧없는 죽음을 맞이한 것처럼 보입니다. 하지만 그 내막을 들여다보면, 당시 관산성은 아들 부여창이 점령했었고, 성왕은 그 일대를 백제군이 완전히 장악했다고 판단했던 것 같습니다. 그래서 경호 병력 수준으로만 데리고 간 것 아닐까요? 거기다 아들 부여창이 전쟁에서는 큰 공을 세웠으나 오랜 행군으로 지치고, 몸이 쇠약해졌던 상황이었던 것 같습니다. 아들을 걱정하는 마음으로 이동하고 있었던 것은 아닐까요? 적진을 정찰하는 데 50여 명의 병력을 데리고 간 것은 아니었다는 이야기입니다.

Cooking Tip
진흥왕은 북한산 순수비 외에도 북으로는 고구려를 치고 황초령비와 마운령비를, 서로는 창녕 척경비를 세웠습니다.

Cooking Tip
백제 왕족은 부여씨라는 성을 사용했습니다.

하지만 그런 요소들을 배제하더라도 신라의 대처가 전광석화 같았습니다. 이 시기 활약했던 장수가 김유신의 할아버지인 가야계 김무력 장군입니다. 그는 자기 부하가 아니었던 고간 도도를 급히 자신의 지휘체계에 편입해 그 부대를 움직여 성왕을 사로잡은 것입니다. 그렇게 해서 성왕은 참수되고 신라 관리들이 등청할 때 오르는 계단 밑에 땅을 파서 묻었다고 합니다. 적국 백제 왕의 머리를 모든 관리들이 밟고 다녔던 것이지요. 백제 제2의 전성기를 이끌었던 왕의 최후 치고는 너무도 안타깝습니다. 그 사건으로 백제는 국가의 장관급인 좌평 6명 가운데 4명이 붙잡혀 목이 날아갔고, 그 여파로 지휘부가 없어졌습니다. 때문에 이후 전투에서 병력 29,600명이 죽고 말 한 마리도 살아 돌아가지 못했다고 합니다.

금법대진 🔍 진흥왕은 그렇게 해서 삼국 간의 경쟁에서 주도권을 취했고, 그 여세를 몰아 고령의 대가야까지 복속시켜 버립니다. 가야는 낙동강 유역 변한의 소국에서 발전하였습니다. 하지만 고대 중앙집권 국가까지는 발전하지 못하고 여러 가야가 연맹을 이룬 연맹 왕국 단계에 머물렀습니다.

Cooking Tip
전기 가야의 맹주인 금관가야(김해 지역)를 복속시킨 것은 법흥왕. 후기 가야의 맹주인 대가야(고령 지역)를 복속시킨 것은 진흥왕! '금법대진'으로 앞 글자를 따서 외우면 헷갈리지 않습니다.

가야는 강과 바다를 통해 낙랑, 바다 건너 왜와 교류했다고 합니다. 덩이쇠를 화폐처럼 사용하기도 했다고 합니다. 질 좋은 철이 생산되어 그것을 바탕으로 교류했던 것 같습니다. 변한 시절에도 철은 유명했었죠!

덩이쇠

가야는 금관가야와 대가야 등이 신라에 복속되었고, 신라 문화 발전에 큰 기여를 합니다. 예를 들면 우륵의 가야금이 그렇죠! 진흥왕은 가야의 왕이 문제가 있지 가야금과 같은 악기, 음악에 문제가 있는 것은 아니라고 하며 가야금 연주를 즐겨 들었다고 합니다.

또 가야는 일본의 고대 문화 발전에도 영향을 주었습니다. 한 가지 예가 바로 토기입니다. 가야의 수레바퀴 모양 토기는 일본의 스에키 토기 형성에 영향을 주었습니다. '스에키'의 어원은 '쇠기'로 보는 설이 유력합니다. 쇠처럼 단단한 그릇이라는 의미로 풀이해 볼 수 있으며, 이 단어를 통해 왜는 가야의 토기를 수용하기 전에는 경질의 토기를 만들 수 있는 기술이 부족해 연질의 토기 제작만 했다는 해석이 가능합니다.

수레바퀴 모양 토기
(토기 바퀴장식 뿔잔)

Cooking Tip
'가'야 하면 일본의 '스'에키 토기! '가스'로 기억해 둡시다!

Now or Never 🔍 여기서 잠깐! 여러분은 20대 젊은 진흥왕이 한 결심이 옳았다고 생각하나요? 이 수업이 끝날 즈음에는 꼭 학생들에게 묻곤 합니다. 자신이 진흥왕이라면 어떻게 했을지, 그의 결심과 행동을 어떻게 생각하는지 말입니다. 진흥왕의 생각은 다음과 같지 않았을까요?
'지금이 아니면 영원히 불가능하다! 이런 기회는 다시는 오지 않을지도 모른다!'
사람들은 정치나 외교를 생물이라고 하죠. 꿈틀꿈틀 살아 움직이는 약육강식의 세계. 영원한 적도, 영원한 친구도 없는 세계. 실은 당시 성왕의 백제군이 고구려를 방비하기 위해 다소 군사를 분산시켰던 것을 패배의 원인으로 지적받기도 합니다. 하지만 신라는 그럴 걱정이 없어 날쌔게 움직일 수 있었습니다. 나제 동맹 상황에서 이미 여라(고구'려'와 신'라') 밀약이 맺어지고 있었습니다. 그래서 신라 입장에서는 북쪽에서 고구려가 밀고 내려올 걱정은 하지 않고 백제에 집중할 수 있었던 것입니다.

Table 06

귀족, 그들만의 리그

. . . .

오늘의 식단 한눈에 보기

🍴 삼국의 신분제

🍴 삼국 사람들의 의식주

🍴 굶주린 백성을 구제하라!

재료 준비	장 보기
• 진대법 신문 기사(스토리텔링 자료)	• 『역사신문』(사계절) 1권 39쪽

어떤 나라일까요? 🔍   첫 번째 힌트! 이 나라 사람들은 무릎을 꿇고 절을 할 때 한쪽 다리를 뻗습니다. 걸음걸이 역시 모두 달음질치는 것처럼 빨라 보였다고 합니다. 잘 모르겠나요? 두 번째 힌트 나갑니다! 반란을 도모하는 자가 있으면 많은 사람을 불러 모은 후 횃불로 지져 온몸이 짓무르면 목을 베었습니다. 아직 확신이 들지 않는다면 다음 힌트 나갑니다. 세 번째, 성을 지키다가 항복한 자, 전쟁에 패한 자, 사람을 죽이거나 겁탈한 자 역시 목을 베었습니다. 네 번째, 물건을 훔친 자는 12배를 물어 주게 하고, 가난하여 불가능할 경우에는 자녀를 노비로 삼아 배상하게 했습니다. 마지막! 법을 엄격하게 적용하므로 죄를 범하는 자가 적으며, 길에 떨어진 물건조차 줍지 않았다고 합니다.

고구려 🔍   정답은 바로 고구려입니다! 얼마나 법이 엄격하면 길에 떨어진 물건조차 줍지 않았을까요? 12배로 배상한다는 1책 12법도 백제와 구분할 수 있는 한 가지 힌트입니다.

또 어떤 나라일까요? 🔍   다음 문제입니다! 반란을 일으킨 자나 전쟁터에서 퇴각한 군사 및 살인자는 목을 베고, 그 가족의 재산을 몰수했습니다. 또 도둑질한 자는 귀양 보냄과 동시에 2배를 물게 하였습니다(1책 2법). 관리가 뇌물을 받거나 국가의 재물을 횡령했을 때에는 3배를 배상하게 하고 죽을 때까지 가두었다고 하네요! 어떤 나라일까요?

백제 🔍   이번 문제의 정답은 바로 백제입니다. 법의 엄격함이 고구려와 참 많이 닮았습니다. 특히 관리가 뇌물을 받거나 국가의 재물을 횡령했을 때에는 무기징역에 처한다는 대목도 충격적입니다.

삼국 사람들의 생활 모습을 살펴보려면? 🔍 본격적으로 삼국 시대 사람들의 생활 모습을 살펴보기 위해 삼국 시대의 신분제에 대해 알아보겠습니다. 신분제 사회였던 삼국 시대는 신분에 따라 생활 모습이 달랐을 테니까요!

활발해진 정복 전쟁 🔍 고조선 후반, 철기의 수용으로 철제 무기 사용이 확대됩니다. 이로써 정복 전쟁이 활발해졌습니다. 물론 청동기 시대부터 인류는 본격적인 전쟁을 시작하였습니다. 주변 세력과 전쟁을 하여 이기면 그곳의 영토와 노동력을 얻을 수 있었습니다. 전쟁의 승패에 따라 자연스레 지배계층과 지배를 받는 계층이 생기는 것이지요. 그런 과정에서 신분이 정해집니다.

귀족 🔍 활발해진 정복 전쟁으로 점점 거대 세력으로 성장하는 집단이 생겨났고, 이러한 집단들은 이내 국가를 이룹니다. 이때 국가를 이루는 데 강력한 힘을 발휘했던 집단에 속했던 사람들과 이들을 도와 공을 세운 사람들은 귀족이 되었습니다. 귀족들은 국가의 높은 관리가 될 수 있었고, 공로를 인정받아 많은 땅과 노비를 가질 수 있었습니다. 또 국가의 중요한 일을 결정할 수 있었습니다. 고구려의 제가회의, 백제의 정사암회의, 신라의 화백회의가 그 예입니다. 제가회의에서 '가'는 부족장들을 말하며, '모두 제(諸)' 자를 사용해 모든 부족장들이 모인 회의라는 의미를 지니고 있습니다. 정사암회의는 정사암이라는 바위에서 국가의 중요한 일을 논의했다고 하여 붙은 이름입니다. 끝으로 화백회의는 '백 가지 마음이 하나가 되게 화합'하는 만장일치제로 운영된 회의입니다.

평민과 노비 🔍   일반 사람들은 평민에 속했습니다. 전쟁에서 진 경우에는 전쟁 노비, 법을 어겨 신분이 낮아진 사람들은 형벌 노비, 빚을 갚지 못한 경우에는 부채 노비가 되었고, 이런 신분은 대대로 세습되는 경우가 많았습니다.

골품제 🔍   신라의 경우에는 출신 신분에 따라 정치 활동의 범위 와 의식주까지 결정되는 골품제도(骨品制度)가 인상적입니다. 처음 왕족 을 대상으로 한 골제(骨制)와 일반 귀족을 대상으로 한 두품제(頭品制)가 각기 별도의 체계를 이루고 있었으나 법흥왕 때 하나의 체계로 통합되었 습니다. 골제는 '뼈 골(骨)' 자 사용해 '뼈대 있는 가문'의 어원 정도로 생 각하면 될 것 같고, 성스러운 뼈다귀 '성골'과 진짜 괜찮은 뼈다귀 '진골' 로 구성됩니다. 과거 번갈아 가며 왕위에 올랐던 박·석·김씨 집안 사람 들과 금관가야가 멸망할 때 신라에 항복한 왕족, 가야 출신 김씨 등이 진 골이 될 수 있었다고 합니다만, 같은 왕족이면서도 성골과 진골이 구별 되는 이유는 지금까지도 확실하게 밝혀져 있지 않습니다.

진골 아래 두품제는 6두품에서 1두품까지 있는데, 6개의 신분 계급은 크게 상하 두 계급으로 구별됩니다. 6두품·5두품·4두품은 관료가 될 수 있는 상위 계급이었고, 3두품·2두품·1두품은 그것이 불가능한 하위 계급 으로 흔히 평민이나 백성이라고 불렸습니다.

진골 바로 다음가는 6두품은 신라가 중앙집권 국가로 성장하면서 주 위의 부족들을 흡수·통합할 때 들어온 지배층의 후손들입니다. 6두품까 지도 올라가기 힘들다고 해서 '득난(得難)'이라는 별칭이 붙기도 했는데, 그들도 골품에 따른 관직제도의 규정상 주요 관청의 장관이나 군부대의 지휘관이 될 수 없었습니다. 그래서 관리나 군인이 되는 것을 포기하고, 학자나 종교가가 되는 길을 택하는 사람이 많았습니다.

골품제도, 즉 신분에 따라 오를 수 있는 관직의 등급이 달랐고, 자신이 오른 관직의 등급에 따라 입을 수 있는 공복의 색깔도 달랐습니다. 거기다 골품에 따라 관등 승진의 상한선은 물론, 결혼할 수 있는 대상, 가옥의 규모와 장식물, 방의 수, 담장 높이, 사용할 수 있는 수레의 크기, 수레를 끄는 말의 수, 사용할 수 있는 그릇의 종류, 여자들 속치마의 길이, 장식용 빗의 재료까지 제한이 있었다고 합니다. 경주 밀레니엄파크에 가면 골품별 가옥이 다름을 볼 수 있습니다.

단, 여기서 다루고 있는 골제와 두품제 이야기는 왕경(수도) 경주 내에 거주하는 귀족들의 이야기이지 일반 평민들이나 경주 외의 다른 곳에 사는 사람들은 낮은 '품'에 속할 수도 없었습니다.

삼국의 신분별 생활 모습 🔍

다음은 삼국 시대 귀족, 평민, 노비들의 생활 모습을 살펴보겠습니다.

귀족 🔍

귀족은 화려하게 장식한 기와집 수준에서 살았고, 좋은 음식을 먹었습니다. 그리고 비단으로 만든 화려한 옷을 입었습니다.

평민 🔍

평민은 대부분 농민이었고, 조, 보리 등의 잡곡을 주식으로 했습니다. 그리고 베로 만든 옷을 주로 입고 초가집에 살았습니다. 열심히 농사짓고 세금 내는 일이 그들의 몫이었습니다. 세금 내는 일 외에도 역에 동원되기도 했습니다.

요역

역은 군역과 요역 2가지로 구분할 수 있는데, 군역은 전시에 전쟁에 나서는 일이며, 요역은 궁궐을 짓거나 성을 쌓는 일 등 국가에 노동력을 제공하는 것을 가리킵니다. 삼국 시대는 수백 년간 전쟁이 끊이지 않았으므로 시도 때도 없이 전쟁에 동원되어 평민들의 생활이 무척 고단했을 것으로 보입니다.

노비 🔍 　노비는 가장 낮은 신분이었습니다. 왕실과 관청에 소속 되기도 하였지만 주로 귀족의 소유물로, 귀족이 가진 농경지에서 대신 농사를 짓거나 주인이 시키는 여러 가지 잡다한 일을 하며 살았습니다. 누군가의 소유물이기 때문에 매매의 대상이 되기도 했습니다. 물건으로 취급을 당했기 때문에 평민이 국가에 내는 세금, 역의 의무 등은 없었습 니다. 여러분 집에 소유하고 있는 전기밥솥이나 청소기가 세금을 납부하 지 않듯이 말이죠.

　고구려 귀족들의 생 활 모습을 고구려 무 덤 내부 벽면의 벽화 를 통해 살펴보도록 하겠습니다. 차양을 들고 있는 작은 인물 은 신분이 낮은 사람 으로 보입니다. 곡예 를 보여 주는 사람들 도 마찬가지겠죠? 크

(출처: 동북아역사재단)

게 그려진 사람들은 귀족으로 보이고, 여유롭게 곡예사들의 공연을 보고 있는 모습입니다.

귀족들의 부동산 🔍 　귀족이 소유한 부동산! 교과서에 실려 있는 황해도 안악(현재 북한 대동강 남쪽에 위치) 1호분 벽화를 통해 당시 고구려 인들이 거주했을 법한 기와집의 모습을 상상해 볼 수 있습니다. 중앙의

(출처: 동북아역사재단)

이층 전각과 지붕 양쪽에 뿔 모양으로 장식된 처마가 인상적입니다.

　황해도 안악 3호분 벽화에 그려져 있는 그림입니다. 멋진 수레가 집주인의 차고 안에 있습니다. 수레는 왼쪽 것은 툭 터져 있고, 오른쪽 것은 가리개가 있어 탄 사람이 밖에서 보이지 않습니다. 가리개가 있는 것은 여자가 타는 수레로 추정됩니다. 부엌 옆의 고기 창고에는 개, 사슴 등의 고기가 갈고리에 걸려 있는데 마치 현대사회의 정육점을 연상시킵니다. 부엌에서는 사람들이 아궁이 위에 커다란 쇠솥을 올려 놓고 요리를 하고 있는 모습이 보입니다.

가난한 백성을 구제하라!

예나 지금이나 팍팍한 보통 사람들의 삶! 평민들의 팍팍한 삶에 한 줄기 빛이 된 제도가 하나 있었습니다. 고구려의 빈민 구제를 위한 제도, 진대법입니다. 진대법은 고구려 고국천왕 시기에 재상 을파소의 건의로 추진된 정책으로, 가난한 자들을 위한 대출 제도였습니다. 봄에 곡식을 빌려 주었다가 가을에 추수한 것으로 갚게 하는 제도로, 이를 한자로 표현하면 '춘대추납(春貸秋納)'이라고 합니다. 우리 역사에서 최초로 등장한 구휼 제도로 평가받고 있습니다. 삶이 힘든 백성들에게는 한 줄기 빛이 되었을 것 같습니다.

Cooking Tip
　진대법 관련 내용은 신문 기사 형식의 스토리텔링 자료를 활용했습니다. 자료는 관련 제도를 건의한 사람의 이름을 빈칸으로 만들어 제시했습니다.

〈백제 금동대향로, 출처 : 문화재청〉

특별한 풍미로
한 시대를 풍미하다

고대인의 자취와 멋

오늘의 식단 한눈에 보기

- 불교를 중심으로 본 문화재
- 고분을 중심으로 본 문화재
- 한류의 원조

재료 준비

- '비밀의 열쇠, 백제 무령왕릉' 영상
- '백제 금동대향로' 영상
- '역사를 바꾼 보물, 백제 금동대향로' 영상
- '황금을 지킨 신라 무덤의 트릭' 영상
- '금동미륵보살반가사유상' 영상
- '누군가의 얼굴' 영상

장 보기

- 〈문화유산 코리아〉(EBS)
- 국립부여박물관(유튜브)
- 〈역사채널e〉(EBS)
- 〈역사채널e〉(EBS)
- 〈한국의 유산〉(KBS)
- 〈지식채널e〉(EBS)

![How To Make? 120min]

여러분은 시간적으로 여유가 있을 때 어떤 문화 생활을 즐기나요? 저는 박물관 관람을 무척 좋아합니다. 박물관에 가면 우리의 소중한 문화재들을 한 자리에서 볼 수 있고, 조상들의 자취와 멋을 느낄 수 있기 때문입니다. 이 땅에 고구려, 백제, 신라, 가야가 존재했던 시기를 '고대'라고 합니다. 고대인들은 어떤 문화를 향유하며 발전시켜 나갔을까요? 오늘은 그들이 남긴 문화재들에 대해 집중 탐구해 보도록 하겠습니다. 먼저 중앙집권 국가의 조건에 대해 공부할 때 자세히 살펴보지 못한 불교 문화를 살펴보고, 두 번째로는 고분을 중심으로 그곳에서 출토된 유물들을, 세 번째로는 주변국과 삼국, 가야의 문화 교류에 대해 알아보겠습니다.

먼저 고구려 사람들이 남긴 자취를 살펴보겠습니다. 교과서에 실린 유일한 고구려 불교 유물입니다. 불교에서는 깨달음을 얻은 자를 '부처'라고 하는데, 부처의 모습을 형상화한 것으로 '불상'이라고 합니다. 주된 색깔은 금색이고 닳아지거나 파인 부분은 금색이 아닙니다. 뼛속까지 금으로 만들지는 못한 것이죠. 구리로 모양을 조형하고 겉에 금을 입힌 것입니다. 이를 '금동'이라고 합니다. 그리고 뒷면에 한자가 새겨져 있습니다. 학자들은 이 불상을 우리나라에서 연대를 알

연가7년명 금동여래입상(앞)

연가7년명 금동여래입상(뒤)

Cooking Tip
삼국의 불교 수용 순서는 어땠을까요? 우리 땅에 들어온 불교는 중국의 대승불교로 봅니다. 중국과 직접 접촉하고 있는 고구려가 가장 먼저 수용한 것으로 보이고, 그다음으로 중국과의 교역로 한강을 먼저 차지하고 있던 백제, 끝으로 지형적으로 고립되어 있던 신라 순으로 받아들였습니다. 삼국이 전성기를 맞이한 순서와 달라 헷갈리기 쉽습니다. 한 남학생이 만든 암기법입니다. 고백은 신라면으로! 부끄러운 것은 순간이지만 기억은 영원합니다. 모두 외워졌지요?

Cooking Tip
'여래입상'에서 '여래'란 '그렇게 간 사람'을 의미하고, 이는 사바세계에서 벗어나 진리의 세계로 건너간 사람을 의미하는 표현으로 '부처'라고 생각하면 이해하기 쉽습니다. 그리고 '입상'의 '입'은 '설 립(立)' 자를 써서 부처가 서 있는 모습을 표현했다는 의미입니다.

수 있는 가장 오래된 금동 불상이라고 합니다. 뒷면에 새겨진 한 자에 '연가7년'이라는 내용을 보고 그렇게 생각한 것 같습니다. '연가'를 고구려에서 사용한 연호로 추정하고 있으니까요. 이 불상은 539년경 고구려에서 제작한 것으로 봅니다. 문화재는 만들어진 정확한 시기를 알 수 있으면 더욱 높은 가치를 인정받는다고 합니다. 그래서 아이들 교과서에 고구려 대표 유물로 제시된 것 아닐까요? 지금까지 국보 제119호 연가7년명 금동여래입상을 살펴보았습니다.

Cooking Tip
국보 제119호 연가7년명 금동여래입상은 희대의 도난 사건으로도 유명한 문화재입니다. 궁금하면 바로 스마트폰을 꺼내 보는 것은 어떨까요?

백제도 이에 질세라! 🔍

이어서 백제의 불교 문화재를 보겠습니다. 고구려는 고국원왕이 전사하는 국가 비상 사태를 극복하는 과정에서 소수림왕이 불교를 수용했고 이후 불교 문화를 꽃피웠습니다. 백제도 이에 질세라 침류왕 시기에 불교를 공식 인정합니다. 국가에서는 보물 중에서도 특히 가치가 높은 것을 국보로 지정하는데 백제 불교 문화재의 국보에는 바로 부여 정림사지 오층석탑, 익산 미륵사지 석탑 등이 있습니다.

부여 정림사지 오층석탑

Cooking Tip
탑 자체만 나와 있는 사진으로는 높이를 예측하기 힘들어 수업 시간에도 사람과 함께 찍은 사진을 제시했습니다.

먼저 국보 제9호 부여 정림사지 오층석탑을 살펴보겠습니다. 실제 8미터 정도 되는 무척 큰 탑입니다. 옥개석(지붕돌)의 끝이 살짝 들려 있는 모습이 경쾌한 느낌을 줍니다. 정림사는 절 이름이었겠죠? '정림사'라고 쓰여 있는 기와 유물이 발견되어 정림사라는 이름을 붙일 수 있었고, 정림사지의 '지'는 현재 절은 없고 그 터만 남았을 때 붙여 주는 말입니다. 예전에는 '평제탑'이라고 불렀습니다. 이는 일본인들이 붙인 이름으로, 탑의 몸통 부분에 당나라 장수 소정방이 백제를 평정하고 이를 기념해 낙서를 해 놓아 당나라가 세운 탑으로 인식해 그렇게 불렸다고 합니다. 나라의 멸망과 함께 불타 절도 이름도 사라져 버렸기 때문에 한참을 평제탑이라고 했습니다. 하지만 훗날 발굴된 기와 유물 덕분에 정림사지 오층석탑이라는 이름을 되찾은 것이죠.

6세기 진흥왕에게 한강 유역을 빼앗겨 중국과 교역할 수 있는 항구를 잃은 백제는 한강 외의 교역로를 활용할 수밖에 없었고, 이 시기 즈음에 항해의 안녕을 빌기 위해 해안과 가까운 곳에 마애불이 등장하기도 합니다. 마애불이란 바위 벽면에 불상을 새겨 놓은 것을 말합니다. 빛의 각도에 따라 그 미소가 달리 보인다는 백제의 미소! 국보

서산 마애삼존불상

제84호 서산 마애삼존불상입니다. 실제 가서 살펴보면 내리는 비에 깎여 나가는 것을 줄이기 위해 바위 절벽을 비스듬히 각을 주어 깎았습니다. 몇 년 전 『소년한국일보』에 실린 기사 가운데 어떤 학생들과 선생님이 서산 마애삼존불상과 관련된 과학 실험을 했는데 동짓날 오전 10~12시 정도에 가장 아름다운 미소를 보인다는 내용이 있었습니다. 아름다움이란 물론 주관적인 것이겠지만, 꼭 그날 그 시간에 다시 한번 서산 마애삼존불상의 미소를 마주할 기회가 생기면 좋겠습니다.

미륵사지 동석탑

전라북도 익산은 도읍이 아니었음에도 백제 말기의 왕궁 터 왕궁리 유적, 미륵사지와 같은 유적들이 밀집되어 있습니다. 그래서 유네스코 세계문화유산으로 백제 역사 유적지구가 지정될 때 익산도 포함되었습니다. 일설에 따르면 백제 무왕 때 사비(부여)에서 익산으로 수도를 옮기려고 했다는 이야기가 있을 정도입니다. 그 익산에 남아 있는 국보를 하나 살펴보려고 합니다. 대한민국 국보 제11호 익

Cooking Tip
나무로 만든 목탑은 하나의 '건물'과 같은 구조입니다. 집을 만드는 것처럼 돌을 깎아 기둥을 세우고 벽을 만드는 형식으로 석탑을 쌓아올린 것을 '목탑 양식의 석탑'이라고 표현합니다.

Cooking Tip
열정의 봉선생이 운영하는 네이버 블로그 '사신 프로젝트 두드림'에서 미륵사지 서석탑 복원 완료 후 영상을 검색해 살펴보는 것은 어떨까요?

Cooking Tip
금당은 부처가 모셔진 집을 의미합니다. 금빛은 부처를 상징하는 색입니다.

산 미륵사지 석탑입니다. 미륵사라는 절터에 남아 있는 석탑이란 의미겠죠? 우리나라에 현존하는 석탑 가운데 가장 오래되고 규모가 큰 탑입니다. 미륵사지 석탑은 목탑 양식에서 석탑 양식으로의 이행 과정을 보여주는 유적이라고 합니다. 실제로 부여 정림사지 오층석탑도 목탑과 그 비례가 유사합니다. 과거 우리나라에도 목탑이 있었겠지만 다른 나라의 침입으로 지금까지 전해지는 것은 없다고 합니다. 그런데 여러분은 이 사진에서 어색함을 느낄 것입니다. 컴퓨터 그래픽을 이용해 복원한 동탑에서 촬영한 것입니다. 실제 사이즈를 느낄 수 있도록 앞에 서 보았습니

복원 전 미륵사지 서석탑
(문화재청)

다. 예전에 우리가 학교에서 배울 때 제시된, 시멘트 덕지덕지 미륵사지 서석탑은 이제 익산에 가도 살펴볼 수 없습니다. 석재 하나하나를 해체하여 20년에 걸쳐 복원 작업을 진행했고, 2018년 복원이 끝났습니다.

과거 익산 미륵사지는 3탑 3금당의 양식으로 가람 배치가 되어 있었을 것으로 추정합니다. 동탑과 서탑은 석탑, 중앙에 있었던 탑은 목탑으로 추정합니다. 일제가 서탑의 무너진 부분을 시멘트로 덕지덕지 붙여 놓아 그것을 해체하는 과정만 해도 무척 어려웠다고 합니다.

하지만 석탑의 해체가 의외로 너무 귀한 유물의 발견을 이끌어 냈습니다. 바로 사리장엄구입니다. 탑은 원래 부처의 사리나 말씀 등을 보관하는 조형물입니다. 그 사리를 담는 그릇과 미륵사 창건 과정이 기록된 금판 일체의 장치인 사리장엄구가 발견된 것입니다. 하지만 금판의 기록에 미륵사의 창건 주체로 알려진 선화

미륵사지 사리장엄구

88

공주(서동요의 주인공으로 서동요는 사랑꾼 무왕의 세레나데로 알려져 있다)가
아닌 다른 여인이 등장해 학계에서 논쟁이 일고 있습니다. 그럼에도 여
기서 미륵사지 석탑 내부에서 발견된 사리장엄구를 이야기한 것은 유물
의 예술성과 섬세함을 전하고 싶었기 때문입니다. 실제로 사리함을 보았
을 때 그 섬세함과 아름다움에 엄청난 감동을 받았고, 그 여운이 수년이
지난 지금도 제 가슴을 설레게 하기 때문입니다. 꼭! 실제로 보아야 하는
유물입니다. 최근 백제의 문화적 특징을 잘 보여 주어 세계문화유산에 등
재된 공주 공산성과 송산리 고분군, 부여 관북리 유적과 부소산성 및 능
산리 고분군, 정림사지, 나성, 익산 왕국리 유적과 미륵사지 등 백제 역
사 유적 지구로의 답사는 생각만 해도 가슴이 떨립니다!

신라는 아직 준비가 안 됐다며 🔍

신라의 경우에는 지리적인
요건 때문에 다른 국가들과의 교류가 상당히 힘들었던 것으로 보입니다.
불교 공인 역시 6세기 법흥왕 때 이루어집니다. 토속 신앙이 강해 이차
돈이라는 신하의 순교로 겨우 귀족들을 설득해 불교가 공식 인정됩니다.
이차돈 순교 이야기는 이차돈의 목을 베니 우윳빛의 피가 솟구쳤고 꽃비
가 내렸다는 대목으로 유명합니다. 이차돈 전설을 저 나름대로 분석해
보겠습니다.

법흥왕은 다른 나라처럼 불교를 지배 이데올로기화하고 싶어 합니다.
하지만 신라의 경우 토속 신앙이 너무 강해 불교의 공인이 쉽지 않았습
니다. 그리하여 신뢰하고 있는 신하 이차돈과 작전을 짜고, 이차돈은 귀
족들이 신성시하는 천경림의 나무를 베어 그 나무로 사원 건설에 착수합
니다. 이에 반발한 귀족들은 왕이 이차돈에게 명령하여 그리 한 것으로
생각하고 법흥왕에게 역심을 드러냈고, 이에 이차돈과 법흥왕은 "왕이
시킨 것이 아니다." "이차돈 단독으로 한 행동이다."라고 말을 맞추고 이
차돈의 목을 베기에 이릅니다. 이에 정치적 역공을 당한 귀족 세력들은

Cooking Tip

모전석탑은 석탑은 석탑인데 '모'방하였다. '전'탑을! 그래서 '모전'석탑입니다. 전탑은 벽돌을 구워 쌓은 탑을 가리킵니다. 참고로 중국은 전탑의 나라, 한국은 석탑의 나라, 일본은 목탑의 나라라고 불립니다. 백제의 석탑이 목탑 양식을 따르고 있는 것과 대조를 이루며, 신라 석탑의 발달사를 연구하는 데 없어서는 안 될 문화재로 평가받고 있습니다.

Cooking Tip

모란도에는 왜 나비가 그려져 있지 않았을까요? 사실 당시 당나라에서는 모란꽃에 나비를 같이 그리지 않는 법식이 있었다고 합니다. 모란은 부귀를 뜻하고 나비는 질수(80세)를 뜻하기 때문에, 80세까지 부귀를 누리기를 기원한다는 뜻이 되어 영원히 부귀를 누리라는 의미를 제한하는 것이기 때문입니다. 덕만이 신라인이라 당시 당나라의 유행을 몰랐던 것은 아닐까요?

부득이하게 왕의 제안을 들어줄 수밖에 없었고, 귀족들 입장에선 '신비로운 현상'이 일어나게 한 불교를 믿지 않을 수 없었다는 식의 논리가 필요해서 만들어진 전설 아닐까요?

이번에는 신라에서 현존하는 최고(가장 오래된)의 석탑을 소개해 볼까 합니다. 경주 분황사 모전석탑입니다. 분황사는 634년 선덕여왕 때 창건된 절로 황제의 향기(분)가 느껴지는 절이라는 뜻입니다. 당나

• 분황사 모전석탑

라 황제가 덕만(선덕여왕의 공주 시절 이름)에게 모란 그림과 씨앗을 선물로 보냈다고 합니다. 신하들은 이 상황을 무척 긍정적으로 보았는데 덕만은 그렇지 않았습니다. 그 이유는 꽃 주변에 나비가 그려지지 않았는데, 이는 당태종이 덕만에게 배우자가 없음을 조롱한 것으로 생각했기 때문입니다. 그리고 실제로 씨앗을 심어 꽃을 피워 보니 향기가 없었다고 전해집니다. 선덕여왕의 지혜가 돋보이는 부분으로 자주 소개되는 일화입니다. 선덕여왕은 이에 대한 응대로 분황사라는 절을 창건했다고 합니다. 개인적으로 이 이야기를 보고 선덕여왕의 소통 방식이 참 품격 있다는 느낌을 받았습니다.

경주에 가 보면 분황사는 현재도 명맥을 이어 가고 있습니다. 그 절 안에 모전석탑이 있습니다. 부처의 세계를 지키는 수호신 금강역사가 양쪽에서 문지기처럼 부처님의 세계를 지키고 있는 모습이 인상적입니다.

분황사 근처에는 황룡사 구층목탑 터가 남아 있습니다. 이 또한 선덕여왕 때 만들어졌다는 탑인데 13세기 몽골의 침입으로 소실된 것으로 알려져 있습니다. 주변 9개 나라의 침입을 부처님의 힘으로 막는다는 의미로 9층 목탑을 세웠다고 전해집니다.

이처럼 삼국 시대 불교에서는 호국불교의 성격을 찾을 수도 있습니다. 물론 이런 대규모 사업에 대한 평가는 엇갈립니다. 이런 큰 탑을 세워 나라의 힘을 모으고 국력을 과시하는 효과가 있었다고 보는 의견도 있고, 불필요하게 너무 큰 공사를 벌이느라 오히려 국력을 소진했다고 비판하는 시각도 있습니다.

Cooking Tip
황룡사는 처음에는 궁궐로 사용하려고 했던 곳이기 때문에 그 면적이 엄청나게 큽니다. 불국사의 8배에 달하는 면적으로 추정됩니다. 목탑의 높이는 80미터 이상으로 아파트 30층 높이에 육박합니다. 그 높이를 느껴 보고 싶다면 경주타워에 가면 됩니다. 경주타워는 황룡사 구층목탑의 모습을 음각으로 디자인한 유리 타워입니다. 황룡사 구층목탑은 2025년 복원 완료를 목표로 1천억 원 이상의 예산을 투입해 복원 프로젝트를 진행 중에 있습니다.

고분 🔍 다음으로는 삼국과 가야의 고분과 고분에서 출토된 유물을 중심으로 그들의 자취를 느껴 보겠습니다. 고분이란 옛 무덤을 뜻합니다. 옛 무덤 자체만으로도 큰 의미가 있겠지만, 그 안에서 발견되는 유물과 벽화 등을 통해 당시 사람들의 생활 모습과 사고방식을 알 수 있어 그들이 남긴 자취가 더욱 중요한 것 같습니다.

우리 조상들도 피라미드를? 🔍 여러분은 세계에서 가장 유명한 무덤 하면 어떤 것이 떠오르나요? 고대 이집트 문명의 피라미드가 떠오르진 않나요? 혹시 우리 유적 중에도 피라미드가 있을까요? 네, 그와 유사한 무덤들이 있습니다. 장수왕릉으로 추정된다고 하는 중국 지안의 장군총입니다. 기후와 토양이 달라 재료는 다소 다르겠지만 피라미드와 닮은 구석이 있습니다. 돌무더기를 쌓아 올려 만든 무덤이라 하여 '돌무지무덤'이라고 합니다. 한자로

↳ 장군총 모형

Cooking Tip
실제 장군총의 규모를 가늠할 수 있게 사람이 올라가 있는 돌무지무덤 사진을 보여 주며 수업을 진행했습니다. 성인 남성의 신장을 생각해 크기를 가늠해 보면 생각보다 규모가 큼을 알 수 있습니다.

는 '쌓을 적(積)', '돌 석(石)' 자를 사용해 '적석총'이라고도 합니다.

굴식 돌방무덤 🔍 돌무지무덤 시기 이후에는 무덤을 만들 때 돌로 넓은 방을 만들고 그 위를 흙으로 덮는 양식이 다수 발견됩니다. 돌방

에 들어가기까지 무덤 내부에 길이 있어 마치 굴을 판 것 같은 모양이라고 합니다. 그래서 '굴식 돌방무덤'이라는 용어를 사용합니다. 돌방이 있기 때문에 벽화를 그릴 수 있었습니다. 그 벽화가 당시 고구려인들의 생활 모습을 보여 주는 중요한 단서가 됩니다.

고구려 벽화 가운데 가장 유명한 것은 수렵도입니다. 수렵도는 사냥을 하는 모습을 그린 벽화입니다. 무용총이라는 무덤 내부에 그려져 있는 그림이지요. '총(塚)'은 무덤의 주인을 알 수 없지만, 그 무덤에 어떤 특징이 있을 때 주로 사용되는 용어입니다. 하지만 왜 수렵총이라고 하지 않느냐고요? 무덤 내부에 수렵도만 그려져 있는 것이 아니기 때문입니다. 무덤 서쪽 벽에는 수렵도, 북쪽 벽에는 접객도(손님을 환영하며 접대하는 모습을 그린 그림, 신분에 따라 인물의 크기를 차이나게 묘사), 동쪽 벽에는 무용도(춤을 추는 모습을 그린 그림)가 있습니다. 물론 수렵도가 무척 유명한 그림이긴 하지만 수렵도는 다른 무덤에서도 주요 소재로 사용하므로 이 무덤을 수렵총이라고 하지 않고 무용총이라고 명명했다고 합니다. 수렵도에서는 파르티안 샷을 날리고 있는 고구려인의 모습을 통해 그들의 진취적이고 씩씩하고 강인한 기상을 볼 수 있습니다.

무용총의 메인 벽화는 무용도입니다. 무용도에서는 여러 명의 고구려 사람들이 긴 소매를 늘어뜨리고 소매춤을 추고 있는 남녀 혼성 무용단의 모습(남자 3명, 여자 2명)을 볼 수 있습니다. 5명이 한 팀이 되어 칼 군무를 선보이고 있는 것 같습니다. 우

무용도 모형

리는 이처럼 고구려 무덤의 벽화들로부터 고구려인의 모습을 살펴볼 수 있습니다.

끝으로 황해도 안악 3호분 벽화인 행렬도를 살펴보겠습니다. 행렬도에

수렵도 모형

Cooking Tip
파르티안 샷이란 고대 파르티아인들이 말을 타고 달릴 때 뒤를 보며 활을 쏘는 기술을 썼다고 하여 고유명사처럼 붙여진 명칭입니다. 현실적으로 가기 힘든 곳의 경우, 만들기 활동으로 접근해 보는 것은 어떨까요?

Cooking Tip
무용도를 보여 주며 "어떤 음악에 맞추어 춤을 추고 있는 것일까요?"라고 질문해 보았더니 여러 재미있는 대답이 나왔습니다. 다음에는 어떤 동작이 나올지 상상해 볼 수 있도록 시간을 주었습니다. 아이들의 역사적 상상력을 자극해 주세요!

서는 쇠수레를 탄 지위가 높아 보이는 사람이 각종 깃발을 앞세우고 당시 고구려 군대 철갑기병의 호위를 받으며 행진하는 모습을 볼 수 있습니다. 투구와 철갑으로 빈틈없이 무장하였고, 심지어 말조차도 마갑으로 무장시킨 점이 인상적입니다. 등장인물이 250여 명에 이르는 대형 작품입니다.

(출처: 동북아역사재단)

다음은 백제의 고분으로 넘어가겠습니다. 백제 사람들도 처음에는 돌을 쌓아 올려 무덤을 만드는 돌무지무덤을 만들었습니다. 이런 고고학적 증거가 고구려와 백제의 유사성 및 온조 설화를 뒷받침합니다. 많이 훼손되어 높이는 높지 않지만 가장 아래층의 면적을 통해 규모를 상상해 볼 수 있는데, 그 규모가 대단해 보입니다. 가로, 세로 길이가 수십 미터에 이를 정도로 큰 무덤입니다. 석촌동 고분군(고분이 여러 기가 모여 있는 곳)에는 여러 개의 무덤이 있는데, 그 가운데 가장 큰 무덤을 근초고왕 무덤으로 추정하는 학자들이 있습니다.

석촌동 고분

무령왕릉 🔍 백제 역시 도읍을 웅진(공주)으로 옮긴 이후의 무덤 양식들을 살펴보면 고구려처럼 돌로 방을 만들고 그 위를 흙으로 덮는 굴식 돌방무덤이 많이 발견됩니다. 하지만 예외적으로 다른 형태를 보이는 무덤 2기가 존재합니다. 이 무덤들이 무척 유명한데, 공주 송산리 6호분과 7호분입니다. 그중에서도 7호분은 수많은 부장품이 나오고 무덤의 주인이 누구인지 무덤 내부 지석에 적혀 있어서 잘 알려져 있습니다. 바로 무령왕릉입니다. 특이하게도 중국 남조 스타일(양나라의 화폐와 도자기도 함께 발굴, 무령왕의 출생지 및 당시 백제와 일본의 밀접한 관계를 엿볼 수 있는 일본 소나무로 만든 관 발굴)의 벽돌무덤입니다. 수많은 유물이 나와 고

Cooking Tip
중국 위진남북조 시대의 분열기에 북쪽엔 선비족의 북위가 들어서고, 남쪽엔 '송-제-양-진'이라는 나라들이 명멸했습니다. 중국사에서는 이때의 북위를 '북조', 송-제-양-진과 같은 왕조를 '남조'라고 합니다.

Cooking Tip
'비밀의 열쇠, 백제 무령왕
릉' 영상 시청을 추천합니
다. 무령왕릉에 대한 깊이
있는 지식이 없더라도 학생
들과 함께 무령왕릉에 대해
공부하고 그 가치를 느낄
수 있습니다.

Cooking Tip
무령왕릉이 높은 평가를 받
는 것은 다양한 유물이 나
왔다는 점도 있지만, 무덤
의 주인을 명확히 알 수 있
기 때문이라는 이유도 있습
니다. 무덤 내부에서 발견
된 지석에 '영동대장군 백
제 사마왕'이라고 쓰여 있
는데, 사마왕이 바로 무령
왕입니다. 또 지석에 구멍
이 뚫려 있는 것도 특징인
데, 이는 무령왕이 지하의
신들에게 묘지를 구입하고
지불한 돈 꾸러미를 꿰어
놓았던 흔적이라는 의견이
있습니다.

고학자들을 설레게 했던 무령왕릉! 굴식
돌방무덤은 도굴이 쉽다고 하는데 왜 무
령왕릉에는 현대까지 많은 유물이 남아
있었을까요? 1971년까지는 그 누구도 무
덤의 존재조차 알지 못했기 때문입니다.

무령왕릉

1971년 여름 송산리 5, 6호분의 배수 시
설 공사로 7호분(무령왕릉)의 존재가 세상
에 알려집니다. 곧 닥칠 장마에 무덤이 침수되지 않게 하려고 작업을 하
다가 우연히 벽돌 층을 발견하게 되었고, 무덤임을 확신한 교수들은 중
앙에 이 사실을 알리고 며칠 후 조사단이 와 발굴하게 됐습니다. 일본
인들이 일제 강점기 때 먼저 찾아내지 못해 백제 문화의 정수를 보여 줄
수 있는 많은 유물들이 보존될 수 있었습니다. 행운이죠.

하지만 지금은 무령왕릉 내부에 직접 들어갈 수 없습니다. 무덤의 훼
손을 막기 위해 1997년부터 폐쇄하였기에 비슷하게 복원해 놓은 모형
전시관만 볼 수 있습니다. 무령왕릉에서 발굴한 유물 대부분은 국립공주
박물관에서 만나 볼 수 있습니다.

위령제를 마치고 입구를 막은 벽돌을 한 장씩 떼어 낸 후 발굴단이 무
덤 내부에 들어갔는데 돌짐승이 떡하니 버티고 있었다고 합니다. 무덤을
지키는 짐승 조각입니다. 그리고 길을 따라 가니 왕과 왕비의 금제 관
꾸미개가 있었고, 그 외에도 수천 점의 유물들이 고스란히 남아 있었다

↖석수

무령왕 금제관식
(국립중앙박물관)

무령왕비 금제관식
(국립중앙박물관)

고 합니다. 사진이나 그림을 통해 관 꾸미개를 어떻게 착용하는 것인지도 알려주면 아이들이 유물을 더 친근하게 여길 것 같습니다.

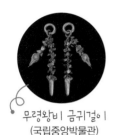
무령왕비 금귀걸이
(국립중앙박물관)

왕비의 귀걸이입니다. 백제 문화의 화려하고 섬세한 공예 솜씨가 돋보입니다. 하지만 이렇게 대단한 유물들이 발굴된 무령왕릉에 다소 아쉬운 부분이 하나 있습니다. 발굴을 너무 급하게 했다는 것입니다. 1,400년의 세월을 기다렸던 무령왕릉의 유물들은 1971년 7월 8일 발굴을 시작해 다음 날 아침 9시에 유물 수습을 완료했다고 합니다. 입구의 벽돌을 떼어 내기 시작한 지 17시간 만에 '광복 후 최대의 발굴'이 끝난 것입니다. 발굴단은 구경꾼과 기자들이 몰려드는 바람에 무언가에 홀린 듯 발굴을 빨리빨리 해치워 버렸습니다. 이 역사적인 발굴에 공식 동원된 카메라는 단 1대! 하지만 무덤 안에서는 조명을 유지할 장치도 없었고, 플래시 사용 방법도 몰라 무용지물이었다고 합니다. 오히려 기자들이 몰려와 사진을 찍은 것이 다행이었다는 이야기가 있을 정도로 졸속으로 발굴했습니다. 참으로 안타까운 일입니다. 발굴에 참여한 사람들은 "도굴꾼도 그렇게 하지는 않았을 것"이라고 자책할 정도였으니까요.

흔히 벽돌무덤에는 벽화가 없다는 선입견을 가지기도 합니다. 물론 무령왕릉은 벽화가 없습니다. 하지만 벽돌무덤이기 때문에 벽화가 없다고 생각하는 것은 논리적 비약입니다. 같은 벽돌무덤 양식인 송산리 6호분에는 벽돌로 이루어진 내벽에 사신도 벽화가 그려져 있기 때문이죠. 사실 저는 송산리 6호분에 직접 가 보기 전까지만 해도 벽화가 무척 섬세하게 그려져 있을 것으로 생각했습니다. 백제의 것이니까요. 하지만 실제로 가서 보았을 땐 그것 역시 선입견이었다는 것을 알게 되었습니다.

다음으로 백제 문화재 가운데 빼놓을 수 없는 걸작을 소개할까 합니다. 교과서 표지에는 등장했지만 정작 교과서 본문에는 실리지 않은, 그

Cooking Tip
왕과 왕비의 금제 관 사진을 보여 주며 어떤 것이 왕의 것이고, 어떤 것이 왕비의 것일지 생각해 보고 그 이유를 이야기하는 시간을 주었습니다. 선생님들께서도 아이들이 유물과 대화할 수 있도록 시간을 배려해 주세요!

Cooking Tip
'백제 금동대향로' 영상(국
립부여박물관 제2전시실)
시청을 추천합니다. 실제
박물관에 가서 유물을 보는
것보다도 더 세밀한 모습까
지 살펴볼 수 있습니다. 또
한 '역사를 바꾼 보물, 백제
금동대향로' 영상을 통해
백제인의 뛰어난 공예 기술
을 느껴 보는 것도 추천합
니다.

Cooking Tip
연꽃은 진흙, 곧 사바세계
에 뿌리를 두지만 거기에
물들지 않고 깨달음의 세계
를 향해 맑고 향기로운 꽃
으로 피어나 세상을 정화한
다고 하여 불교의 상징처럼
여겨지는 꽃입니다.

Cooking Tip
신라 왕경도나 항공 사진을
살펴보면 해가 지는 왕경
(수도 경주)의 서쪽에 무덤
이 밀집되어 있습니다. 왕
자가 머무는 동궁은 해가
뜨는 동쪽에 위치해 있습니
다. 당시 신라인들의 의도
적인 배치로 보입니다.

└ 백제 금동대향로

의도가 궁금한 의문의 문화재! 백제 금동대
향로입니다! 백제의 세 번째 수도로 알려져
있는 부여(사비) 능산리에서 1993년에 발굴
되었습니다. 부여 능산리 고분군 근처 서쪽
에서 발견된 절터를 발굴하던 도중 능산리
무덤밭 사이 논바닥 구덩이에서 발굴된 금
동용봉봉래산향로! 이 발굴은 1971년 무령
왕릉 발굴 이후 백제 문화에 대한 최대 성과
로 꼽힐 정도로 학계에 큰 파장을 주었습니
다. 금동용봉봉래산향로는 그동안 자료가 적어 실증하기 어려웠던 백제
문화의 우수성을 당당하게 밝혀 줄 수 있는 귀중한 근거가 됩니다. 이 향
로는 당시 백제인들의 종교와 세계관을 짐작할 수 있는 아주 소중한 자료
로 국보 제287호로 지정되었고 백제 금동대향로라고 부르게 되었습니다.

향로 가장 위쪽에는 태평성대를 알리는 봉황이, 뚜껑에는 백제인이 생
각하는 도교적 이상 세계가, 몸통에는 불교와 관련이 깊은 연꽃이, 받침
에는 생명의 근원인 바다를 상징하는 용이 표현되어 있습니다. 현재 국립
부여박물관에 소장되어 있습니다. 꼭 부여가 아니더라도 근처 국립박물
관이나 부속 시설인 어린이박물관 등에서 복제품을 직접 만져 보는 체험
을 할 수 있습니다.

천 년의 수도 🔍 신라의 경우 천 년간 경주가 도읍이었기 때문에
경주에는 고분 공원이라고 불릴 정도로 무덤이 많습니다. 특히 경주의
서쪽에 12만여 평에 이르는 넓은 면적에 고분이 밀집해 있는데 이곳을
바로 '대릉원'이라고 합니다. 미추왕을 '대릉에 장사 지냈다.'는 기록이
있는데, 그 기록에 근거해 그런 이름을 붙인 것이죠.

돌무지덧널무덤 🔍

신라는 지형적 특성 때문에 다른 나라들과는 다른 특이한 형태의 무덤이 발굴되는데, 이를 돌무지덧널무덤이라고 합니다. 대릉원은 돌무지덧널무덤의 집합소입니다. 물론 돌무지덧널무덤보다 앞선 시대의 다른 무덤 양식들이 발견되기도 하지만 돌무지덧널무덤이 주류를 이룹니다.

수학여행 1번지 경주를 다녀왔다면 꼭 들렀을 그곳! 대릉원에 있는 천마총입니다. 천마총도 돌무지덧널무덤입니다. 신라인들은 나무 널로 방을 만들고 그 위에 돌을 쌓은 뒤 흙을 덮는 형태의 무덤을 만들었습니다. 나무 널로 된 방이 부식되면 그 위에 쌓았던 돌들이 무덤 내부를 덮어 버

천마총(문화재청)

리고, 부식되지 않더라도 돌무지가 쌓여 있기 때문에 애초에 도굴하기 힘든 구조의 무덤입니다. 굴식 돌방무덤과는 달리 입구 따위는 없습니다. 천마총 역시 입구가 없었지만 관람 편의상 입구를 만들어 놓은 것이지요.

황금의 나라, 신라 🔍

때문에 무덤에서는 금으로 만든 화려한 장신구가 많이 발견되었고 학자들은 신라를 '황금의 나라'라고 합니다. 현재까지 전 세계에서 발견된 금관의 수가 총 10여 점이라고 합니다. 그 가운데 7점이 신라의 금관입니다. 2점은 가야, 1점은 고구려 금관으로 전해집니다. 7점의 신라 금관 가운데 일본(오쿠라 콜렉션)에 가 있는 것도 있습니다.

Cooking Tip

옛 무덤을 한자로 고분(古墳)이라고 하는데, 주인이 왕으로 밝혀진 무덤은 '왕릉', 주인이 누군지 모를 땐 '~총'이라고 명명합니다. 천마총은 무덤의 주인은 정확히 밝혀지지 않았으나 천마도가 발굴돼 무덤의 특징을 따 천마총이라고 부르는 것입니다. 신라 고유 무덤 양식인 돌무지덧널무덤 관련 도움 영상으로 '황금을 지킨 신라 무덤의 트릭'(역사채널e)을 추천합니다.

금관총 금관 및 띠드리개

신라 금관은 사슴뿔 모양의 장식이 특징입니다. 자료로 제시한 금관총 금관의 무게는 1kg! 금을 100돈가량 사용해 만든 것입니다. 그 정도 양의 금이면 3km 이상의 금실을 뽑아낼 수 있다고 합니다. 또 가죽 허리띠를 장식했던 금제 허리띠를 볼 수 있는데, 여러 줄로 이루어진 띠드리개에는 곱은옥, 작은 칼, 물고기 등이 매달려 있습니다. 이러한 띠드리개는 원래 북방 유목 민족이 각종 일상 도구들을 몸에 달고 다니던 풍습에서 유래한 것입니다. 북방 유목 민족과 신라와는 어떤 관련이 있었던 것일까요? 이런 궁금증이 학자들에 의해 명쾌하게 밝혀졌으면 좋겠습니다. 금관, 띠드리개 등의 황금 유물들은 당시 신라의 수준 높은 금세공 기술을 엿볼 수 있게 해 줍니다.

신라의 람보르기니 🔍

다음은 천마총에서 출토된 천마도입니다. 천마도는 벽화가 아닙니다. 돌무지덧널무덤은 구조상 돌로 된 벽이 아예 없기 때문에 벽화는 있을 수 없습니다. 천마도는 하늘을 나는 말을 그려 놓은 장니(또는 말다래라고도 함)인데, 장니는 말을 탄 사람의 옷에 흙이 튀지 않게 말안장 양쪽에 늘어뜨려 놓는 것을 말합니다. 당시 말은 현재의 차에 비유할 수 있습니다. 천마도에 그려진 말은 지금의 포르쉐, 페라리, 람보르기니와 같은 명차들의 상표에 해당하는 마크였던 것은 아닐까요? 천마총에서는 금관뿐만 아니라 금제 관식도 발굴되었습니다. 금관 안쪽 머리 중앙 정도에 장식했던 것으로 보입니다.

천마도(문화재청)

기마 인물형 도기 🔍 　금령총에서는 신라 사람들의 사후 세계에 대한 인식을 보여 주는 유물이 출토되기도 했습니다. 한 쌍의 기마 인물형 도기가 무덤에서 나왔습니다. 국보 제91호로 왼쪽은 주인상, 오른쪽은 하인상으로 생각할 수 있습니다. 하인이 오른손에 든 방울을 흔드는 모습은 마치 주인의 영혼을 인도하는 듯합니다. 주인은 삼각형 관모를 쓰고 등자 등의 마구를 갖춘 말을 타고 있습니다. 삼국 시대 기마 인물형 도기 가운데 가장 섬세하고 정교한 유물로 평가받고 있습니다.

기마 인물형 도기

Cooking Tip
아무 설명 없이 사진만 제시하고 아이들이 직접 차이점을 발견하고 누가 주인이고 누가 하인인지 생각해 볼 수 있게 기회를 주는 것은 어떨까요?

첨성대 🔍 　다음으로 소개할 곳은 무덤은 아니지만 경주에 가면 꼭 들러야 할 곳 중 하나입니다. 낮 관람보다는 야경을 보기에 적절한 곳입니다. 과거 천문대로 사용한 것으로 알려져 있기 때문에 밤에 가서 보는 것을 추천합니다.

　첨성대는 현재 전하는 것 가운데 동양에서 가장 오래된 천문대라고 합니다. 선덕여왕 때 첨성대를 쌓았다는 기록이 있습니다. 안쪽은 돌과 흙을 잘 다져서 채웠습니다. 그래서 동그란 첨성대가 현재까지 무너지지 않았습니다. 하지만 요즘 첨성대 주변 바닥이 무척 약해져 다소 기울어졌다고 합니다. 일제 강점기에 만든 도로 때문인데요, 그래서 현재는 첨성대로부터 가까운 도로를 자동차로 다닐 수 없게 되어 있습니다. 더 이상 첨성대가 기울거나 흔들리지 않았으면 하는 바람입니다.

첨성대

Cooking Tip
첨성대의 돌을 쌓은 층의 수, 전체 돌의 수 등이 1년 365일, 24절기 등을 의미한다고 보는 학자들이 있는 반면 첨성대가 천문 관측을 위한 것이 아니라고 주장하는 학자들도 있습니다.

첫 번째 食史_ 나라의 등장과 발전

여러분 가운데 '첨성대가 있는 곳이 천문 관측하기엔 너무 낮은 곳이 아니냐?' 하는 의문을 지닌 분들도 있을 것입니다. 요즈음에는 도시로부터 멀리 떨어진 높은 산에 천문대를 세우는 것이 당연한 것처럼 생각됩니다. 천문대는 별을 관측하는 곳이기 때문에 하늘에 가까이 가는 것도 중요합니다. 그렇지만 허블 우주 망원경처럼 대기층이 우주의 모습을 왜곡하는 것을 피하기 위해 높이 띄워 놓는 수준이 아니라면, 저렇게 높이 있는 하늘에 고작 몇 미터 가까이 간다고 하여 별을 더 잘 볼 수 있을까요? 어차피 대기의 왜곡은 피할 수 없습니다. 단지 높이로 천문대의 위치를 결정하는 것은 아니라는 이야기입니다. 깊은 산에 천문대를 두는 이유는 별을 보는 데 방해가 되는 빛이 없고 공기의 오염이 덜하기 때문입니다. 천 년 전 경주도 오늘날 도시처럼 밤에 환했을까요? 그렇지 않았을 것입니다. 그러니 굳이 산에 올라갈 필요도 없었겠죠. 그래서 오히려 별의 움직임을 보고하기 쉽게 궁궐 가까이 평지에 첨성대를 둔 것은 아닐까요? 또는 천체를 관측하는 모습을 백성들에게 보이기 위한 정치적 장치로 평지에 설치한 것은 아닐까요?

Cooking Tip
김해는 '쇠 금(金)', '바다 해(海)' 자를 사용합니다. 지명 자체가 '쇠로 된 바다'라는 뜻으로 철이 얼마나 많이 생산되는지 보여 줍니다.

철의 왕국 🔍 다음은 철의 왕국 가야를 살펴볼 차례입니다. 고구려 광개토 대왕이 기병과 보병 5만을 이끌고 신라에 침입한 왜구를 물리칠 때, 가야도 왜구의 신라 침범에 협조하여 크게 혼이 났다고 이야기한 적이 있습니다. 광개토 대왕의 공격을 받기 전까지 가야 연맹의 맹주는 김해의 금관가야였지만, 그 이후에 중심 세력이 바뀌어 연맹의 맹주가 된 지역은 고령의 대가야였습니다.

김해(금관가야의 중심지)는 지명에 '쇠'가 들어가는 곳답게 철제 판갑옷이 출토되기도 합니다. 왼편은 대성동에서 발굴된 갑옷이고, 오른

가야 판갑옷   가야 마구

100

편은 퇴래리에서 발굴되었다고 전해지는 갑옷입니다. 판갑옷은 넓은 철판을 잇대어 사용자의 몸통에 맞춤으로 만든 갑옷입니다. 전통적으로 가야에서 제작한 갑옷의 형태입니다. 쇳조각을 가죽으로 엮어 만든 유목민족의 비늘갑옷과는 차이가 있습니다. 4세기 말 광개토 대왕이 신라에 침입한 왜 세력을 격퇴한 사건으로 고구려의 영향을 받아 점차 비늘갑옷이 판갑옷을 대체한 것으로 보입니다.

가야 금동관

후기 가야 맹주인 대가야의 중심지 고령 지산동 고분에서 발견된 크기가 작은 아기 금동관 사진입니다. 세움 장식이 전체적으로 봤을 때 '뫼 산(山)' 자 형태인 것과 끝부분이 연꽃 봉오리 모양인 것이 인상 깊습니다.

Cooking Tip
교과서에는 후기 가야 연맹의 중심지 유물만 제시되어 있는 것 같아 다른 사진을 제시해 보았습니다.

옛 가야의 중심지 김해에 있는 대성동 고분박물관을 방문하면 고대 사회 순장의 흔적을 볼 수 있습니다. 순장은 '따라 죽을 순(殉)', '장사 지낼 장(葬)' 자를 사용해 '주인을 따라 죽는다.'는 의미입니다. 고대에는 신분이 높은 자가 죽으면 신하나 종들을 함께 묻는 풍습이 있었습니다. 왜 산 사람을 무덤에 함께 묻었을까요? 당시 사람들은 죽어서도 살아 있을 때처럼 영원히 살아간다고 생각했기 때문일까요? 주인이 죽은 후에도 섬겨야 했던 것일까요? 신분 사회의 어두운 그림자입니다. 대성동 외에도 영남 지역 곳곳에 순장 흔적이 남아 있습니다. 기록상으로는 6세기 초 신라 지증왕 때까지도 순장은 계속됩니다. 이는 불교를 수용하며 새로운 장례 풍습이 전해지며 사라진 것으로 보입니다.

Cooking Tip
역사교육연구소의 『어린이들의 한국사』에서 '슬픈 운명의 가야 소녀, 송현이 이야기'를 발췌해 들려주는 것은 어떨까요? 아이들은 아이들의 이야기를 들었을 때 더 눈을 반짝이니까요!

가야 순장

사국과 주변 나라와의 교류 🔍

삼국과 가야는 서로 경쟁하기도 하고 협력하기도 하며 중국, 일본 등과도 교류하였습니다. 특히 중국으로부터 불교를 수용하며 중국, 중앙아시아 등의 문화도 함께 유입되었습니다. 물론 꼭 중국을 통해서 다른 지역과 교류한 것만은 아닙니다. 이번에는 그러한 교류의 흔적들을 살펴보겠습니다.

Cooking Tip
교과서에서는 노인의 모습이 잘려 있어 잘 보이지 않으므로 교사용 CD의 사진 자료 활용을 추천합니다. 또 교과서에서는 고구려 벽화와 중국 신화와의 관련성만 다루었지만 각저총에는 단군 설화의 흔적도 남아 있습니다. 씨름하고 있는 두 사내 왼편 나무 아래 곰이 작게 그려져 있는데 이를 단군 설화의 흔적으로 설명하기도 합니다.

고구려 고분 각저총 내부 벽화의 모습입니다. '각저'는 씨름을 의미합니다. 두 사내가 씨름을 하는데 오른편에 위치한 노인은 심판을 보고 있는 것 같습니다. 헌데 매부리코에 눈이 부리부리한, 서역인으

(출처: 한국콘텐츠진흥원)

로 보이는 사람과 씨름을 하고 있습니다. 이를 통해 당시 고구려가 서역 사람들과 교류가 있었음을 알 수 있습니다. 고구려 고분에는 중국 신화에 나오는 신이나 상상의 동물이 등장하기도 합니다. 예를 들면 강서대묘의 사신도 그중 하나입니다.

그리고 백제의 벽돌무덤 무령왕릉의 경우엔 중국 남조와의 교류를 볼 수 있다고 했습니다. 실제로 중국 양나라 돈도 무덤의 석수 앞에 놓여 있었습니다. 그리고 이는 일본과의 돈독한 관계도 엿볼 수 있다고 합니다.

Cooking Tip
그밖의 교류 내용은 간단한 암기법으로 소개해 볼까 합니다. 아직기가 "아직도 글을 몰라?"라고 하며 '한자'를 일본 태자에게 알려주고, 왕인박사는 한 차원 높여 논어를(천자문도 전해 줌), 성왕 때는 글을 잘 알았으니 노리사치계가 '사치'스럽게 마음의 평화를 얻을 수 있는 불경과 불상을 일본에 전해 주었다고 말이지요.

나무 관은 일본에서 자생하는 금송으로 만든 것이라고 합니다. 금송은 소나무의 한 종류로, 우리나라는 적송이 주로 자생합니다. 굳이 나무를 일본에서 가져와 백제가 만들었다기보다

는 일본에서 우호 관계의 증표로 만들어 보낸 것으로 해석하는 것이 적절할 것 같습니다. 실례로 백제 중흥군주 무령왕은 임신한 어머니가 일본에 가다가 현재 일본 규슈의 한 섬에서 태어난 것으로 전해집니다. 그만큼 백제와 일본은 긴밀한 교류를 했다고 볼 수 있습니다.

다음 그림을 보면 왼쪽은 고구려의 수산리 고분 벽화입니다. 중앙 왼쪽의 우산을 쓰고 있는 여인이 무덤의 주인으로 여겨지며, 자세히 살펴보면 큰 머리를 하고 풍만한 둥근 얼굴에 붉은 점을 찍어 화장을 한 것이 보입니다. 또 붉은 선을 단 검은 긴 저고리에 색동치마를 입고 있는 모습이 눈에 들어옵니다. 오른쪽은 일본 나라현 아스카촌 역사공원에 있는 다카마쓰 고분 벽화의 모습입니다. 고구려 벽화의 여인 복장과 너무 흡사합니다. 하여 수산리 고분 벽화와 다카마쓰 고분 벽화를 통해 고구려와 일본의 문화 교류, 특히 우리 문화가 일본에 전파되었음을 설명하기도 합니다.

(출처: 동북아역사재단)

그 외에도 담징은 호류지(법륭사)라는 절에 벽화를 그렸는데 현재까지도 그 흔적을 찾아볼 수 있습니다. 또 담징은 일본에 종이와 먹을 전해 주기도 했습니다. 또 고구려의 승려 혜자는 일본 고대 국가 체제를 완성하고 아스카 문화를 열어 일본 고대사에서 추앙받는 쇼토쿠 태자의 스승이 되

Cooking Tip
담의 종성이 'ㅁ', 징의 초성이 'ㅈ'이기 때문에 먹의 'ㅁ'과 종이의 'ㅈ'으로 '담징'이라는 이름을 연상하게끔 지도하였습니다.

호류지(법륭사)

기도 합니다. 실제로 일본의 쇼토쿠 태자는 백제로부터의 불교 수용에 적극적이었고, 그가 받아들인 불교는 천황의 권력을 강화하여 국가 체제를 정비하는 데 영향을 주었습니다. 이는 일본 고유 종교인 신토와 불교의 융합으로 발전한 신불습합 사상으로 이어졌습니다. 현재까지도 일본 사람들의 사상에 영향을 끼치고 있습니다.

Cooking Tip
천황(텐노)이라는 용어는 단지 직책의 의미. 고유명사로 사용한 것이니 오해하지 않으면 좋겠습니다.

신라와 가야의 영향 🔍

다음으로 신라와 가야가 일본에 미친 영향에 대해 살펴보겠습니다. 신라는 주로 육체적 노동력이 많이 드는 일을 도와주었다고 보면 기억하기 쉽습니다. 배 만드는 기술과 둑(제방) 쌓는 기술을 일본에 전해 주었는데, 신라의 도움으로 쌓게 된 제방을 '한인의 연못'이라고 부릅니다. 가야의 수레바퀴 토기의 경우 앞서 언급했듯 일본의 스에키 토기에 영향을 주었습니다.

Cooking Tip
국내에 반가사유상은 국보 제83호 외에도 여러 개가 있습니다. 반가사유상의 경우 삼국 모두 제작한 것으로 보는 것이 맞고 유물마다 크기나 모양에는 차이가 있습니다. 국립중앙박물관이 소장하고 있는 국보급 반가사유상은 2점입니다. 바로 국보 제78호와 국보 제83호입니다. 박물관에서는 이 두 유물을 교차 전시합니다. 보살상의 자세는 비슷하지만 의상이 달라 딱 보면 구분할 수 있습니다. 국보 제83호의 경우 학자들마다 견해가 달라 삼국 가운데 어느 나라의 것인지 결론이 나지 않아 교과서에 '삼국'이라고 표기되어 있습니다. 관련 영상으로 '누군가의 얼굴'(지식채널e)을 추천합니다.

Masterpiece 🔍

다음은 개인적으로 가장 사랑하는 우리나라 문화재를 소개할까 합니다. 바로 금동 반가사유상입니다. '반가'는 가부좌를 절반(한쪽 다리)만 틀어 앉았다는 뜻이고, '사유'는 깊이 생각에 빠져 있는 모습을 의미합니다. 대한민국 국보 제83호입니다.

국립중앙박물관은 약 30만 점의 유물을 소장하고 있고, 그중 1만 5천 점의 작품을 전시하고 있는 곳입니다. 몇 해 전 통계에 의하면 시설 면에서 세계 6위, 박물관 관람

금동 반가사유상 다각도

객 수 세계 10위권 내에 드는 명실상부 대한민국 최고 박물관으로 알려져 있습니다. 국립중앙박물관 3층에서 독방을 차지하고 있는 불상이 바로 금동 반가사유상입니다. 몇 해 전 해외 특별 전시로 미국으로 갔을 때 보장 보험료가 500억 원 이상으로 책정되었던 바 있습니다. 반가사유상을 뒤에서 볼 땐 광배를 끼웠던 것으로 추정되는 뿔처럼 생긴 부분도 있습니다. 여러 각도에서 시간적 여유를 두고 살펴보길 권합니다.

오른쪽 사진은 그와 유사한 일본 교토 고류지(광륭사) 보물전에 있는 일본 국보 목조 반가사유상의 복제품입니다. 실제로 교토에 가도 사진 촬영은 불가능합니다. 보물전 안의 조명도 어둡고, 관람객과의 거리도 멀어 자세히 살펴보기는 어렵습니다. 그래서 국내 박물관에 있는 복제품의 모습을 놓고 비교해 보겠습니다. 수인과 무릎 위에 올린 발의 모습에 약간의 차이가 있는 것 빼고는 둘의 모습이 상당히

목조 반가사유상

닮았습니다. 머리에 쓴 삼산관부터 옷의 주름까지도 무척 닮은 것처럼 보입니다. 일본의 목조 반가사유상의 경우 허리띠 부분만 일본에서 많이 나는 녹나무로 되어 있고, 전반적으로는 적송을 재료로 만들어진 불상이라고 합니다. 일본은 금송, 우리나라는 적송이 주로 나는데 말이죠. 또 문화재에 특별한 이상이 없었음에도 불구하고 목조 반가사유상의 얼굴 부분을 성형 수술하여 일본인의 얼굴에 가깝게 변형시켜 놓았다고 합니다. 왜 그랬을까요?

Table 08

민족의 방파제, 고구려

오늘의 식단 한눈에 보기

- 🍴 살수대첩
- 🍴 안시성 전투
- 🍴 당시 신라와 백제는?

재료 준비	장 보기
• 수양제의 전쟁 선언과 여수 전쟁 초반 영상	• 〈역사저널 그날〉(95회)
• 대야성 함락 소식을 들은 선덕여왕 영상	• 드라마 〈선덕여왕〉(55회)
• 대야성 전투 영상	• 〈역사저널 그날〉(64회)
• 연개소문의 정변 영상	• 〈역사저널 그날〉(98회)

중국 대륙의 통일 🔍 거의 300년간의 분열 시기였던 중국 대륙을 수나라가 통일하는 데 성공합니다. 그런 수나라의 양제가 형을 죽이고 집권하였습니다. 하지만 정통성이 없어서 반대 세력을 무마시키기 위해서였을까요? 수양제는 다른 나라와의 전쟁을 선택합니다. 바로 고구려죠!

수양제의 협박 🔍 당시 고구려는 독자적인 천하관을 가지고 있어 수나라에게 신하의 나라로서 예를 표하지 않은 것으로 보입니다. 거기다가 수양제가 순행 중에 돌궐족의 막사에 가는 상황이 발생하는데, 그때 돌궐족 막사에서 고구려 사신을 만나게 됩니다. 이에 수양제는 애초에 대륙을 통일할 때부터 가장 신경 쓰였던 돌궐과 강대국 고구려가 연합하여 수나라를 공격하는 것 아닌가 하는 의심을 품기까지 합니다.

Cooking Tip
〈역사저널 그날〉 95회 영상을 활용해 수양제의 전쟁 선언 모습. 여수 전쟁 초기 양상을 보여 주었습니다.

113만 3,800 vs 30만 🔍 수나라는 상식적으로 믿기 힘든 수의 병력을 이끌고 고구려를 침공합니다. 출정하는 데만 40일이 걸렸고, 대열의 길이가 960리(377km 정도)에 이르렀다고 합니다. 이는 행군 대열이 서울에서 부산까지 길게 늘어선 것과 유사한 거리입니다. 실로 무시무시한 대병입니다. 이렇게 대규모의 병력을 동원해 전쟁을 한 것은 제1차 세계 대전 이전까지는 유래가 없었다고 합니다. 113만 3,800명! 보급 부대까지 포함하면 300만 명 이상이 전쟁에 동원되었을 것으로 추정됩니다. 이에 비해 고구려군은 약 30만 명 정도의 규모였습니다. 수비하는 입장이기 때문에 여러 성에 나누어 분산 배치되었을 것입니다. 가히 다윗과 골리앗의 싸움이 아닐 수 없습니다. 이로써 1차 여수 전쟁(고구려 대

수나라)이 발발한 것입니다.

위기에 빠진 요동성 🔍 고구려가 아무리 전투 민족이라고 해도 저런 대병과 싸우는데, 과연 쉽게 물리칠 수 있었을까요? 1차 방어선을 앞두고 수나라는 부교를 설치해 강을 건넜고 고구려군은 1만 명의 군사가 희생된 채로 퇴각하여 농성에 들어갑니다. 당시 공성전에서 수나라가 사용했다고 전해지는 여러 가지 무기 및 장비를 살펴보겠습니다.

소차

먼저 소차입니다. 사람의 힘으로 끌어올리는 엘리베이터 정도로 보면 될 것 같습니다. 성 내부의 병력 분포를 파악하여 어디가 허술한지 살펴볼 수 있는 장비입니다.

당차

수동으로 뾰족하고 거대한 나무를 뒤로 당겼다가 앞으로 밀어 충격을 주어 성문을 부술 수 있는 당차라는 무기입니다.

다음으로 소개할 것은 운제입니다. 사다리차 정도로 보면 될 것 같습니다. 병력들이 높은 성벽을 넘게 하려고 만든 장비라고 합니다.

운제

끝으로 포차입니다. 성벽을 부수거나 인마(人馬)를 살상하는 데 사용한 투석기 정도로 보입니다. 수백 가닥의 줄을 사람들이 당겨 커다란 돌을 던지면 파괴력이 엄청날 것으로 보입니다.

포차

저런 무기와 장비들이 있었음에도 수나라는 요동성을 3개월 동안 점령하지 못합니다. 고구려 병사들과 백성들이 얼마나 혼신의 힘을 다해 막아 냈는지 알 수 있는 대목입니다.

1차 방어선 요동성에서부터 막힌 수나라 군대는 상당히 당황하지 않았을까요? 이에 수양제는 30만 5천 명의 별동대(별도로 움직이는 부대)를 뽑아 고구려의 수도인 평양성으로 진격케 합니다. 별동대만 해도 고구려 전군의 수와 비슷한 규모입니다. 하지만 보급이 큰 문제가 됩니다. 당시 별동대로 나선 수나라 병사들은 100일치 식량과 말 먹이를 가지고 이동했습니다. 이는 1인당 70kg 정도의 무게로 추정된다고 합니다. 식량이 무척 중요하긴 하지만 병사들 입장에서는 너무 무거운 짐 아니었을까요? 그래서 식량을 땅에 묻어 버리거나 버리고 행군했을 가능성이 큽니다. 아마도 평양성까지만 가면 자기들의 수군이 식량과 무기를 보급해 주기 위해 기다리고 있을 것이라는 기대감도 있었던 것으로 보입니다.

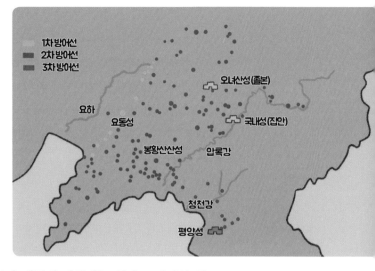

하지만 수나라의 수군은 이미 평양성에서 고구려군의 유인 작전에 의해 패하고 말았습니다. 30만 대군의 별동대는 식량도 변변치 않은 상황에 요동성 못지않게 강력한 평양성을 마주하게 된 것입니다. 평양성은 철옹성처럼 방어가 단단했던 것으로 보입니다. 평양성까지 고생해서 왔는데 그냥 돌아갈 수는 없고 싸우기에는 힘이 부치고……. 이런 상황에 고구려의 장수 을지문덕이 수나라 막사에 항복 사절로 가게 됩니다. 사실은 수나라 병력의 상태를 살펴보기 위해 간 것이지요. 수나라 막사에서는 대국으로서의 자존심 때문인지, 정말 고구려의 거짓 항복을 믿어서인지 을지문덕을 인질로 잡지 않고 순순히 돌려보내 줍니다. 하지만 보내 주고 나서야 깨달았는지 추격대를 급히 보냈다고 합니다.

우중문에게 보낸 시 🔍 고구려군은 모두 연기파 배우였던 것 같습니다. 지는 척하며 도망가고, 지는 척하며 도망가고, 이런 식으로 수나라 군대를 유인했습니다. 그리고 을지문덕은 수나라 장수 우중문에게 이러한 시를 써서 보냅니다. '신기한 책략은 하늘의 이치에 달했고, 묘한 전술은 지리를 통달했구나. 싸움마다 이겨 공이 이미 높았으니, 족한 줄 알고 그만둠이 어떠하리.'라는 내용의 시입니다. 수나라 군대가 이미 지쳐 있고, 식량도 부족함을 간파하고는 '박수쳐 줄 때 떠나라!'라는 식으로 글을 써 보낸 것이지요. 하지만 수나라 장수 우중문은 이를 잘 이해하지 못했던 것으로 보입니다. 그래서 을지문덕은 다시 연락하여 '너희들이 철수하면 내가 우리 왕을 모시고 항복하러 갈게.'라는 식으로 이야기하고, 이에 정말 돌아가고 싶었는데 구실과 명분을 찾은 수나라 군대는 퇴각하게 됩니다.

Cooking Tip
전투와 장수 이름을 연결하여 항상 '살수 문덕'으로 외우게 합니다. 실은 제가 초등학교 6학년 때 사회 시험 보기 직전에 살수대첩과 관련된 장군이 누군지 헷갈렸는데 옆 친구에게 물어 보니 살수대첩과 을지문덕을 연결해 '살수문덕'이라고 외운다고 하여 그 방법으로 외워서 관련 문제를 틀리지 않았습니다. 그런 기억이 있어 매번 이렇게 가르치게 되었습니다.

살수 문덕 🔍

평양성 근처까지 왔다가 돌아가는 수나라 군대를 을지문덕과 고구려 군대는 살수(청천강)에서 공격하였고 크게 승리를 거둡니다. 이 전투가 그 이름도 유명한 살수대첩입니다. 30만 5천 명의 별동대 가운데 살아 돌아간 것은 2,700여 명이었다고 하니 얼마나 큰 승리였는지 알 수 있습니다. 또 기록에 따르면 살아남은 병력들은 하루 종일 달리다시피 행군하여 450리를 퇴각하였다는 기록이 있습니다. 450리는 177km 정도로 믿기 힘든 거리입니다. 보통 군대에서 군인들이 40km 행군을 하면 8시간 정도로 계획을 잡습니다. 24시간을 달려서 이동했으면 가능한 거리죠. 중국 측 기록에 그렇게 남아 있다고 하네요.

살수대첩에 대한 오해 🔍

흔히 살수대첩 하면 상류에 둑을 만들어 물을 가두어 놓았다가 수나라 병사들이 살수, 즉 청천강을 건널 때 터뜨려서 싹 쓸어버렸다고 알고 있는 분들이 많으나 이는 사실 불가능한 일입니다. 실제 청천강은 30만 대군이 한꺼번에 들어갈 수 있는 정도의 규모도 못 되거니와, 당시 통신 시설을 고려해 보았을 때 그런 작전은 실현 가능성이 무척 희박했습니다. 무엇보다도 당시 기록에는 없는 사실인데 독립운동가 단재 신채호가 쓴 위인전 『을지문덕전』에 그러한 내용이 기록되기 시작하며 생긴 오개념이라고 합니다. 어찌 되었든 고구려의 연기력으로 1차 여수 전쟁은 고구려의 승리로 끝이 납니다. 하지만 일 년 후인 612년에도, 613년에도 수양제는 끈질기게 2차, 3차에 걸쳐 고구려 원정을 단행하였고, 이는 수나라가 단명 왕조로 끝나게 되는 큰 원인을 제공합니다. 그래서 수양제 왕릉의 비석에는 '요동 땅에서 일을 벌이다 천하를 잃었다.'라고 써 있다고 합니다. 3차 원정 준비로부터 4년 후 618년에 수나라는 역사의 무대에서 사라집니다.

이번엔 당나라다! 🔍 중국 땅에는 수나라 이후 당나라가 들어섰습니다. 당나라 고종 때는 평화가 유지될 수 있었지만 당태종 때에 이르자 다시 큰일이 터집니다. 당태종이 군사를 일으켜 대규모 병력으로 고구려를 공격한 것입니다. 이때 당나라는 수나라에 비해 진도를 많이 나갑니다. 당나라는 고구려의 여러 성을 점령한 후 안시성까지 공격하였습니다. 하지만 안시성 성주와 백성들이 힘을 모아 버텨 냈고, 이에 당나라 군대는 식량 부족에 겨울까지 맞이해 물러날 수밖에 없었습니다. 고구려 군의 청야 전술도 승리에 한몫했던 것 같습니다. 청야 전술이란 성을 내줄 때 식량으로 쓸 만한 것들은 모두 없애 점령군의 보급 문제를 가중시키는 전술입니다.

이렇게 고구려는 수나라와 당나라의 침략을 모두 막아 냈습니다. 마치 한반도를 지켜 주는 방파제인 것처럼 말입니다. 당태종이 이 전투에서 화살에 맞아 한쪽 눈을 잃었다는 설도 있습니다.

대륙의 스케일 🔍 당태종은 중국에서 무척 위대한 군주 가운데 한 명으로 손꼽히는 사람입니다. 옹립 과정은 마치 조선의 태종 이방원과 비슷했습니다. 그는 중국 대륙 최초로 농경 민족과 유목 민족을 모두 통치하였다고 하여 '천가한'이라는 칭호를 얻기까지 합니다.

요동성을 비롯한 여러 성을 점령한 당태종의 고민은 '바로 평양성으로

Cooking Tip
안시성 성주의 이름이 양만춘으로 전해졌지만 상당 기간 지나고 후대에서야 기록된 이름이라고 합니다. 그래서 안시성 성주의 이름이 무엇인지는 불분명하다는 것이 요즘 통설입니다.

Cooking Tip
당나라가 50만 명을 동원하여 60일에 걸쳐 안시성보다 훨씬 높은 흙산을 쌓았다는 것을 안시성 싸움과 엮어서 학생들에게 암기하는 방법을 알려주었습니다. 60일 동안 흙산을 쌓느라고 당나라 병사들은 씻지 못했다. 안 씻었다. '안 씻어서 안시성 전투' 이렇게 안내했습니다. 말하는 교사의 부끄러움은 순간이지만 학생들의 기억은 영원할 것입니다.

진격하느냐, 안시성을 치고 보급로를 완벽히 확보한 다음 평양성으로 진격하느냐'였던 것으로 보입니다. 당나라 군대는 후자를 선택합니다. 안시성 싸움과 관련된 영상을 살펴보았습니다. 여기서 당나라 군은 상당히 재미있는 전략을 구사하는데요, 역시 대륙의 스케일! 고구려 성보다 높은 흙산을 쌓기 위해 진지 공사를 시작합니다. 고지를 점령하는 것이 아니라 고지를 만들어 안시성을 공격하려고 한 것입니다. 하지만 하늘이 고구려를 도왔는지 때마침 내린 비로 흙산이 안시성 쪽으로 무너지고 이에 고구려군이 민첩하게 움직여 오히려 고지는 고구려군의 것이 됩니다. 이후 역공을 퍼부어 당태종을 퇴각케 만듭니다.

흔히 여기까지는 많이 알려진 이야기입니다. 하지만 당나라군의 퇴각 이유는 한 가지 더 있었습니다. 당시 고구려 최고 권력자 연개소문의 외교 전략이 빛을 발했습니다. 연개소문은 당나라 서북쪽에 있는 설연타라는 나라를 포섭하여 당나라 수도 장안성 근처까지 압박하게 합니다. 이에 당태종은 선택의 여지가 없었을 것입니다. 수도가 위험한데 어떤 집권자가 물러나지 않을까요? 거기다 겨울이 다가오고 있었죠.

당태종이 고구려와의 전투에서 한쪽 눈을 잃었다는 이야기는 고려 말 문신 이색의 시에서 등장합니다. 이 내용이 사실인지 아닌지 확실하지 않지만 당태종은 이 전쟁을 계기로 자존심에 상처를 입었고 마음의 병을 얻어 몸까지 병이 난 듯합니다. 고구려와의 전쟁을 치른 지 4년 후 당태종은 세상을 떠납니다. 그가 남긴 유언은 "나의 자식들은 고구려를 공격하지 말라. 너희들이 이길 수 있는 나라가 아니다."였다고 합니다.

고구려가 수나라와 당나라를 막아 낼 수 있었던 이유로 고구려의 축성 방식도 한 가지 이유로 볼 수 있습니다. 그들은 성을 쌓을 때 치, 옹성 등의 성벽 구조를 만들곤 했는데, 이는 수성전(성을 지키기 위한 전투)에 무척 유리해 보입니다. 치는 성을 지킬 때 3면에서 적을 공격하기 위해 성벽을 톱니바퀴처럼 튀어나오게 쌓는 것을 말합니다. 옹성은 '항아리 옹(甕)'

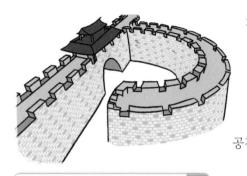

자를 사용하는데, 항아리를 절반으로 자른 모양이기 때문에 붙은 이름입니다. 공격하는 적군이 성의 입구에 들어오지 못하게 포위해서 공격하는 데 사용합니다.

Cooking Tip
치와 옹성을 고구려만의 것으로 보는 학자들도 있고 그렇지 않다는 의견을 제시하는 분도 있습니다. 하지만 고구려 사람들이 성을 쌓을 때 치와 옹성을 많이 만든 것은 사실입니다.

당시 한반도 중남부 지방은? 🔍 이렇게 고구려가 수나라에 이어 당나라를 막아 내고 있을 때 한반도 중남부 지방에서는 어떤 일이 일어나고 있었을까요? 신라가 백제를 배신하고 한강 유역을 확보했고, 동시에 나제 동맹이 결렬되면서 백제와 신라는 앙숙이 됩니다.

선덕여왕 🔍 당시 신라에는 덕만공주인 선덕여왕이 다스리는 시기였습니다. 우리나라 최초의 여성 지도자이죠. 한때 신라는 골품제도에 의해 성골만이 왕이 될 수 있었는데(훗날 진골도 가능), 성골 가운데 남자가 사라지자 성골이었던 덕만이 왕위에 오를 수 있었다는 설이 유력합니다. 이후 등장하는 진성여왕과 비교해 볼 때 가장 많은 업적을 남긴 여왕입니다. 선덕여왕은 선정을 베풀어 민생을 개선했고, 재난을 당한 사람이나 빈민을 구제하는 사업에 힘썼다고 전해집니다.

의자왕 🔍 다음은 시야를 백제로 돌려 보겠습니다. 당시 백제는 의롭고 자애로운 왕, 의자왕이 다스리고 있었습니다. 혹시 의자왕 하면 삼천 궁녀만 떠오르나요? 의자왕은 『삼국사기』에 따르면 태자 때부터 부모에 대한 효심이 지극하고 형제들과 우애가 깊어 '해동의 증자'로 불렸습니다. 그리고 약 10년간의 태자 생활을 통해 예비 군주로서 수련 과정을 거친 준비된 왕이었습니다. 40대에 왕위에 오른 의자왕은 군사는 물

Cooking Tip
증자는 공자의 제자로, 학식이 풍부하고 부모를 극진히 모셨다고 전해지는 성인입니다.

론 민심까지 잡으며 훌륭한 치세를 펼칩니다. 라이벌인 신라를 박살 내기 시작하죠. 즉위 다음 해에는 직접 군사를 이끌고 신라의 40여 성을 함락시킵니다. 그 후에는 더욱 신라를 곤란하게 만들죠. 어찌 보면 의자왕은 승자가 기록한 역사에 매몰되어 제대로 된 평가를 받지 못한 것은 아닐까요? 실제로 낙화암에 가 보면 3천 명의 궁녀가 설 수 있는 공간이 아니라는 것을 알 수 있습니다. 물론 망국에 이르게 된 책임을 군주된 자가 지지 않을 수는 없겠지만 말이죠.

난공불락 🔍   의자왕의 공세에 밀리고는 있었으나 신라에는 난공불락의 성이 있었습니다. 신라의 서부 요충지 대야성입니다. 하지만 그 대야성이 백제의 윤충 장군에게 함락됩니다. 대야성 안에 있는 검일이라는 사람의 배신으로 그렇게 되었습니다. 대야성 전투로 신라의 막후 실세인 김춘추의 딸 고타소와 사위 김품석이 사망합니다.

Cooking Tip
드라마 〈선덕여왕〉 55회 영상을 활용해 대야성 함락 소식에 충격을 받는 선덕여왕의 모습을 보여 주었습니다. 이어서 〈역사저널 그날〉 64회 영상 중 대야성 전투를 묘사한 부분을 시청했습니다.

고타소와 김품석 🔍   여기에는 비하인드 스토리가 있습니다. 김품석의 부하 검일의 부인은 상당한 미인이었습니다. 대야성 성주이자 김춘추의 사위인 김품석은 검일의 부인을 탐했는데, 이 사건 때문에 검일은 배신을 결심하게 된 것으로 보입니다.

이번에는 김춘추의 입장에 서 보겠습니다. 김춘추는 딸 고타소를 무척 아꼈습니다. 그녀가 세상을 뜬 후 충격이 큰 김춘추는 한동안 사람이 지나가도 모르는 지경에 이르렀다고 합니다. 게다가 대야성 함락으로 인해 정치적 고립을 면치 못합니다. 사실 김춘추는 강등된 왕족입니다. 할아버지 진지왕 때도 스캔들이 있어 폐위되었는데, 그의 사위까지 문제를 일으켜 신라로서는 무척 중요한 성을 잃었기 때문이지요. 아무리 선덕여왕의 후광이 있더라도 수세에 몰릴 수밖에 없었습니다.

대막리지 연개소문 🔍

김춘추는 이 상황을 타개하기 위해 우군이라고는 할 수 없는 고구려를 찾아갑니다. 당시 고구려 보장왕은 꼭두각시 왕으로 실권이 없었고, 군사와 행정 등의 모든 권한을 가지고 있는 대막리지 연개소문이 실권자였습니다. 김춘추는 연개소문에게 고구려의 지원을 요청합니다.

개소문은 태어날 때부터 금수저를 물고 태어난 사람이었습니다. 아버지, 할아버지 모두 고구려의 최고위층이었습니다. 하지만 다른 귀족들은 그가 상당히 거칠고, 생각이 위험하다고 판단했던 듯합니다. 천리장성을 쌓는 임무를 받고 변방으로 파견되지요. 권력의 중심지인 평양에서 멀리 떨어지게 하려는 의도였던 것 같습니다. 하지만 연개소문은 천리장성을 쌓기 위해 배속된 대규모 군사들을 이용해 쿠데타를 일으켰고, 당시 상류 귀족들 100명의 목숨을 빼앗고 영류왕마저 살해합니다. 그리고 꼭두각시 보장왕을 전면에 내세우며 자신이 대막리지에 오릅니다. 연개소문은 백제에게 밀리고 있어 곤경에 빠진 신라와 연계하기보다는 중국 너머 다른 민족들의 힘이 필요하다고 생각했는지도 모르겠습니다.

Cooking Tip
연개소문의 성이 연씨이기 때문에 개소문이라는 이름을 사용하며 수업을 진행했더니 학생들의 반응이 좋았습니다.

김춘추와 토끼의 간 🔍

연개소문은 진흥왕 때 신라가 차지한 한강 유역을 내놓지 않으면 돕지 않겠다고 하며 김춘추를 옥에 가두어 버립니다. 옥에 갇힌 김춘추는 무척 난감했을 것입니다. 선도해라는 사람으로부터 자라와 토끼의 간 이야기를 들은 김춘추는 지혜를 발휘해 연개소문이 말한 한강 유역 건에 대해 자신은 결정할 수 없고, 신라로 돌아가 선덕여왕을 설득해 연개소문의 요구대로 해 주겠다고 하며 옥에서 빠져나올 수 있었다고 합니다. 고구려도 더 이상은 무리수를 둘 수 없었던 것이 이때 김유신도 김춘추를 구하기 위해 군사 수천 명을 이끌고 국경에 닿아 있었다고 합니다.

Cooking Tip
〈역사저널 그날〉 98회 영상을 활용해 연개소문의 정변 모습을 살펴보았습니다.

나당 동맹 🔍 그렇게 위기에서 빠져나온 김춘추! 그는 차선책으로 당나라에 갑니다. 이들은 서로의 필요에 의해 연합을 구축합니다. 당으로서는 철천지 원수 고구려를 치기 위함이었을 것이고, 김춘추로서는 우선 딸과 사위의 복수를 위해 백제를 치고, 삼한일통을 이루기 위함이었을 것입니다. 이렇게 맺어진 군사 동맹을 '나당 동맹'이라고 합니다. 김춘추는 과연 자기 딸의 복수를 할 수 있을까요? 다음 시간에는 삼국 통일 과정에 대해 살펴보도록 하겠습니다.

〈가야 갑옷, 출처 : 국립중앙박물관〉

특별한 풍미로
한 시대를 풍미하다

삼한일통 신라와 해동성국 발해

오늘의 식단 한눈에 보기

- 신라의 통일 전쟁
- 신라, 당나라에 도전장을 내밀다
- 東北工程에 대한 우리의 必殺技
- 바다 동쪽의 융성한 나라, 발해

재료 준비	장 보기
• 가족을 죽이고 출전하는 계백, 목숨을 아끼지 않는 화랑 관창, 황산벌 전투와 계백의 죽음 관련 영상	• 영화 〈황산벌〉
• 연개소문의 죽음과 형제들의 내부 분열, 평양성 전투 관련 영상	• 영화 〈평양성〉
• 문무왕의 대당 전쟁 선포 영상	• 〈역사저널 그날〉(100회)
• 장보고 관련 영상	• 〈역사저널 그날〉(102회)
• 대조영의 발해 건국 영상	• 〈역사저널 그날〉(101회)

황산벌 전투 🔍 나당 동맹을 맺은 진격의 신라! 신라의 통일 전쟁 과정을 살펴보도록 하겠습니다. 먼저 어떤 과정을 거쳐 황산벌에서 전투를 하게 되었는지 살펴보겠습니다.

백제는 의자왕 집권 후 신라와의 경쟁에서 주도권을 쥐게 됩니다. 그러다가 655년! 백제 의자왕은 신라의 30여 개 성을 점령하는 전과를 올리고, 이에 힘을 받아 자신의 서자 41명을 측근으로 최고위직 좌평에 배치했다는 기록이 있습니다. 권력의 독점에 귀족들의 반발이 거세지고 국론 분열이 일어납니다. 이런 상황을 보던 신라와 당나라! 이를 기회로 삼아 쳐들어온 것은 아닐까요?

당나라 군대의 파병이 생각하는 것처럼 순조로웠던 된 것은 아닙니다. 나당 동맹 이후로 신라는 16년간 끊임없이 당나라에게 파병을 요청합니다. 어떻게 보면 당나라의 파병은 치열한 외교전의 대가가 아니었나 싶습니다. 사실 신라는 단독으로 백제를 칠 만한 군사력을 가지지 못했습니다. 신라의 일편단심 구애에 당나라는 1천 척의 배에 소정방이 이끄는 13만 대군의 병력을 실어 보내기에 이릅니다. 끝이 보이지 않는 함대는 인천 앞바다 덕물도 방향으로 상륙합니다.

백제 입장에서는 고구려와 백제 사이의 애매한 지역이기 때문에 당나라가 또 고구려를 치러 가는데 이번에는 해로를 이용하는 것인가 싶었을 것입니다. 수나라도 당나라도 항상 고구려를 쳤으니까요. 거기다 신라 군대도 바로 백제 동부 지역을 치지 않고 위로 북진했습니다. 이에 백제는 당나라가 신라와 연합해 고구려를 친다고 확신했습니다. 하지만 이는 나당 연합군의 기만전술이었습니다.

당나라의 수군은 바다를 건너 남진하여 금강 하구 기벌포를 향합니다.

기벌포는 무척 중요한 곳입니다. 들어가기만 하면 바로 바닷길이 사비 (부여) 도성까지 연결되어 있기 때문입니다. 신라의 5만 대군은 사비성의 동쪽 탄현 쪽으로 진격합니다. 당나라의 13만 정예 병력! 백제는 고구려 와 다릅니다. 10만이 넘는 대군을 상대해 본 적이 없습니다. 단 한 번도 만나 본 적이 없는 대군이 백제를 위협하는 상황에서 여러분이 의자왕이 라면 어떤 판단을 하겠습니까? 동쪽의 신라군을 먼저 막을까요, 서쪽의 당나라군을 먼저 막을까요? 당나라의 수군은 오랜 항해로 지쳐 있다는 중신들의 의견이 있었습니다. 또 우리가 계속 싸워 가며 이겼던 신라를 우선 공격해서 승부를 본 후 당나라 대군과 싸워야 한다는 주장도 있었 습니다. 의자왕을 비롯한 백제의 고위 관료들은 제때 결정을 내리지 못 하고 우왕좌왕합니다.

실은 4년 전에 성충이 전쟁이 일어날 것이고, 전쟁이 일어난다면 기벌 포와 탄현이 중요하다고 간언한 바 있습니다. 흥수라는 신하도 전쟁 직 전에 유사한 이야기를 하였습니다. 하지만 정쟁으로 국론이 분열된 백제 는 다시는 되돌릴 수 없는 시간을 놓치고 말았습니다. 의자왕은 사비성 의 방비를 두텁게 하고 병력을 양분하여 기벌포와 탄현으로 보냅니다. 기벌포에서 당나라의 수군을 조금만 버티며 막아 낸다면 썰물 때가 올 것이고, 이를 화공으로 섬멸한다는 작전

Cooking Tip
영화 〈황산벌〉의 일부를 통 해 계백이 가족을 죽이고 출전하는 모습을 시청했습 니다. 또 화랑(花郎. 신라 청소년 수련 단체에서 많게 는 수천의 낭도들을 이끄는 리더를 가리킴) 관창의 활 동 모습도 살펴보았습니다. 전쟁에 꽃다운 목숨을 이용 하는 모습을 통해 전쟁은 진실로 미친 짓이라는 말에 공감이 갑니다.

을 생각했습니다. 동쪽의 신라군은 탄현 을 건너며 산골짜기에 진입했을 때 낙석 같은 것을 이용해 대열을 깨고 격파한다 는 작전이었을 것으로 추정됩니다. 하지 만 골든타임을 놓친 백제와 상상 이상으 로 빠르고 강력한 기세로 치고 들어오는 당나라와 신라 군대! 백제의 군대는 모두 박살 납니다.

↳ 김유신 동상

계백 동상

김유신이 이끄는 신라의 5만 군사에 맞서기 위해 계백이 이끄는 5천 결사대가 황산 벌판에서 전투를 치릅니다. 황산벌은 현재의 논산 정도로 보입니다. 계백은 처자식을 모두 베어 버리고 죽음을 각오하고 전투에 임합니다. 결전의 날, 660년 7월 9일! 백제는 중과부적인 적을 맞이하여 목숨을 걸고 맹렬히 저항했고 4번의 전투에서 승리를 거둡니다. 10배 가까운 신라의 대군을 상대로 그렇게 싸운다는 것은 쉬운 일이 아니었을 것입니다. 이에 신라는 전열을 가다듬기 위해 병사들이 마음으로부터 따르는 리더 화랑들을 내보냅니다. 6세기 진흥왕 때부터 남성 중군사 조직으로 길러 내기 시작했던 인력풀이 7세기에 가서 빛을 발했습니다. 반굴, 관창과 같은 화랑의 희생으로 신라는 마음을 독하게 다잡습니다.

백제의 멸망 🔍 향후 삼국 간 경쟁의 분수령이 된 황산벌 전투! 신라군은 백제의 5천 결사대를 무찌르고 당나라와 연합하여 도읍인 사비(부여)를 빼앗습니다. 700년 왕조 백제가 하루아침에 멸망한 것입니다.

나당 연합군은 왜 백제를 먼저 쳤을까요? 무열왕 김춘추의 원한도 한몫했을 것이고, 당나라 입장에서도 단독으로 고구려 원정을 했을 때마다 번번이 실패했기에 신라의 보급과 지원을 얻기 위해 우선 백제를 친 후 강적 고구려를 친다는 생각 아니었을까요?

Cooking Tip
영화 〈평양성〉의 일부를 활용하여 연개소문의 죽음과 자식들의 내부 분열, 평양성 전투 모습 등을 시청하였습니다. 그리고 부흥운동의 경우 용어만 강조하였습니다. 간단히 언급만 하고 나당 전쟁으로 넘어 갔습니다.

연개소문의 죽음 🔍

이후 나당 연합군은 고구려를 공격했으나 전투 민족 고구려는 이를 잘 막아 냈습니다. 하지만 거듭된 전쟁으로 국력을 많이 소모한 고구려는 연개소문이 죽은 뒤 그의 아들 연남생, 연남건, 연남산 형제의 권력 다툼으로 국론이 분열되었습니다. 그 영향으로 동북아시아의 패자로 군림하던 고구려도 668년 나당 연합군의 공격으로 멸망하고 맙니다. 백제도 고구려도 나라를 되찾기 위해 다시 뭉쳐 부흥운동을 일으켰으나 결국 실패하고 맙니다.

삼한일통 🔍

그렇게 삼한일통을 이루어 낸 신라! 하지만 당나라의 움직임은 이전부터 심상치 않았습니다. 백제를 멸망시킨 후 약속과는 다르게 자신들이 직접 통치하려는 야욕을 보이며 웅진 도독부를 설치하였고, 신라가 이에 반발하자 후에 신라에는 계림 도독부를 두기에 이릅니다. 처음 약속으로는 당나라는 고구려 땅을, 신라는 백제의 땅을 가지기로 했었는데 말이죠.

Cooking Tip
문무왕의 대당 전쟁 선포 영상을 시청하면 당나라에 대한 신라의 태도 변화를 느낄 수 있습니다.

문무왕의 대당 전쟁 선포 🔍

이에 문무왕 김법민(무열왕 김춘추의 아들, 김춘추는 백제를 멸망시킨 다음 해에 세상을 떠난다)은 당나라에 대해 강경책으로 외교 노선을 전환하고 전쟁을 선포합니다. 670년 문무왕이 이끄는 신라군이 백제 땅에 있는 당나라군을 공격합니다. 이에 당황한 당나라군은 많은 군사를 잃고 백제 땅에서 쫓겨납니다.

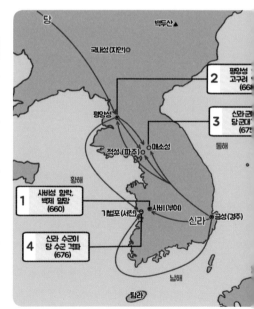

122

매기 전투 🔍 이때부터 신라와 당나라 간의 싸움이 끊이지 않는데, 가장 중요하다고 하는 전투가 매소성, 기벌포 전투입니다. 먼저 675년 지금의 경기도 양주 일대인 매소성에서 큰 전투가 벌어졌는데, 설인귀가 이끄는 당나라의 20만 대군을 물리칩니다. 신라는 적은 군사로도 승리를 이끌어 냈고, 이때 활약한 사람이 김유신의 아들 원술이었습니다. 그리고 676년 금강 하구의 기벌포에서 당나라 해군을 물리침으로써 신라는 당나라군을 완전히 몰아 낼 수 있었습니다.

신라의 삼국 통일 과정을 순서에 맞게 배열하라는 문제가 종종 등장합니다. 그런 문제들을 살펴보면 백제, 고구려를 멸망시킨 것까지가 아닌, 당나라 세력을 몰아 낸 부분까지를 삼국 통일의 완수로 봅니다. 물론 당나라가 물러간 요인은 세계사적으로 보았을 때 토번(티벳)이 강력하게 일어나 한반도 문제에 더 이상 집중할 수 없게 된 상황도 있습니다. 토번이 있는 곳은 실크로드가 걸린 요충지였습니다. 교과서를 유심히 살펴보면 나당 전쟁 시기 신라는 백제, 고구려 유민들도 포섭해 당나라에 맞섰다는 표현이 등장합니다. 당연히 서로의 이익이 맞아떨어져 움직였을 테지만, 문무왕은 어떤 세력과도 연합할 수 있는 유연함을 가지고 있었던 것으로 보입니다. 고구려 영토를 포기한 반쪽짜리 통일로 보아 신라의 통일을 부정적으로 보는 견해도 있습니다만, 신라의 삼국 통일은 고구려, 백제, 신라의 사람들을 하나로 모아 새로운 민족 문화가 발전하는 기반이 되었다는 점에서 큰 의미가 있는 것으로 평가받습니다. 그 전까지는 한반도와 만주 지역에 세워진 각 나라들이 동질적인 민족의식을 가지고 있지 않았다고들 이야기하니까요.

통일 이후의 신라 🔍 다음으로는 신라와 발해의 발전 모습을 살펴보도록 하겠습니다. 통일을 이룬 문무왕은 하나된 신라를 만들기 위해 백제와 고구려 유민들을 통합하는 정책을 펼쳤습니다. 백제 출신의 귀

Cooking Tip
학생들이 착각하기 쉬운 것들을 구분해 주세요! 흔히 무열왕 김춘추는 백제 멸망까지를 주도하여 삼국 통일의 발판을 마련했다고 표현하고, 그의 아들 문무왕 김법민은 고구려를 멸망시키고 당나라를 대동강 이남에서 몰아 내어 삼국 통일을 완수하였다고 표현합니다. 학생들은 역사를 처음 접하기 때문에 무열왕과 문무왕을 혼동하는 경향이 있어 구분해 주었습니다.

첫 번째 食史_ 나라의 등장과 발전

족들을 골품제에서 5두품까지 편입시킵니다. 또 고구려 출신의 귀족들도 6두품까지 편입시켜 백제와 고구려 유민들을 통합하고자 합니다. 그리고 전쟁이 끝난 후 병장기를 녹여 농기구로 바꾸어 전쟁으로 피폐해진 농업을 다시 회복시키고자 노력합니다. 삼국을 통일한 문무왕은 그것만으로 자기가 해야 할 일이 끝난 거라고 여기지 않았습니다. 툭하면 건너와 백성을 괴롭히는 바다 건너 왜 세력이 있었는데, 자신이 죽은 뒤에 용이 되어 왜가 쳐들어오는 길목인 동해를 지키겠다고 하며 동해 바다에 묻어 달라고 했다는 이야기가 전해질 정도니까요.

감은사지 삼층석탑

경주에 방문하면 감은사라는 절터가 있는데 꼭 들러 보길 추천합니다. 감은사지에 있는 삼층석탑의 모습입니다. 절은 사라지고 없지만 쌍탑으로 가람 배치가 되어 있습니다. 감은사는 문무왕이 부처에게 나라를 잘 지켜 달라고 기도를 드리기 위해 짓기 시작한 절이었다고 합니다. 하지만 절이 완성된 것은 문무왕이 세상을 떠난 후로, 절 이름도 삼국 통일을 완수하여 전쟁을 끝내고, 나라의 안위만을 생각한 아버지 문무왕의 '은혜에 감사드린다'는 뜻으로 신문왕이 '감은사'로 정했다고 합니다.

감은사에서 몇 분 정도만 차로 이동하면 이견대라는 곳이 나오는데, 그곳에서 문무대왕릉을 멀리서나마 살펴볼 수 있습니다. 호국룡이 되고 싶다고 한 문무왕의 유골이 모셔져 있다고 하는 수중릉입니다. 과학적으로 탐지기 같은 것을 활용하여 조사했을 땐 오랜 세월이 지나서인지 그 흔적을 찾을 수는 없었다고 합니다. 불교식 장례 절차에 따라 화장하여 보관한 것으로 봅니다.

문무대왕릉 내부 (문화재청)

문무왕의 아들 신문왕은 통일한 지 얼마 되지 않아 나라가 아직 단단하지 않음을 알고 왕권 강화에 집중했습니다. 보통 나라가 세워지면 공신 세력의 힘을 인정해 주지 않을 수 없기 때문에 어떤 나라나 초기의 상황은 비슷한 것 같습니다. 신문왕 즉위 일 년도 되지 않아 피바람이 붑니다. 장인 김흠돌의 반란을 계기로 귀족 세력들에 대한 대대적인 숙청이 이루어집니다.

만파식적 🔍 물론 역모를 조작한 것이 아니냐는 견해도 있지만 이러한 과정을 통해 왕권을 강화한 신문왕은 여러 제도를 새롭게 정비해 통일된 신라의 청사진을 만들어 갔습니다. 신문왕의 강력한 왕권을 상징하는 것이 만파식적이라는 뺑 피리 이야기입니다. 만 개의 파도를 잠재우는 피리! 문무왕이 죽어서 된 바다의 용과 김유신이 죽어서 된 천신이 합심하여 용을 시켜 보낸 대나무로 만든 피리! 이것을 불면 적병이 물러가고, 질병도 낫게 해 주는 등 모든 근심을 해결해 주었다는 그 피리! 신문왕의 전제 왕권을 보여 주는 시대의 상징입니다.

신라의 대외 교류 🔍 국립중앙박물관에 가면 실크로드를 타고 온 로만 글라스(로마에서 만든 유리 제품)를 볼 수 있습니다. 신라의 교역 활동이 얼마나 활발했는지 짐작케 해 주는 유물입니다. 먼 지역의 외국 상인들이 자주 찾아오면서 경주와 가까운 울산은 국제 무역항으로 크게 발전했다고 합니다. 커리(카레)도 신라 하대 정도에 들어온 것으로 추측됩니다. 아랍의 한 지리학자는 신라에 대해 '신라는 금이 많이 나고 기후와 환경이 좋다. 그래서 많은 이슬람 사람들이 신라에 정착해 떠날 줄 모른다.'는

로만 글라스

기록을 남기기도 했습니다. 실제로 신라 귀족들은 서아시아나 중앙아시아 출신의 사람들을 호위 무사로 삼기까지 했습니다. 그와 관련된 유적이 원성왕릉으로 추정되는 괘릉의 무인 석상입니다. 둥근 터번 사이로 나온 곱슬머리, 깊이 들어가 있는 눈, 우뚝 솟은 코 등으로 보아 서역 사람으로 추정합니다. 물론 주된 교역의 대상은 당나라였을 것입니다. 신라인들의 집단 거주지가 당나라 영토에 있었을 정도니까요.

Cooking Tip
장보고 관련 드라마 영상을 활용하면 선생님들의 부담도 조금 줄고, 학생들도 흥미로워할 것 같습니다.

장보고 🔍 끝으로 통일신라 사람인 장보고에 대해 간략하게 이야기해 보겠습니다. 장보고의 어린 시절 이름은 '궁복' 또는 '궁파'라고 합니다. 장보고는 친구 정연 등과 함께 바다 건너 당나라에 가게 되었는데, 무령군 소장이라는 지위에까지 오릅니다. 그렇게 당나라에서 활약하던 장보고는 어느 날 신라인이 당나라의 해적에게 잡혀 와 노비로 팔리는 인신매매 현장을 보고 신라로 돌아가야겠다고 결심합니다.

장보고는 신라로 돌아와 828년 흥덕왕으로부터 군사 1만을 징발할 권리를 얻어 내 지금의 장도 지역에 청해진을 설치합니다. 장보고는 해적을 소탕하고 신라인의 해상 무역로를 보호하였으며, 당나라와 신라, 일본을 연결하는 국제 무역을 주도하여 중앙 정부에서도 무시하지 못할 해상 군진 세력으로 성장하게 됩니다. 하지만 왕위 계승 문제와 연관되어 경주에서 보낸 염장이라는 자에게 살해당하며 삶을 마감합니다.

여러 책에 제시되어 있는 장보고 무역선은 완도 장보고기념관 로비에 있는 4분의 1 크기 축소 모형 사진으로 보입니다.

Cooking Tip
탐라국(제주)은 삼국 시대 백제, 이후 신라에 입조한 것으로 보입니다. 하지만 완전한 복속국이라고 보기에는 무리가 있습니다. 훗날 고려 팔관회에도 외국인들과 함께 탐라국 사람들이 참석했다는 기록을 볼 수 있습니다. 참고로 바다 건너 왜 세력은 7~8세기 정도에 '일본'이라는 국호를 사용하기 시작했습니다.

대조영 🔍 이제 북국 발해로 시선을 옮겨 보겠습니다. 당나라는 고구려 평양성 전투에서 승리한 이후 고구려의 부흥 운동을 봉쇄하기 위해 고구려인들을 여기저기에 옮겨 살게 합니다. 평양 지역의 고구려 유민들은 바닷길을 이용해 산둥반도로, 요동 지역에 머물던 고구려인들은 육로를 이용해 영주 지역으로 보냅니다. 끌려간 고구려인들은 황무지 개척을 비롯한 여러 노역에 동원되고 노예처럼 살았다는 이야기가 있습니다.

특히 영주 지역은 당시 당나라의 동북방면 교역의 중심지이자 군사적 요충지였습니다. 영주에는 고구려 사람들뿐만 아니라 당에 항복한 거란, 말갈인 등이 거주했습니다. 그런 와중에 영주에 큰 기근이 들었고 거란인들은 당나라 조정에 지원을 요청했습니다. 하지만 당나라 조정은 이를 거부하고, 이에 뿔난 거란족을 중심으로 이진충의 난이 일어납니다.

이런 상황에서 대중상(걸걸중상, 대조영의 아버지)과 걸사비우(말갈족의 지도자)가 고구려 유민과 말갈인들 수십만을 이끌고 대규모 이동을 시작합니다. 당시 노동력은 무척 중요했습니다. 땅은 널려 있으나 그 땅을 살만한 땅으로 만드는 것은 사람이 없으면 할 수 없었기 때문입니다. 대규모 노동력이 빠져나간 것을 본 당나라의 측천무후는 추격군을 보냈고, 이때 대중상과 걸사비우는 전사합니다. 그 후에는 고구려 장수였던 대조영이 탈출한 영주 집단의 지도자 역할을 하였습니다. 그러다가 당나라 추격군과 대대적인 전투를 벌이게 되는데, 그것이 바로 천문령 전투입니다.

천문령 전투에서 큰 승리를 거둔 대조영은 고구려 유민들을 동모산 기슭으로 이끌었고, 그곳에서 진국을 건국하기에 이릅니다. 진국 후에 나라 이름이 바뀌어 발해가 됩니다. 수십 년간 전쟁을 치러 상흔이 많이 남은 국내성이나 평양, 요동 지역과는 다소 거리

Cooking Tip
연구한 분들에 따라 발해의 영토를 요동반도를 완전히 장악한 것으로 보기도 하고, 그렇지 않은 것으로 보기도 합니다.

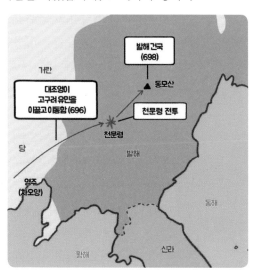

Cooking Tip
천문령 전투 승리를 계기로
대조영이 고구려를 계승한
나라, 발해를 건국했다는
내용의 영상을 시청하면 좋
을 것 같습니다.

가 먼 동모산에 나라를 세운 것입니다. 이렇게 세워진 발해는 점차 고구려의 옛 땅을 대부분 차지하였고, 고구려의 기상과 문화를 이어받았음을 스스로 밝힙니다.

남북국 시대의 시작 🔍

남쪽에는 삼한일통을 이룬 신라가, 북쪽에는 고구려를 계승한 발해가 들어선 이 시기를 학자들은 남북국 시대라고 합니다. 이 용어는 『발해고』를 저술한 조선 후기의 실학자 유득공이 처음 사용하기 시작한 용어입니다.

중국의 동북공정 🔍

하지만 중국의 동북공정 프로젝트로 발해는 큰 곤욕을 치르고 있습니다. 중국에서는 그들의 역사라 하고, 발해는 현재 러시아 영토의 일부에서도 활동할 정도로 대국이었기 때문에 러시아는 러시아대로 자신들과 관련성을 찾으려 합니다. 일본은 자기들이 먹기 힘든 떡이라고 생각했는지 발해는 누구의 역사도 아니라는 입장을 취하고 있습니다. 그리고 우리는 발해가 엄연히 고구려를 계승한 국가이므로 우리의 역사라고 생각하고 있습니다. 하지만 저는 발해라는 국가를 운영하고 살아갔던 발해인들 자신이 어떻게 생각했는지, 당시 사람들의 생각이 더 중요하다고 생각합니다. 발해인들 스스로의 정체성이 중요한 것이죠! 마치 우리가 지난 세월 35년간 일제에 억압당했지만 누구도 우리 자신을 일본인, 일제의 후손이라고 생각하지 않는 것처럼 말이죠.

사진은 전통 건축에 쓰이는 지붕, 기와의 일부입니다. 기와의 마지막 부분을 막아 주는 것을 막새라고 하는데, 고구려와 발해의 수막새 모양을 비교하기 위해 제시한 연꽃무늬 기와 사진입니다. 무척 닮지 않았나요?

추운 북쪽에 위치해 있는 고구려와 발해 유적지에서는 동일한 형태로 온돌이 발굴된다고 합니다. 그래서 온돌 역시 발해의 고구려 계

연꽃무늬 수막새 고구려
(국립중앙박물관)

연꽃무늬 수막새 발해
(국립중앙박물관)

승 근거로 봅니다. 온돌은 무척 과학적인 구조를 가지고 있습니다. 아
궁이에 가까운 쪽을 아랫목, 먼 쪽을 윗목이라고 합
니다. 상대적으로 온도 상승이 어려운 윗목은 구들
장을 얇게 깔고 아랫목은 두툼하게 깔아 주었습니
다. 또 굴뚝에 들어오는 빗물 유입을 막아
주려고 굴뚝개자리라는 것도 있습니다.
조상들의 지혜를 엿볼 수 있는 것이지요.

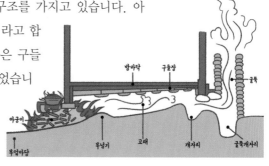

발해가 일본에 보낸 외교 문서 🔍

이번에는 잠시 이야기한 발해
인 스스로의 정체성을 살펴보겠습니다. 발해 2대 군주 무왕이 일본에 보
낸 외교 문서를 살펴보면 '고구려의 옛 땅을 수복하고 부여의 전통을 이
어받았다.'라고 했으며, 3대 문왕 역시 스스로를 '고려' 또는 '고려 국왕'
이라는 명칭을 사용하여 고구려를 계승한 국가임을 표방했습니다. 고려
는 고구려의 또 다른 이름입니다.

일본에서 발견된 목간에는 총 22자가 쓰여 있는데, 발해에 사신으로
다녀온 일본의 오노다모리 일행을 승진시킨다는 내용이라고 합니다. 발
해로 보낸 사신을 '견고려사'라고 부르는 것으로 보아 일본에서도 발해
를 '고려'라고 했다는 것을 알 수 있습니다. 이외에도 발해가 고구려를 계
승했다는 증거는 많습니다. 이렇게 여러 유적과 유물, 기록 등으로 볼 때
발해는 고구려를 계승한 국가임을 알 수 있습니다.

발해 목간
(국립중앙박물관)

다음으로는 발해의 발전 과정에 대해 살펴보겠습니다. 8세기 초 대조
영의 아들 대무예가 발해를 이끌게 됩니다. 2대 무왕입니다. 무왕이라는
이름답게 힘써 싸워 영토 확장에 집중했던 왕입니다. 2대 무왕 때 발해
는 동북방의 여러 세력을 복속하고 북만주 일대를 장악했습니다. 발해가
세력을 확장하자 신라는 북방 경계를 강화했고, 당나라는 흑수부 말갈을

Cooking Tip

이용해 발해를 견제하고자 했습니다. 무왕은 동생 대문예를 시켜 흑수부 말갈을 진압케 하였는데, 대문예는 당나라에 맞서는 것에 반대하여 당나라로 망명해 버립니다. 이에 무왕은 당나라에 대문예의 송환을 요구하고 부하 장수 장문휴로 하여금 수군을 동원해 당나라의 영토인 산둥반도를 공격하여 당나라의 간담을 서늘하게 만듭니다. 당나라는 발해의 반격에 신라를 활용하려고 하였으나 신라의 기록에 따르면 당나라의 요청으로 발해를 치러 군대를 이끌고 갔으나 큰 눈을 맞아 돌아왔다는 기록만을 남기고 있습니다. 국제적 고립을 피하기 위해 일본과는 비교적 좋은 사이를 유지하였습니다.

Cooking Tip
학자들은 말갈인들을 발해의 피지배계층, 고구려계 유민들을 발해의 지배계층으로 봅니다. 하지만 말갈은 7개 정도의 분파로 나뉩니다. 대조영과 마음을 합쳐 발해를 세운 말갈인들도 있지만 그렇지 않은 분파들도 있었습니다. 고구려 유민들과 함께한 말갈인들이 모든 말갈을 대표하는 것은 아니니까요. 발해에 편입되지 않은 말갈 가운데 하나가 흑수부 말갈입니다.

이후 8세기 후반에는 3대 문왕(대흠무)이 즉위하고 당나라와의 군사적 긴장 관계를 풀어 나가기 위해 노력합니다. 그리고 당나라의 제도와 선진 문물을 받아들이기 위해 당나라와 활발히 교류를 시작하였죠. 문왕 때 도읍을 상경(닝안)으로 옮기기도 합니다. 발해의 전성기는 9세기 10대 선왕 때였습니다. 초·중·고 교과서에 제시된 발해의 광대한 영토를 나타내는 지도도 선왕 시기의 영토입니다. 그 규모는 고구려의 2배 이상에 이르지요. 다시 대부분의 말갈족을 복속시키고 요동 지역에 진출한 것도 이 시기입니다. 선왕 이후 당나라는 발해를 가리켜 '바다 동쪽에 있는 융성한 나라'라는 뜻으로 '해동성국'이라고 부릅니다. 책에 따라 발해의 영토를 요동반도 끝까지 표시한 책도 있고, 그렇지 않은 책도 있으나

삽화는 수능 모의고사에 사용된 지도와 2009 개정 초등 교과서 지도를 참고했습니다.

발해의 대외 교류 🔍 발해는 상경을 중심으로 교역로가 발달하여 신라, 당, 거란, 일본, 중앙아시아의 여러 나라들과도 교류한 것으로 보입니다. 고구려를 망하게 한 신라와는 갈등 관계가 길었습니다. 신라인과 발해인이 당나라에 가서 유학을 하며 외국인들이 치는 과거 시험에서 경쟁하는 모습도 볼 수 있었다고 합니다. 또 발해는 중앙아시아와도 교류를 했습니다. 발해 유적지에서 중앙아시아 은화가 발견되는 것이 그 근거입니다.

Cooking Tip
발해의 천도가 여러 차례 (중경, 동경 천도) 있었고 다소 복잡한 감이 있어 수업 시간에는 상경으로의 천도만 강조했습니다. 상경이 가장 긴 시간 동안 발해의 수도였으니까요.

Table 10

남북국 사람들의 생활 모습

오늘의 식단 한눈에 보기

- 신라인의 생활 모습
- 발해인의 생활 모습
- 남북국의 불교

오늘은 남국 신라와 북국 발해의 사회사와 불교에 대해 살펴보도록 하겠습니다.

경제력 성장의 배경 🔍

통일 후 신라는 경제가 상당히 발전합니다. 수백 년간의 전쟁이 끝나 백성들의 마음이 안정되기도 했으며, 자신의 터전을 안심하고 일굴 수 있었기 때문입니다. 거기다 통일 이후 넓어진 영토와 늘어난 인구 덕분에 국가가 걷는 세금도 늘어났을 것입니다.

왕경 귀족들의 생활 🔍

귀족 신분에 편입된 사람들은 더없이 풍족한 생활을 했을 것으로 보입니다. 중국의 신당서에 기록되어 있는 신라 금성(경주)에 살고 있는 귀족의 모습을 살펴보면, 귀족들은 토지를 대대로 물려받거나 공무를 수행하는 대가로 국가에서 받았고, 노비도 많이 거느렸습니다. 잘나가는 귀족의 경우 3천 명의 노비와 그 수만큼의 호위군사, 가축(소, 말, 돼지)을 소유하고 있었고, 짐승들을 섬에서 기르며 필요할 때마다 사냥하여 잡아먹었다는 기록도 있습니다. 그들은 당연히 큰 기와집에서 살았을 것이며, 숯불로 지은 밥을 먹었다고 합니다. 단, 집의 크기나 규모는 귀족들의 골품에 따라 달랐습니다. 경주 밀레니엄파크에서 잘 재현해 두었으니 꼭 한번 가 보길 권합니다!

국립경주박물관에 복제품으로 전시되어 있는 중국의 그림 〈예빈도〉입니다. 당시 귀족들은 어떤 옷을 입었을지 추측해 볼 수 있는 그림입니다. 우측에서 두 번째 인물이 신라인(또는 고구려인)으로 추정되는 사신의 모습입니다.

Cooking Tip

지난 시간에 대한 복습도 하고 신라 사람들의 생활 모습을 두루 알아볼 겸 신라 후기 한 아이의 일기(『십대를 위한 한국사 어휘력 만점공부법』 53쪽 변형)라는 글을 제시하고 학생들과 함께 읽는 것으로 수업을 시작해 보았습니다. 생활사에 대해 친근하게 접근하기 위해 이러한 자료를 사용해 보았습니다.

(출처: 한국콘텐츠진흥원)

Cooking Tip

경주에 가면 몇 천 원에서 몇 만 원 사이의 가격대로 목제 주령구 기념품을 판매하는 것을 볼 수 있습니다. 원래는 한 면에 네 글자의 한자가 쓰여 있는데 한글로 변형물이되어 있는 것을 파는 경우가 많습니다. 저는 기념품을 구입해 교실 상황이나 체험학습, 수학여행 때 가끔 벌칙으로 활용하고 있습니다. 인터넷에서 저가의 만들기 상품으로도 판매되고 있으니 참고하세요!

목제 주령구

Cooking Tip

목제 주령구 진품은 발견 당시 수분을 제거하기 위해 특수 오븐에 가열하는 과정에 자동온도조절 장치 고장으로 타 사라져 버렸습니다. '주' 자는 '술 주(酒)'로 술자리에서 사용했을 것으로 추정되지만, 신라인들의 수학이 얼마나 발전했는지도 알 수 있습니다. 사각면과 육각면의 각 면적이 비슷해 모든 면이 나올 확률을 거의 동일하게 만들었습니다.

왕자가 생활하던 동궁과 월지(연못)의 모습입니다. 바로 이곳에서 귀족들의 놀이 문화를 알 수 있는 14면체 목제 주령구가 발견되었습니다. 사진은 박물관에서 전시한 복제품을 촬영한 것입니다. 예전에는 안압지라는 이름을 주로 사용했는데, 요즘은 월지라는 이름을 사용합니다. 당시 신라 태자가 머문 동궁이고, 그 중심 건물이 임해전이기 때문에 임해전 터라고 부르기도 합니다. 임해전은 '닿을 임(臨)', '바다 해(海)', '건물 전(殿)' 자를 사용합니다. 뜻풀이를 해 보면 인공 연못을 설계한 이유가 궁전 앞에 바다를 두고 싶은 마음이 아니었나 싶습니다. 안압지는 조선 시대에 옛 신라 왕국의 본래 모습을 잃고 연못(池)만 남아 있는데 거기에 기러기(雁)와 오리(鴨)들이 날아다니는 것을 보고 어떤 선비가 붙인 이름입니다. 월지라는 명칭은 '달(月)이 아름답게 드리우는 연못(池)'이라는 뜻으로 붙여진 이름이라고 합니다. 이곳에서 발굴된 유물이 많아 국립경주박물관에 따로 월지관이 있을 정도입니다.

 월지 야경

효녀 지은 이야기 🔍 교과서에는 신라 평민의 삶에 대한 이야기로 효녀 지은의 이야기가 나옵니다. 지은이라는 여인이 홀어머니를 모시느라 나이 32세가 되도록 혼인을 하지 못했고, 어려운 살림에 어머니를 봉양하기 위해 다른 집의 종이 되었다는 슬픈 이야기입니다. 앞서 신라 사람들이 경제력의 성장으로 풍족하게 살았다고 이야기했는데, 그 시대 역시 풍족한 것은 귀족들만의 이야기였나 봅니다.

조세와 역 🔍 평민들에 대한 수취 방식은 삼국 시대와 유사합니다. 백성들은 농사지은 것의 일부를 나라에 세금으로 냈습니다. 다만 전쟁이 끝났으니 농사에 전념할 수 있었겠지요. 그리고 요역으로 궁궐, 성곽 등을 짓는 데 동원되었으며, 혹시 있을지 모를 비상사태에 대비하여 군사 훈련을 받는 군역의 의무도 지고 있었습니다.

신라인들의 생활 모습을 알 수 있는 문서가 일본에서 발견됐다고? 🔍

신라인들의 생활 모습을 알 수 있는 문서 4쪽이 일본 왕실의 보물창고 도다이사 쇼쇼원(동대사 정창원)에서 발견되었습니다. 도다이사는 일본 사찰 중에서도 아주 큰 불상(동대사 대불)이 있는 곳으로 유명한 고찰입니다. 쇼쇼원은 도다이사에 가도 보통 개방되어 있지 않다고 합니다. 어쨌든 그곳에서 발견된 문서를 우리는 '신라장적', '신라문서', '민정문서' 등으로 부릅니다. 신라 경덕왕 시기에 작성한 것으로 보입니다.

민정문서(국립수목원산림박물관)

마을 이름과 크기, 인구, 농사짓는 땅의 넓이, 가축의 수, 뽕나무 등 유실수의 수까지 기록한 것으로 보아 평민들에게 국가 차원에서 세금을 거두기 위해 작성한 것으로 보입니다. 서원경이란 곳에 대한 자료이므로 현재 청주 지방의 4개 마을에 대한 조사 내용으로 볼 수 있습니다. 예전 교과서에서는 관리를 파견하여 작성했다고 하는데 그 내용은 오류였던 것 같고, 보통 마을의 촌주가 3년에 한

번씩 작성한 것으로 알려져 있습니다.

　나당 전쟁 이후 당나라와 사이가 좋지 않던 것이 슬슬 풀리기 시작하여 신라는 당나라와 활발하게 교류하였습니다. 귀족을 중심으로 당나라의 옷차림이 널리 유행했습니다. 국가적인 차원에서도 당나라풍의 관복을 수용했습니다. 당연히 왕궁이나 귀족의 집, 사찰, 관청 등은 기와로 지붕을 얹었을 것이고, 평민은 흙벽에 풀로 지붕을 이은 초가집이나 나무로 만든 집에서 살았을 것입니다. 조선 시대까지도 그랬으니까요.

We are the world 🔍　통일 이후 신라는 삼국 사람들의 마음을 하나로 모으기 위해 더욱 불교를 강조했습니다. 그런 배경 아래서 삼국의 문화가 하나로 녹여지는 용광로가 만들어지고, 당나라의 선진 문화까지 수용하면서 신라 고유의 문화를 발전시켜 나갑니다. 당시 지배 이데올로기인 불교의 발전에 기여했던 두 승려를 살펴보겠습니다.

원효대사와 의상대사 🔍　불교 공부를 열심히 하기 위해 당나라로 유학을 가던 원효와 의상! 원효의 본명은 설서당으로 6두품 출신의 승려였고, 의상은 진골 출신의 승려였습니다. 둘은 전쟁 중임에도 당나라 유학을 시도합니다. 한번은 육로로 가려다가 고구려군에게 잡히기도 합니다. 해로를 이용하는 것으로 전략을 바꾼 두 사람은 배를 타러 걸어갑니다. 그러다가 비가 오고 날이 저물어 어떤 동굴에 들어가 잠을 청하다가 목이 말라 근처에 있는 바가지에 담긴 물을 마셨는데, 그 물 맛이 기가 막혔다고 합니다. 하지만 다음 날 알고 보니 자신들이 마신 물은 해골에 담겨 있던 물이란 것을 알고 깜짝 놀랍니다(원효대사의 일화는 정말 다양한 판으로 존재하며, 여기서는 가장 자극적인 상황을 설정하였다). 그런 과정에서 원효는 모든 일은 마음먹기에 따라 다른 것(一切唯心造, 일체유심조)이라는 깨달음을 얻고 당나라 유학이 불필요하다고 느꼈고, 의상은 예정대로 당나라 유학을 떠납니다.

범어사 의상대사 영정

당나라에 간 의상대사! 후에 유학을 다녀와서 모든 존재는 상호 의존적인 관계에 있으며, 서로 조화를 이룬다고 하는 화엄사상을 정립하고 해동 화엄종의 시조가 된 인물입니다. 영주에 있는 부석사를 창건한 것으로도 유명하죠. 당나라 유학 시절 그에게도 애틋한 일화가 있습니다. '선묘'라는 여인과 사랑에 빠졌는데, 의상대사는 승려의 신분이었기 때문에 두 사람은 이루어질 수 없었고, 훗날 선묘라는 여인은 그를 잊지 못해 생을 포기하였다는 슬픈 이야기가 전해집니다.

나무아미타불 🔍 원효대사는 의상대사와 반대의 삶을 살아갑니다. 그는 '나무아미타불'이라는 말만 외우면 누구나 극락에 갈 수 있고 말했는데, 즉 누구나 아미타 부처가 계신 곳에 갈('나무'는 go to 정도로 해석 가능) 수 있다고 말하며 불교를 대중화시키는 데 많은 기여를 한 것으로 유명합니다. 거기다 무열왕의 딸로 알려진 요석궁의 공주와의 사랑을 쟁취한 것으로도 많이 알려져 있습니다. 그래서 당시 불교계는 원효를 계율을 깨트린 파계승으로 취급하기도 했습니다. 하지만 신라 백성들 사이에서는 그 명성이 자자했고, 그의 이름은 중국 등 주변 국가에까지도 널리 퍼져 나갔습니다. 원효대사의 아들이 나중에 이두를 만들었다고 하는 설총입니다.

원효대사상

발해인 3명이면 이것을 할 수 있었다? 🔍 다음은 발해 사람들의 생활 모습을 살펴보겠습니다. 발해인 3명이면 무엇을 할 수 있었을까요? 발해인 3명이면 호랑이도 때려잡는다는 기록이 있을 정도로 발해 사람들은 용맹했던 것 같습니다.

식(食) 🔍 그들 영토의 끝은 현재 북한보다도 북쪽에 있는 추운 곳이기 때문에 벼농사는 부적합했을 것입니다. 하지만 땅이 넓어 다른 여러 작물들(잡곡)을 재배했을 것으로 보입니다. 발해 성터에서는 콩, 메밀, 보리, 수수 등을 재배한 흔적과 함께 농기구와 저장 창고도 발굴되었습니다. 발해 영토 안에는 미타호라는 큰 호수가 있는데, 그 호수에는 '즉어'라고 불리는 붕어의 일종이 서식했다고 합니다. 그 크기가 잉어만 했다고 전해지고 보양식으로 그만이어서 사냥을 앞두고 체력을 비축하기 위해 먹었다고 합니다. 물론 여러 가축도 길렀겠지요.

교과서에 제시된 구름 모양의 질그릇처럼 다양한 모양의 그릇을 사용했습니다. 발해는 다종족 국가였기 때문에 발견되는 토기도 고구려 계통과 말갈 계통으로 나뉩니다. 고구려 계통 토기는 물레를 사용해 만든 후 높은 온도에 구웠고, 말갈 계통의 것은 손으로 직접 빚어 만들어 상대적으로 낮은 온도에서 구웠다고 합니다.

의(衣) 🔍 발해 귀족은 고구려와 당나라 문화의 영향을 받은 옷을 입었던 것으로 보입니다. 3대 문왕의 넷째 딸 정효공주의 무덤 내부 벽화는 당시 사람들이 어떤 옷을 입었는지 알 수 있는 좋은 자료입니다.

발해가 자랑하는 의류 산업은 단연 담비 모피였습니다. 모피에 흠집이 나면 안 되기 때문에 한 번에 정수리나 복부의 급소를 맞히는 것이 관건이었다고 합니다. 발해의 담비 모피는 일본에서도 크게 유행했는데, 발해산 담비 모피가 부의 척도가 되기도 했다고 전해집니다.

주(住) 🔍 발해 역시 궁은 화려하게 장식한 기와로 지붕을 만들었습니다. 반면 평민들은 추워서 반지하에 집을 짓기도 했습니다.

발해의 종교 🔍 신라에서는 고승 두 분을 알면 되고, 발해에서는 불상 하나를 알면 내용에 부족함은 없어 보입니다. 두 불상이 나란히 앉아 있는 모습이라 흔히 '이불병좌상'이라고 합니다. 현재 일본 동경국립박물관에서 소장하고 있습니다. 하지만 국립중앙박물관에 복제품으로 전시가 되어 있어 낯이 익습니다. 불상 뒤의 광배와 연꽃의 표현 방식이 고구려 불상의 전통을 잘 계승한 문화재라고 합니다. 그 외에도 상경 도성 터에서 연꽃무늬 수막새나 벽돌 등 불교와 관련된 문화재가 많이 출토되었다고 합니다.

하지만 발해인이 불교만 믿었다는 고정관념을 갖지는 않았으면 합니다. 발해에 '경교'가 들어온 흔적도 발견되기 때문입니다. 세계사를 살펴보면 고대 크리스트교가 삼위일체설을 놓고 논쟁이 벌어지는데 이를 아리우스파와 네스토리우스파의 대결로 봅니다. 그 논쟁에서 패한 네스토리우스파가 동양으로 전해진 것을 보통 경교로 봅니다. 국제적 성격을 지녔던 당나라를 통해 발해에도 유입된 것으로 보입니다. 통일신라도 마찬가지입니다.

이불병좌상

천상의 콜렉션

··

오늘의 식단 한눈에 보기

🍴 신라 문화의 정수

🍴 발해 문화의 특징

재료 준비	장 보기
• '세계유산 시리즈-석굴암, 불국사' 영상 • '석굴암' 1, 2부 영상 • '신라 천년의 예술혼, 경주 남산' 영상	• 〈문화유산 코리아〉(EBS) • 〈역사채널e〉(EBS) • 경주시

이번에는 남국 신라와 북국 발해의 문화를 살펴보도록 하겠습니다.

우리에겐 어떤 세계적인 문화유산이 있을까요? 🔍　유홍준 교수
의 『나의 문화유산답사기』 2권에 실린 이야기입니다. 어느 중년 여인이
우리나라에는 마야의 제단이나 이집트의 피라미드, 로마의 콜로세움, 중
국의 자금성, 인도의 타지마할 같은 세계적 유물과 비교할 때 초라한 유
물밖에 없는 것 아니냐는 이야기를 했다고 합니다. 이에 대한 유홍준 교
수의 대답은 다음과 같습니다. "…우선 한글이 그렇고, 성덕대왕신종이
그렇고, 팔만대장경이 있고, 무엇보다도 석굴암이 있습니다. 우리의 문
화유산이 다 사라진다 해도 석굴암만 남아 준다면 한민족이 쌓아 온 문
화적 긍지는 손상받지 않을 겁니다."

석굴암 🔍　석굴암은 신라 예술의 극치라는 평가를 받고 있으며
그 완벽한 비례와 과학성은 가히 세
계문화유산에 등재될 만합니다. 토
함산 석굴은 일반적으로 '석굴암'이
라고 알려져 있습니다. 그런데 원래
이름은 석굴암이 아닙니다. 『삼국유
사』에서는 '석불사'라고 기록하고 있

석굴암
(문화재청)

습니다. 이는 '큰 돌부처님이 계신 절'이란 뜻에서 비롯한 이름인데, 언
젠가부터 불국사에 속하는 산중 암자로 격하되어 석굴암이라 불리게 된
것으로 짐작됩니다. 그래서 어떤 학자들은 석굴암이 아니라 창건 당시
의 석불사로 부르는 것이 옳다고 주장하기도 합니다. 여러 주장이 있지

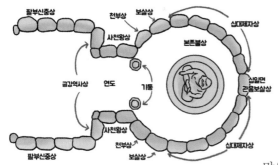

팔부신중상 천부상 보살상 십대제자상 사천왕상 본존불상 십일면 관음보살상 금강역사상 연도 기둥 사천왕상 천부상 십대제자상 팔부신중상 보살상

Cooking Tip
유튜브에서 '천년의 신비 석굴암'이라는 검색어로 검색했을 때 나오는 13분짜리 영상을 보면 설명을 이해하기 쉽습니다.

만 일연이 쓴 『삼국유사』는 경덕왕 10년에 김대성이 전생의 부모님을 위해서 석굴암을, 현재의 부모님을 위해서 불국사를 창건했다고 합니다.

세계적인 건축가들은 석굴암에 가면 할 말을 잊는다고 합니다. 석굴암은 세계에서 유일한 인조 석굴이고, 그 과학성과 완벽한 수학적 비례, 불교적 정신세계를 모두 담고 있기 때문입니다. 석굴암을 보면 주실의 둥근 천장을 돌로 쌓아 놓았습니다. 주실의 벽 위에 돔 형식으로 돌을 쌓아 올리고, 천장의 가장 높은 곳 한가운데에 둥글고 큰 돌을 올렸습니다. 접착을 하지 않고 조립만으로 이렇게 아치형 둥근 천장 형태를 만들고 무너지지 않게 한 것은 신라인들의 건축 기술이 아주 뛰어났음을 보여 주는 것입니다.

석굴암은 동해가 보이는 토함산 꼭대기 근처에 화강암을 다듬어 석굴을 만들고 그 안에 부처님을 모신 것입니다. 전실은 예불을 드리는 곳으로 사각형으로 만들어져 땅을 상징하고, 주실은 석가모니 부처님이 계시는 곳으로 둥글게 만들어져 하늘을 뜻합니다. 이것을 천원지방(하늘은 둥글고 땅은 방형이라는 전통 사상) 사상이라고 합니다.

사각형의 전실의 양쪽 벽면을 보면 여덟 신인 팔부신중(부처님의 법을 지키고 나쁜 무리를 막는다)이 서 있습니다. 인도의 신(아수라, 긴나라, 마후라자, 용, 가루라, 건달바, 야차, 천)들이었지만 석가모니의 교화를 받아 불교를 수호하는 신이 된 것이라고 합니다. 팔부신중을 지나면 금강역사상을 좌우에 조각해 놓았습니다. 석굴암의 금강역사는 상체를 드러낸 근육질 몸매에 두 주먹을 불끈 쥔 채 서 있습니다. 이는 석굴암에 침입하는 악귀들을 물리치기 위해서라고 합니다. 전실과 주실을 이어 주는 통로의 좌우에는 사천왕상이 2구씩 조각되어 있습니다. 역시 배치된 목적은 악한 귀신을 물리치기 위함이고, 부처의 세계를 지키기 위해 갑옷을 입고 무기를 손에 들고 있습니다.

　주실의 주인공은 뭐니 뭐니 해도 석가모니 부처입니다. 본존불은 눈을 지그시 내려 감고 있습니다. 엷은 미소를 머금고 있으면서도 위엄이 있습니다. 본존불의 옷 주름은 돌조각인데도 천으로 만든 듯 자연스럽습니다. 본존불은 한국의 불교 조각사뿐만 아니라 세계 불교 조각사에서도 가장 이상적인 모습을 나타낸 것으로 평가받고 있습니다. 인간적인 모습과 동시에 인간의 차원을 넘어서는 종교적 이미지가 잘 표현되었다는 점 때문입니다. 석가모니 부처는 모든 악마를 굴복시켜 없애 버린다는 의미의 수인(손 모양)을 하고 있습니다. 이를 항마촉지인(降魔觸地印, 악마에 대항하는 손가락으로 땅을 가리키는 수인)이라고 합니다.

　다음으로는 주실의 본존불을 둘러싼 조각들로 시선을 옮겨 봅시다.

　주실 첫 번째 좌우로 제석천(도리천을 다스리는 신. 도리천은 불교에서 세계의 중심인 수미산 꼭대기에 있는 곳을 의미한다)과 범천(우리가 살고 있는 세계를 다스리는 신)이 있습니다. 그다음의 좌우로는 문수보살(지혜를 상징)과 보현보살(공덕을 골고루 실천함을 상징)이 등장합니다. 그리고 본존불 뒤에 십일면관음보살상(머리에 10개의 얼굴이 조각되어 총 11개의 얼굴을 가져서 붙여진 이름. 다양한 중생을 구제한다는 의미이다)이 있고, 그 양 옆으로 십대 제자상이 있습니다(부처님께 직접 가르침을 받은 덕망 높은 10명의 제자. 목건련, 아난, 우바리, 가전연, 수보리, 사리불, 마하가섭, 부루나, 아나율, 라후라).

　벽면의 위쪽에는 10개의 감실(불상을 모셔 두는 공간)이 마련되어 있습니다. 입구 좌우 첫 번째 감실은 비어 있는데, 석상을 일본인들이 가져갔다고 전해지고 있습니다. 남아 있는 8구의 보살상들은 다양한 형태로 조각되어 있습니다. 감실 뒤에는 공기를 통하게 하는 공간이 있었는데 일제 강점기에 석굴암을 해체·수리하면서 막아 버렸고, 그로 인해 공기가 순환되지 못해 조각들과 벽면에 이슬이 맺히는 결로 현상이 심하게 나타

Cooking Tip
심화 자료로 〈역사채널e〉 '석굴암' 1, 2부 영상은 석굴암이 당한 수난에 대해 이해하는 데 도움이 되는 영상입니다.

난다고 합니다. 안타깝게도 이는 현재 기술로도 제대로 해결하지 못하고 있습니다. 석굴암의 원형과 축조 원리에 대한 완벽한 이해 없이 보수 공사를 진행해 우리 문화유산을 훼손한 일제의 만행에 정말 화가 납니다! 하지만 우리 역시 석굴암을 제대로 이해하고 보존하고 있는지 반성해야 할 부분도 많다고 생각합니다.

불국사 🔍 　다음으로 불국사에 대해 살펴보겠습니다. 불국사 각 구조물의 배치는 치밀한 공간 분할로 고전 미술의 3요소인 조화, 균형, 비례의 원리가 명확히 적용되어 완벽한 고전적 아름다움을 보여 줍니다. 불국사에 들어가기 위해서 처음 접하는 것은 불국사 현판이 달린 일주문입니다. 일주문은 사찰이 시작되는 곳을 알리는 문으로 좌우 하나의 기둥만을 사용해 만든 문을 말합니다. 부처의 세계와 속세를 구분하는 경계로서 일심으로 진리의 세계에 다가가라는 의미도 있다고 합니다. 조금 더 걸어가면 천왕문이 나오는데, 천왕문 안에는 사천왕상이 있습니다. 이들은 부처님의 나라를 지키는 문지기라 인상이 험악하게 생겼습니다.

불국사

　불국사는 크게 세 부분으로 구성되어 있습니다. 첫 번째는 석가모니 부처의 나라를 뜻하는 대웅전 일대이고, 다음은 아미타 부처(극락세계를 관장하는 부처)의 나라를 나타내는 극락전 일대입니다. 그다음이 비로자나 부처(진리와 빛을 상징)의 나라를 표현한 비로전 일대입니다. 이렇게 불국사에는 3개의 세계에 세 분의 부처님이 계십니다.

　천왕문을 지나 걸어오면 자하문이 보입니다. 자하문을 지나면 세속적인 인간의 세계에서 부처님의 세계인 '불국'으로 들어가게 되는 것입니다. 자하문 양쪽에는 범영루와 좌경루라는 누각이 있습니다. 또 자하문 아래에는 자하문으로 오르는 청운교와 백운교가 있고요. 2단으로 되어 있는 다리입니다. 위아래 계단 수를 세어 보면 모두 33개의 계단으로 이루어져 있습니다. 33이라는 숫자는 불교에서 말하는 하늘의 개수를 말합니다. 아래쪽 다리가 청운교이고, 위쪽 다리가 백운교입니다. 불국을 떠받치고 있는 구름이죠. 원래는 청운교, 백운교를 지나 자하문을 통과하면 대웅전이 나옵니다. 하지만 현재는 우회하여 돌아서 올라가게끔 안내되어 있습니다.

　대웅전(큰 영웅이 모셔진 곳이라는 의미) 안에는 나무로 만든 석가모니 불상과 두 보살(깨달음을 구하기 위한 사람, 속세에서 중생들을 돕는 역할)상이 모셔져 있습니다. 석가모니 부처는 스스로 깨달음을 얻은 분입니다. 살아 있는 모든 것들을 구제하기 위해 대웅전에 머문다고 합니다.

다보탑 🔍　　다보탑은 다보여래를 상징하는 탑입니다. 다보탑을 이렇게 화려하게 표현한 이유는 다보여래가 다보(多寶), 즉 많은 보물을 걸친 부처였기 때문입니다. 탑의 기초 부분을 나타내는 기단에 동서남북으로 10개씩의 계단을 설치해 놓았습니다. 이는 인간이 실천해야 하는 도리를 나타낸다고 합니다. 지금은 1층 탑신 서쪽에 사자상 1개가 남아 있을 뿐이지만 원래는 동서남북 사방에 걸쳐 모두 돌사자상이 있었습니다. 일제 강점기 때 해체하고 복원하는 동안 일본인들이 몰래 가져간 것으로 알려져 있어서 아쉬움이 남고 가슴이 아픕니다.

다보탑

석가탑 🔍　　석가탑은 사바세계의 석가모니 부처를 상징하는 탑입니다. 즉, 탑이 곧 부처님을 뜻하는 셈입니다. 상륜부는 일부 훼손되어 '실상사'라는 절의 탑 모양을 본떠 새로 만든 것이라고 합니다. 석가탑을 보고 탑의 층수를 세어 보겠습니까? 옥개석(지붕돌)의 수를 세면 됩니다. 몇 층일까요? 네, 3층입니다. 그래서 석가탑의 정식 명칭이 '불국사 삼층석탑'입니다.

석가탑

불국사 삼층석탑은 '무영탑'이라는 별명도 지니고 있습니다. '그림자가 없는 탑'이라는 뜻인데, 관련 전설이 전해 내려옵니다. 백제의 후손인 석공 아사달이 석가탑을 제작하고 있을 때 부인인 아사녀가 남편이 너무 보고 싶어 현장에 왔다고 합니다. 하지만 당시 여자는 현장에 들어갈 수 없다는 금기 때문에 만나지 못하고 불국사 앞을 서성이자, 한 스님이 꾀를 내어 탑이 완성되면 연못에 탑의 모습이 비출 것이고, 그렇게 되면 남편을 만날 수 있을 것이라 이야기합니다. 그래서 아사녀는 간절한 마음으로 탑의 그림자를 기다리고 또 기다렸지만, 탑의 모습이 떠오르지 않자 기다림에 지쳐 연못으로 몸을 던졌다고 합니다. 참 가슴 아픈 이야기입니다.

석가탑의 해체·복원 작업 가운데 유물이 나왔습니다. 『무구정광대다라니경(無垢淨光大陀羅尼經)』이라는 유물인데 '더러움을 없애 주고 밝은 빛을 내게 해 주는 위대한 주문'이라는 의미 정도로 생각하면 될 것 같습니다. 그런데 이 유물은 현재 남아 있는, 세계에서 가장 오래된 목판 인쇄물로 알려져 있습니다. 그래서 당시 신라에서는 불경을 인쇄하는 기술이 발달했었구나 판단할 수 있게 해 줍니다. 실제 유물의 폭은 6.7cm로 무

무구정광대다라니경

척 작지만, 가로의 길이는 620cm! 6m 이상으로 무척 깁니다. 항상 이견은 있기 마련이라 이것이 현존하는 최고의 목판 인쇄물이 아니라고 주장하는 분도 있습니다.

Cooking Tip

〈문화유산 코리아〉 세계문화유산 시리즈 2편 '석굴암, 불국사' 영상을 시청하면 신라인들이 부처의 세계를 어떻게 예술로 승화시켰는지 알 수 있습니다. 대한민국의 자랑 석굴암과 불국사의 완벽한 비례와 균형미를 느껴 보세요! 〈지식채널e〉 문화유산 시리즈 '비례, 균형, 조화의 불국사'라는 영상도 수업 전에 꼭 참고하길 추천합니다.

무설전, 관음전, 비로전, 극락전 🔍 　대웅전 뒤의 길쭉한 건물은
무설전입니다. '무설(無說)'은 '말이 없다'는 뜻인데, 세상의 진리란 말
로 다 표현할 수 없다는 것이겠지요. 진리를 말로 표현하기보다 자신의
마음을 다스려 열심히 가르침을 배우라는 뜻으로 풀이할 수 있습니다.
무설전 뒤로는 가파른 계단이 나옵니다. 이렇게 가파르게 계단을 만들
어 놓은 이유는 부처님의 가르침을 수행하기 어렵다는 것을 말해 준다
고 합니다. 올라가 보면 관세음보살이 있는 관음전이 등장합니다. 관세
음보살은 자비를 상징하는 보살입니다. 관음전을 둘러보고 옆으로 놓여
있는 계단을 따라 내려가면 비로전이 있습니다. 이곳은 비로자나 부처
님(진리와 빛을 상징)을 모셔 놓은 곳입니다.

　이번에는 극락세계를 다스리는 아미타 부처님을 만나 볼까요? 극락
(極樂)이란 고통이 없고 즐거움만 있는 편안한 곳이라고 합니다. 극락전
앞에는 극락세계로 들어오는 문이 있습니다. 바로 안양문이라고 부르는
데, '안양'은 극락의 다른 이름입니다. 안양문 앞으로는 연화교와 칠보
교가 있습니다. 이를 따라 내려가면 다시 속세로 돌아가는 것이라고 합
니다. 불국사를 나갈 때에는 '해탈의 문'이라 일컫는 불이문으로 나갑니
다. '불이(不二)'는 부처님과 내가 둘이 아닌 하나라는 뜻입니다. 이 말
은 부처님의 나라가 따로 있는 것이 아니라 내가 깨달음을 얻으면 '그곳
이 바로 부처님의 나라'라는 의미입니다.

천년 고도 경주 🔍 　경주는 천년 고도였습
니다. 그래서 석굴암, 불국사 외에도 많은 문화
재가 남아 있습니다. 경주 전체가 세계문화유산
이라고 해도 과언이 아닙니다.
　경주 역사 유적 지구의 경주 남산 용장사곡 삼
층석탑을 살펴보겠습니다. 경주 남산을 다녀온

경주 용장사곡 삼층석탑
(문화재청)

Cooking Tip

교과서에 제시된 2컷의 사진만으로는 경주 남산을 제대로 느낄 수 없는 것 같아 관련 영상을 함께 시청했습니다. 직접 가 보는 것이 최고겠지만 여건이 되지 않는다면 경주시에서 제작한 영상으로 영상미를 느껴 보는 것은 어떨까요?

분들은 답사의 하이라이트로 용장사곡 삼층석탑을 꼽습니다. 용장사는 김시습이 『금오신화』를 쓰며 머물던 곳입니다. 석탑의 경우 자연 암석을 기단으로 삼았다는 것이 특징입니다.

경주 남산 칠불암 마애불상군

다음은 경주 남산 칠불암 마애불상군입니다. 마애(磨崖)는 바위 벽면에 조각을 했을 때 사용하는 표현이고, 칠불(七佛)은 일곱 부처를 새겨 두었다는 의미입니다. 사진으로는 잘 보이지 않지만 앞쪽의 사방 석주 각 면에 한 불상씩 사방불을 새겼고, 그 뒤의 바위에는 삼존불을 새겼다는 것이 특징입니다.

범종의 경우 국립경주박물관 전시관 바로 앞의 성덕대왕신종이 가장 유명한데 흔히 '에밀레종'이라고도 부릅니다. 종을 만들 때 어린아이를 넣어 만들었다는 인신공양설이 있었으나 요즘에는 그렇지 않았을 것이라는 목소리가 더 큽니다. 성분 분석을 해 보니 사람의 몸에 있는 '인' 성분이 검출이 안 됐다는 실험 결과를 들은 적 있습니다. 유홍준 교수는 "서양의 종은 귀에 들리고, 한국의 종은 가슴 깊은 곳에서 울린다."

성덕대왕신종

는 표현으로 한국의 종을 예찬하기도 했습니다. 성덕대왕신종은 무게 18.9톤의 종으로 1,300년간 우리에게 큰 울림을 주다가 2003년 10월 3일을 마지막으로 더 이상 타종하지 않는 상태입니다. 현재는 종 가까이에서 녹음한 소리를 국립경주박물관에서 들려주고 있지만, 과거에 멀리서 직접 종소리를 들으면 파도가 밀려오듯 뒷소리가 오래가 그 울림이 지금의 그것과는 차원이 달랐다고 합니다. 이상으로 절정에 이른 신라 문화재 답사를 마치겠습니다.

발해의 문화유산 🔍

다음으로는 북국 발해의 문화유산을 살펴보겠습니다. 사실 발해사를 연구하는 것은 무척 어렵습니다. 예를 들면 상경의 성터에 들어가는 것도 우리나라 학자의 경우 중국으로부터 많은 제한을 받고 있습니다. 동북공정 프로젝트 때문이지요. 거기다 광대한 영토를 경영한 발해에 대해 연구하려면 우리말, 중국어, 옛 만주어, 러시아어 등에 통달해야 하니 연구하는 분들이 정말 대단하다는 생각이 듭니다.

↳ 발해 석등

높이 6미터 정도로 아파트 2~3층 정도의 높이를 자랑하는 발해의 거대 석등입니다. 구멍이 나 있는 화사석 안에 불빛을 밝히는 용도로 전등처럼 사용했기에 석등이라고 합니다. 불교에서 석등의 불빛은 부처님이 비추는 진리의 빛을 상징한다고 합니다. 발해인들이 불교를 꽤나 애정했다는 것을 느낄 수 있습니다. 발해의 도읍 상경과 그 주변 지역에서 불교 관련 문화유산이 많이 발견된다고 합니다.

발해의 우물 🔍

발해의 우물 팔보유리정은 '팔각석정'이라고도 불리는데 '팔각형 모양의 보석처럼 귀한 우물'이라는 뜻으로 상경성 터 안에 있으며 고구려의 우물 양식을 이어받았다고 합니다. 전설에 따르면 3대 문왕 대흠무가 큰 용이 하늘로 승천하는 꿈을 꾸었는데, 다음 날 그곳에 가 보니 우물이 생겨나 있어 그 이름을 '용천'이라 하고 도읍을 그곳으로 옮겼다고 합니다. 그곳이 바로 발해의 가장 오랜 수도 상경 용천

Cooking Tip

신라와 발해가 있었던 시기 중국 대륙에는 당나라가 들어서 있었습니다. 고교 『동아시아사』 교과서를 살펴보면 당시 당나라는 중국 역사상 최고의 전성기를 구가했고, 당나라를 중심으로 한 동아시아 문화권이 형성된 시기로 보고 있습니다. 당나라의 영향 또는 교류의 흔적으로 상경성의 주작대로를 들 수 있습니다. 당의 장안성을 본떠 만든 것이지요. 물론 신라의 왕경과 일본도 유사한 영향을 받습니다.

Cooking Tip

실과 시간이나 미술 시간에 스마트폰 애플리케이션을 활용하여 이미지 작업을 하여 제시한 사진처럼 발해 석등의 실제 규모를 느낄 수 있는 활동을 해 보는 것은 어떨까요?

Cooking Tip

발해에는 피지배층 다수를 차지하고 있는 말갈인들의 문화도 기층문화를 중심으로 존재했습니다. 즉, 발해는 고구려 문화를 바탕으로 당나라의 문화를 수용하였고, 함께 했던 말갈 문화까지 다양한 문화를 바탕으로 독자적인 문화를 이루었다고 볼 수 있습니다.

부입니다. 팔보유리정은 상경성 천도를 상징하는 우물인 것이죠.

　발해 고분은 3대 문왕의 둘째 딸 정혜공주의 무덤과 넷째 딸 정효공주의 무덤이 유명한데 교과서에는 넷째 딸의 무덤이 제시되어 있습니다. 정혜공주의 묘는 굴식 돌방무덤으로 고구려 고유의 양식으로 볼 수 있습니다. 하지만 정효공주의 묘는 벽돌무덤으로 중국의 문화를 수용한 모습을 보여 줍니다. 하지만 천장을 기다란 돌을 계단처럼 쌓아 고구려의 영향을 받은 평행고임 천장 구조로 만들었습니다. 그리고 발해 사람들의 옷차림과 생활 모습을 추측할 수 있는 벽화까지 남아 있기 때문에 정효공주의 묘를 제시했다고 생각합니다. 묘지석에서는 아버지인 왕을 '황상(皇上)'이라고 표현하고 있습니다. 즉, 792년에 공주가 사망하자 '황상께서 조회를 열지 않고 크게 슬퍼하시면서 잠자리에도 들지 않고 음악도 연주하지 못하도록 하였다.'고 되어 있습니다. 황상이란 단어는 신하가 황제를 직접 부르던 호칭이므로, 이를 통해 문왕을 황제로 지칭했음

정효공주 묘 벽화

을 알 수 있고, 발해 역시 고구려처럼 독자적인 천하관을 지녔음을 미루어 짐작할 수 있습니다. 또 공주의 출생과 자질, 부부관계, 죽음 등을 설명한 부분에서 다양한 도교적인 용어를 사용한 것으로 보아 발해인들의 사고방식과 생활에 도교도 많은 영향을 끼친 것으로 보입니다.

핵심역량을 기르는 특제 비법 소스 10종 세트

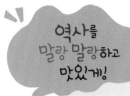

① 구석기 사람들은 어떻게 불을 피웠을까?

② 내가 바로 고고학자! 빗살무늬토기를 발굴하라!

③ 고조선 최고의 청동검 대장장이를 찾아라!

④ 청동기 시대에 벼 이삭은 무엇으로 땄을까?

⑤ 삼국 시대 각축장은 어디?

⑥ 온몸으로 차별을 느껴라! 골품제 피구

⑦ 반가사유상 만들기 도전!

⑧ 불국사의 보물을 찾아라!

⑨ 고대 문화 천상의 콜렉션! 최고의 도슨트는 누구?

⑩ 신라 석공이 된 아이들

구석기 사람들은 어떻게 불을 피웠을까?

☑ 난이도 : ★★★★★

☑ 관련 핵심역량 : 의사소통 역량, 공동체 역량

☑ 준비물 : 활비비, 활비비끈, 발화축, 발화목, 발화판, 건초, 가죽 불씨받이, 솜, 목장갑 등
  → 직접 준비하는 것보다 학교 예산을 활용하여 플라스캠프(www.plascamp.com)에 의뢰해 재료를 구입하면 준비가 훨씬 수월합니다.

☑ 진행 방법

  ① 학교 주변의 돌을 활용해 불자리를 만든다.

  ② 땔감으로 마른 나뭇가지를 준비한다.

  ③ 활비비를 활용해 재와 불씨를 만든다.

  ④ 솜을 받친 가죽 불씨받이에 재와 불씨를 옮겨 후~ 후~ 불어 준다.

  ⑤ 연기가 모락모락 나기 시작하면 불씨를 더욱 키워 불자리에 옮겨 준다.

  ⑥ 준비한 고구마(은박 포일로 감싼)를 구워 맛있게 먹는다.

☑ 활동 🆙

- 사전에 유튜브 영상을 검색하여 불 피우는 요령을 익혀 오는 것이 중요합니다.
- 1시간 이상 활동했음에도 불 피우기에 성공하지 못했다면, 협업을 통해 불씨를 만드는 것이 목적이므로 불자리에 소량의 기름을 둘러 작은 불씨에도 불꽃이 커질 수 있게 해 주는 것이 좋습니다(오랜 시간 활동하면 활비비 가죽 끈이 끊어지기도 합니다).
- 활동을 지속해도 재만 만들어지고 불씨가 생기지 않는다면 재를 솜을 얹은 불씨받이에 받아 돋보기를 활용해 불씨를 만드는 방법도 있습니다(과학 교과와 연계).

☑ 활동 모습

완도 보길초등학교
권민석 선생님의 지원으로
활동을 진행할 수 있었습니다.

154

내가 바로 고고학자! 빗살무늬토기를 발굴하라!

☑ 난이도 : ★★★☆☆

☑ 관련 핵심역량 : 자기관리 역량

☑ 준비물 : 빗살무늬토기 발굴 키트, 신문지, 순간접착제, 수술용 장갑 등

→ 네이버 검색창에 '문화재 발굴 키트'라고 입력하면 해당 준비물을 판매하는 과학 준비물 판매 사이트들이 보일 것입니다. 단가가 높아 학교 예산 활용을 추천합니다.

☑ 진행 방법

① 신문지를 깔고 문화재 발굴 키트를 개봉한다.

② 실제 문화재가 있다고 생각하고 조심스럽게 흙을 파낸다.

③ 발굴한 토기 조각들을 솔을 사용해 최대한 깨끗이 털어 준다.

④ 조각을 맞추며 순간접착제로 붙인다.

☑ 활동 **Tip**

• 역사 관련 진로활동과 관련지어 '고고학자'라는 직업에 대해 학습한 후 본 활동에 들어가는 것이 효과적입니다(진로활동과 연계). 폼페이 유적 사진이나 관련 영화 영상을 활용해 호기심을 불러일으키는 것은 어떨까요?

• 목공용 풀보다는 순간접착제 사용을 권장합니다.

☑ 활동 모습

155

고조선 최고의 청동검 대장장이를 찾아라!

☑ 난이도 : ★☆☆☆☆

☑ 관련 핵심역량 : 심미적 감성 역량

☑ 준비물 : 금색 두꺼운 도화지(300g), 가위, 핫바꽂이(대나무) 등

→ 네이버 검색창에 '역사 만들기 이랑'이라고 입력하면 해당 준비물을 일괄(가위 제외) 판매하는 사이트를 찾을 수 있습니다.

☑ 진행 방법

① 금색 도화지 뒷면에 비파형 동검의 윤곽을 스케치한다.

② 자신이 그린 윤곽선을 따라 가위로 오린다.

③ 새기개(대나무 핫바꽂이)를 사용해 금색 면에 자신만의 문양을 새긴다.

④ 교과서 속 청동검 유물 사진과 차이점을 생각해 본다.

☑ 활동 Tip

• 교과서 사진 자료(수천 년이 지나 푸르스름하게 녹슨 청동기 사진)나 시중에 출판된 어린이 한국사 책들의 삽화를 보면 청동기인이 푸른 청동검을 들고 뛰어다니는 모습들을 접할 수 있습니다. 이로 인해 오개념이 생길 수 있어 이를 바로 잡기 위한 활동으로 제시했습니다. 청동의 본 모습은 푸른색이 아닌 금빛이기 때문에 금색 도화지를 준비합니다.

• 사전에 다양한 문양들을 탐색해 본 후 자신만의 문양을 만들어 보게 하는 것은 어떨까요?

☑ 활동 모습

04 청동기 시대에 벼 이삭은 무엇으로 땄을까?

☑ 난이도 : ★★☆☆☆

☑ 관련 핵심역량 : 창의적 사고 역량

☑ 준비물 : 반달형 인조석, 손잡이 끈, 숫돌, 전시대, 물통 등

→ 직접 준비하는 것보다 학교 예산을 활용하여 플라스캠프(www.plascamp.com)에 의뢰해 재료를 구입하면 준비가 훨씬 수월합니다.

☑ 진행 방법

① 물통에 물을 받아 숫돌에 물을 묻힌다.

② 반달형 인조석의 날을 갈아 준다.

③ 끈을 달고 벼 이삭을 딴다.

☑ 활동 Tip

• 활동을 시작하기 전에 반달돌칼 유물 사진을 보여 주고 2개의 구멍이 뚫려 있는 까닭을 생각해 보게 합니다. 반달돌칼을 처음 발견한 고고학자의 입장에서 여러 갈래로 생각할 수 있게 도와주면 유물을 보는 안목을 기르는 데 도움이 됩니다.

• 대야 논을 만들어 소규모로 벼농사를 지어 추수하는 과정을 체험해 보는 것은 어떨까요?

☑ 활동 모습

05 삼국 시대 각축장은 어디?

☑ 난이도 : ★★☆☆☆

☑ 관련 핵심역량 : 지식정보처리 역량

☑ 준비물 : 투명 종이, 4~6세기 역사 지도, 사회과부도 등

➡ 역사 지도의 경우 3장이 모두 동일한 크기여야 활동이 가능합니다. 혹시 같은 크기의 지도
를 구하기 힘들다면 제가 운영하는 쌤동네 채널에 탑재된 자료를 활용하면 됩니다.

☑ 진행 방법

① 개인별로 3장의 지도를 제시한다.

② 1장의 트레싱지에 삼국의 전성기 지도를 따라 그리게 한다.

➡ 저 같은 경우에는 4세기 백제는 가로선, 5세기 고구려는 세로선, 6세기 신라의 영역은 빗금
으로 표현하게 했습니다.

③ 전성기 삼국의 영역 가운데 겹쳐지는 부분을 찾고 사회과부도를 활용해 지명을 특정
하게 한다.

☑ 활동 🆗

• 삼국의 전성기 부분을 수업할 때 활용하면 좋습니다.

• 삼국이 한강 유역을 놓고 경쟁했음을 교과서의 텍스트가 아닌 '비조작 자료'로 파악하게 하
는 레시피입니다.

☑ 참고 자료

• 쌤동네 채널에 게시물 탑재 : 교과서에 제시된 삼국의 전성기 지도는 4, 5, 6세기 지도가
각각 사이즈가 달라 활동하기 어렵습니다. 별도로 제작한 지도를 다운로드하여 활용해
주세요!

온몸으로 차별을 느껴라! 골품제 피구

- ☑ 난이도 : ★★☆☆☆
- ☑ 관련 핵심역량 : 의사소통 역량, 공동체 역량
- ☑ 준비물 : 큰 공, 작은 공 등
   → 3 : 3 골품제 피구 관련 규칙은 쌤동네 채널에서 확인할 수 있습니다.
- ☑ 진행 방법
   ① 학생들과 의논하여 활동에 필요한 신분을 정하고 위계를 확인한다.
   ② 토의를 통해 각 신분에 따라 가능한 것들을 정한다(이때 쌤동네에 탑재된 규칙을 활용해 교사가 적절한 가이드 라인을 제시할 수 있다).
   ③ 신분에 따라 색이 다른 팀 조끼를 입는다(또는 커다란 명찰을 만들어 걸어 준다).
   ④ 토의를 통해 정한 규칙과 신분에 따라 가능한 것들을 숙지하기 위해 연습 경기를 진행한다.
   ⑤ 규칙이 숙지되었다면 본 경기에 들어간다.
- ☑ 활동 **Tip**
   • 본 활동은 나승빈 선생님의 〈내일이 두렵지 않은 교사 되기〉 원격연수의 신분제 피구를 참고해 만들어졌습니다.
   • 학급의 상황에 맞게 아이들과 의논하여 규칙을 변형시키면 더욱 즐겁게 활동할 수 있습니다.
- ☑ 학생들의 활동 후기

07 반가사유상 만들기 도전!

- ☑ 난이도 : ★★★☆☆
- ☑ 관련 핵심역량 : 심미적 감성 역량, 의사소통 역량
- ☑ 준비물 : 석고 분말, 물, 향료, 유화제(올리브 리퀴드), 반가사유상 실리콘 몰드, 전자저 울, 나무막대, 종이컵 등
  - → 실리콘 몰드의 경우 향기나루(http://jamjam3.blog.me)에 의뢰하면 손쉽게 구매할 수 있습 니다(준비물 일체 구입 가능).
- ☑ 진행 방법(석고 분말 150g 기준)
  - ① 석고 분말 : 물 : 향료 : 유화제 = 150 : 33 : 10 : 10 정도의 비로 섞는다.
  - ② 기포가 생기지 않게 잘 저어 준다.
  - ③ 잘 섞인 석고 반죽을 실리콘 몰드에 부어 준다.
  - ④ 석고가 완전히 굳을 때까지 기다린 후 조심스럽게 몰드로부터 분리한다.
- ☑ 활동 Tip
  - 본 활동은 금속 공예 대체 활동으로 구상한 레시피입니다. 실제 쇳물을 녹여 거푸집에 붓는 활동 대신 석고 반죽을 실리콘 몰드에 부어 금동 반가사유상이 어떤 과정을 거쳐 제작되었을지 알아볼 수 있습니다.
  - 석고의 특성상 석고 반죽이 금방 굳기 때문에 석고 분말을 가장 나중에 넣어 주는 것이 좋 습니다(진행 방법 ①).
- ☑ 활동 모습

같은 방식으로 실리콘 몰드를 활용해 양면 입체로 된 청동검을 제작한 사진도 참고로 실어 둡니다.

08 불국사의 보물을 찾아라!

☑ 난이도 : ★★★☆☆

☑ 관련 핵심역량 : 의사소통 역량, 공동체 역량

☑ 준비물 : 경주 수학여행 워크북, 불국사 미션지, 가위, 풀 등

→ 사전 답사를 통해 선생님들도 미리 답을 찾아 보세요.

→ 수학여행 워크북의 경우 쌤동네 채널에 탑재된 자료를 참고해 선생님만의 워크북을 제작할 수 있습니다.

☑ 미션지 내용

불국사 모둠별 미션지

① 일본에 빼앗겼다 되돌아온 불국사 부도는 어느 건물 옆에 있을까요? (   )
그 앞에서 모든 팀원이 나오게 인증샷을 찍어 ○○○ 선생님께 보여 드리고
사인을 받아 오시오. (   )

② 불국사 건물 중 현판 뒤의 복돼지를 찾으시오. 어느 건물에 있습니까? (   )
현판 뒤의 복돼지 사진을 찍어 ○○○ 선생님께 보여 드리고 사인을 받아
오시오. (   )

③ 불국사 경내에서 황금 복돼지를 찾아 볼에 뽀뽀 받는 사진을 찍어 오시오.
모든 팀원이 각자 모델이 되어 사진을 찍고 교감 선생님께 보여 드리고 사인을
받아 오시오. (   )

④ 불국사 대웅전 처마 밑에 있는 이름 모를 용은 왜 여의주가 아닌 물고기를
물고 있을까요? 주변 사람(우리 학교와 관계없는 사람에게)에게 묻고 답을
알아 오시오. (   ) ○○○ 선생님께, 최종 확인 받을 것!

☑ 활동 Tip

• 불국사와 관련된 내용을 공부하며 워크북 내용을 채우는 활동만 한다면 지나치게 공부하는 느낌이 들 수 있어 추가로 제시한 활동들입니다.

• 불국사 경내에서 뛰어다니며 미션을 수행하다가 학생들이 다치는 경우가 종종 있습니다. 뛰어다니며 미션을 수행하는 경우 페널티를 부여한다고 미리 안내하는 것이 좋습니다.

고대 문화 천상의 콜렉션! 최고의 도슨트는 누구?

- ☑ 난이도 : ★★★☆☆
- ☑ 관련 핵심역량 : 지식정보처리 역량, 심미적 감성 역량, 공동체 역량
- ☑ 준비물 : 남북국 문화재 사진, 스크래치 페이퍼, 핫바꽂이(또는 스크래치 전용 펜), 우드락, 이젤, 간식 등
- ☑ **진행 방법**
  - ① 신라나 발해의 문화재 가운데 자신이 해설할 문화재 1~2개 사진 또는 그림을 골라 학급 커뮤니티에 탑재한다.
  - ② 한글 프로그램 등을 활용해 이미지를 스크래치 페이퍼 크기에 맞게 조정하고 출력한다.
  - ③ 이미지를 적절한 크기로 자르고 스크래치 페이퍼에 덮어 붙인다.
  - ④ 이미지에 표현된 선을 핫바꽂이로 눌러 준다.
  - ⑤ 각자 스크래치 페이퍼의 선을 긁어 내고 우드락에 작품을 붙인다.
  - ⑥ 각 문화재에 얽힌 이야기를 찾아 스토리텔링 자료와 퀴즈를 만들고 자연스럽게 이야기 할 수 있을 때까지 연습한다.
  - ⑦ 다른 학급 친구들, 선후배들을 모아 도슨트 활동을 통해 문화재에 얽힌 이야기를 들려 주고, 퀴즈로 활동을 정리한다.
- ☑ **활동 Tip**
  - • 아이들이 좋아하는 소소한 간식을 퀴즈의 상품으로 준비하면 역사나 문화재를 잘 모르는 동생들도 퀴즈를 맞히기 위해 이야기에 집중하는 모습을 볼 수 있습니다.
- ☑ **활동 모습**

10 신라 석공이 된 아이들

☑ 난이도 : ★★★☆☆

☑ 관련 핵심역량 : 창의적 사고 역량, 심미적 감성 역량, 의사소통 역량

☑ 준비물 : 정, 망치, 화강암 판, 목장갑, 고글, 마스크, 색연필 등

　　➡ 네이버 쇼핑에서 '화강암 돌판', '노미 다가네'로 검색하면 준비물(화강암, 정)을 구할 수 있습니다.

☑ 진행 방법

　　① 2인 1조로 돌판을 1개씩 나눠 준다.

　　② 돌판에 석굴암 본존불상을 색연필로 스케치한다.

　　③ 한 명은 정을 잡고 돌판 위에서 이동시키는 역할을 한다.

　　④ 다른 한 명은 망치를 사용하는 역할로 번갈아 가며 작품을 완성한다.

☑ 활동 Tip

　• 정을 망치로 치면 돌가루가 튀기 때문에 불편하더라도 고글이나 마스크 착용을 권장합니다.

　• 정을 잡는 손은 꼭 장갑을 끼게 해야 합니다.

　• 정과 망치를 이용해 화강암을 완벽한 형태로 조각한 신라 석공들의 장인 정신을 느낄 수 있게 도와줍니다.

☑ 활동 모습

세계와 활발하게 교류한 고려

두 번째 코스 요리는 '세계와 활발하게 교류한 고려'입니다. 이번 식사는 총 4개의 메뉴로 구성되어 있고, 그 내용은 다음과 같습니다.

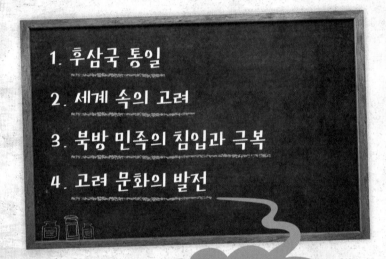

1. 후삼국 통일

2. 세계 속의 고려

3. 북방 민족의 침입과 극복

4. 고려 문화의 발전

초등 사회과에서는 단원을 구성하는 하위 요소들을 '중단원' 또는 '소단원'이라고 하지 않고 '주제'라고 표현합니다.

CE 900년	CE 901년	CE 918년	CE 936년	CE 993년
후백제 건국	후고구려 건국	고려 건국	후삼국 통일	서희의 담판

고대와 근대 사이의 시대를 중세 시대라고 부르는데, 우리나라 역사에서 중세는 고려 시대에 해당합니다. 고구려를 계승한 고려가 어떤 과정을 거쳐 후삼국을 통일했는지, 통일 왕조고려가 주변 국가와 어떻게 교류하였는지 알아보는 단원입니다. 더불어 고대 사회와 중세사회는 어떤 점에서 다른지 그 차이점과 발전 양상에 대해서도 학습합니다. 그리고 거란,여진, 몽골 등 여러 북방 민족의 침입을 고려가 어떻게 극복해 나갔는지 살펴본 후 고려가꽃피운 수준 높은 문화에 대해 공부하는 것으로 두 번째 食史를 마치게 됩니다.

셰프의 냉장고에 가지런히 정리된 식재료들을 살펴보고 싶다면 스마트폰으로 QR 코드를 인식해 쌤동네 링크를 클릭해 보세요! 셰프가 수업 시간에 사용하기 위해 제작한프레지 자료를 살펴볼 수 있습니다. 프레지 애플리케이션을 설치하고 보는 것을 추천합니다.

CE 1019년	CE 1107년	CE 1170년	CE 1231년	CE 1356년	CE 1392년
귀주대첩	윤관의 여진 정벌	무신정변	몽골 침입	공민왕의 반원 개혁	고려 멸망

천 년 신라, 초심을 잃고 나라를 잃다

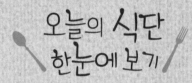

- 🍴 신라 말기의 상황
- 🍴 후삼국의 성립과 경쟁
- 🍴 후삼국의 통일

재료 준비	장 보기
• 신라 말 6두품의 일기 • 궁예의 폭정, 공산 전투, 고창 전투, 왕건의 후삼국 통일 영상	• 『십대를 위한 한국사 어휘력 만점공부법』 • 〈역사저널 그날〉(117회)

신라 말기의 상황 🔍 이번 시간에는 우리 역사가 중세 사회로 이행되는 과정을 살펴보겠습니다. 석굴암으로 대표되는 자랑스러운 문화를 뒤로하고 신라가 쇠퇴기를 맞이합니다. 오랜 기간 평화를 맞이하며 통일 전쟁 시기의 화랑 정신과 기상은 사라지고 피비린내 나는 왕위 쟁탈전이 시작됩니다.

150년간 20명의 왕 교체 🔍 8세 혜공왕의 즉위가 그 시작입니다. 8세 아이가 국정을 논하기에는 버거운 법, 실세는 따로 있었습니다. 귀족들의 국정 농단이 시작되고, 급기야 혜공왕은 20대의 꽃다운 나이에 살해됩니다. 그 이후 150여 년간 신라는 20명의 왕이 교체됩니다. 평균 재위 기간 7.5년으로, 임금이 정치 기반을 닦고 자신의 뜻을 본격적으로 펴기에는 너무나 짧은 기간입니다.

금입택 35채 🔍 왕실과 귀족들의 사치도 극에 달합니다. 금입택의 기록까지 나온다고 합니다. 황금으로 치장한 호화로운 주택이 35채 이상 있었다는 것입니다! 혹시 어떤 모습인지 상상이 잘 안 된다면 비슷한 모습일 것으로 추정되는 금각사를 검색해 보세요. 일본에 있는 옛 건축물로 금을 입힌 건물입니다. 지배 계층이 이런 삶을 살면 백성들은 정반대의 삶을 살았을 것입니다.

킨카쿠지(금각사)

Cooking Tip

간혹 당시 신라의 어지러운 사회 모습을 나타내는 자료로 합천 해인사 길상탑과 길상탑지를 제시하기도 하지만, 아이들에게 와 닿는 자료가 아닌 것 같아 저는 다른 자료를 제시하였습니다. 신라 말 6두품의 일기를 함께 살펴보았습니다. 지난 시간에 대한 복습과 골품제의 한계에 대해 탐구할 수 있는 가상 일기입니다. 실존 인물 최치원을 모티브로 한 것으로 보입니다.

신라가 버린 천재들 🔍

이런 신라의 상황을 변화시키고 싶었으나 6두품이라는 신분적 한계로 아무것도 할 수 없었던 천재들이 있었습니다. 바로 '3최'라고 불리는 사람들입니다. 신라가 시대의 천재들을 버린 것이죠! 여기서 3최는 최치원, 최승우, 최언위를 말합니다.

최치원은 당나라 빈공과 합격의 빛나는 경력에, 현재까지도 명문으로 격찬받는 「토 황소격문」을 쓴 문장가로 알려져 있습니다. 귀국 후 진성여왕에게 혼란스러운 신라의 상황을 수습하기 위한 여러 정책을 제시하였으나 당시 정권은 귀담아듣지 않았고, 이후 최치원의 행적은 명확하게 파악하기 힘듭니다. 최승우는 후백제의 견훤에게 가담하였고, 최언위는 고려 개창에 힘을 보탠 것으로 알려져 있습니다. 피비린내 나는 왕위 쟁탈전으로 혼란스러운 정치판! 골품이 낮다고 하여, 진골이 아니라는 이유로 나라의 인재들을 버린 신라. 오래갈 수 있었을까요? 지배층이 사치와 향락을 일삼고 있는데 그 돈은 다 어디서 난 것일까요?

초적 ↑ 🔍

사치와 향락의 밑바탕은 바로 백성들의 세금이었습니다. 열심히 일해도 생계 자체가 보장되지 않자 민초들은 분노했고, 일부는 스스로 도적이 되는 길을 선택합니다.

지방 세력 ↑ 🔍

이런 상황에서 다수의 백성들은 지방의 유력 세력에 기대게 되고, 지방 세력가들은 스스로를 '성주', '장군'이라 칭하며 성을 쌓고 군사를 모아 그곳의 백성을 다스리기에 이릅니다. 한 지방을 독자적으로 다스릴 만큼 세력이 커진 것이지요. 이러한 지방 세력가들을 '호족'이라고 부릅니다. '뻣뻣한 털 호(豪)' 자에 일가를 의미하는 '족(族)' 자를 사용합니다. 왕이 있음에도 불구하고 지방에서 털을 뻣뻣하게 세우고 있는 세력을 의미하죠. 중국의 후한 시대를 배경으로 하는 소설 『삼국지연의』에 나오는 유비, 조조, 손권, 원소, 공손찬 등과 같은 인물들도 호족이라고 할 수 있습니다.

백제의 부활 🔍 그런 와중에 백제의 부활을 외치며 서남 해안의
비장(부장급 장수) 출신 호족이 900년, 백제를 다시 세웁니다. 그가 바로
견훤 또는 진훤이라고 불리는 자입니다.

고구려의 부활 🔍 그로부터 일 년 후, 신라 북부에 세력을 형성
하고 있던 양길이라는 자의 부하 가운데 한 사람이 반대 세력을 결집하
여 옛 고구려의 부활을 외치며 고구려를 다시 세웁니다. 그가 바로 신라
왕족 출신의 애꾸눈 궁예입니다. 왕위 쟁탈전 때문에 어머니가 태어난
지 얼마 안 된 궁예를 탈출시키는 과정에서 어린 궁예를 던졌는데, 아래
에서 받아 주는 궁녀의 손에 눈이 찔려 한쪽 눈을 잃었다고 합니다. 훗날
정치와 연을 끊게 하려고 절에 보내 승려가 되게 하였는데, 그가 신라의
혼란 시기에 고구려의 부활을 외치며 나라를 세운 것이죠.

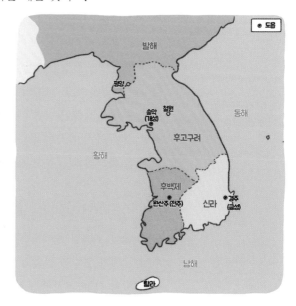

견훤은 완산주(지금의 전북 전주)에 도
읍을 정하였고, 군사력을 키워 전라도·
충청도·경상도 서쪽 일부를 차지했습니
다. 궁예는 송악(지금의 개성)에 도읍을
정하였습니다. 당시 왕건의 집안은 해상
활동으로 모은 재산으로 궁예를 지지하
며 건국을 도왔다고 합니다. 이후 철원
으로 도읍을 옮기고 경기도·황해도·충청
도·강원도 일부까지 영토를 넓혔습니다.
철원 천도 후 궁예는 나라의 이름을 마
진(摩震)이라 하였다가, 다시 태봉(泰封)
으로 고치고 새로운 정치를 추구해 나갑

니다. 여기서 마진은 범어(산스크리트어, 고대 인도어) '마하진단'의 약칭이라고 합니다. '마하'는 '크다', '진단'은 '동방'을 뜻하여, 마진은 '대동방국'이라고 풀이하고, 이는 특정 국가를 계승하는 정책을 버리고 고구려, 백제, 신라를 아우르는 대동방국을 세우겠다는 의지를 세웠다고 볼 수 있습니다. 그다음 국호인 태봉의 '태'는 천지가 어울려 만물을 낳고 상하가 어울려 그 뜻을 같이한다는 의미라고 합니다. '봉'은 봉토, 영토를 의미하고요. 즉, 태봉은 '서로 뜻을 같이해 화합하는 세상'이라고 풀이할 수 있습니다. 궁예의 이상이 국가의 이름에 담겨져 있는 것이지요. 궁예는 그렇게 민심을 얻으며 강한 세력을 이룹니다.

　하지만 역사가 승자의 기록이기 때문에 그런 것일까요? 아니면 궁예가 자신의 권력욕 때문에 변한 것일까요? 훗날 역사는 궁예가 자신이 생각한 이상을 위해 싸우다 간 인물로 기록하지 않습니다. 궁예의 폭정 가운데 하나로 소개되는 것이 '관심법'입니다. 궁예는 훗날 자신을 미래에서 중생을 구제하기 위해 온 부처, 미륵불이라고 하며 정적 제거의 도구로 관심법을 사용합니다. 사람의 마음을 꿰뚫어보는 것을 말하는데, 지금 생각해 보면 말도 안 되는 것이지만 이를 이용해 자신의 권력을 더욱 공고히합니다. 폭정의 칼날은 왕비에게도 향합니다. 왕비가 모반을 도모했다는 의심을 하고 자신의 부인을 잔인하게 죽였다고 기록에 나옵니다. 물론 후대에 작성한 이런 기록의 이면에는 정치적 목적이 있었을 것으로 보입니다. 하지만 궁예의 난폭한 정치는 자신을 지지하는 수많은 호족들이 등을 돌리게 되는 계기가 되었습니다.

왕건, 위기에 처하다! 🔍　영상에서 제시된 사건의 연장선상에서 송악 출신 호족인 왕건도 의심을 받습니다. 왕건은 여러 전투에서 활약하여 궁예의 신임을 받았고, 태봉에서 높은 벼슬에 오른 사람입니다. 덕망이 있어 그를 지지하는 세력이 많았습니다. 그런 왕건이 모반을 꾀했

Cooking Tip

드라마 〈태조 왕건〉의 일부를 활용해 궁예의 폭정이 어떠했는지 살펴보았습니다. 자신의 부인이 바람을 피우고 모반을 꾀했다고 하여 국문을 하는 장면입니다. 이때도 "관심법으로 보아야겠어!"라는 대사가 나옵니다.

다고 의심을 받았고, 궁예는 관심법으로 보았을 때 모반을 꾀한 것은 사실이라고 판결을 내립니다. 이에 왕건은 폐하의 관심법을 어찌 자신이 당해 낼 수 있겠냐며 그 사실을 시인했고, 이에 궁예는 솔직하게 말한 왕건을 용서해 주었다는 일화가 있습니다.

고려 건국 🔍

이 사건 이후 왕건을 지지하던 호족들은 궁예를 몰아내고 왕건을 왕으로 추대하여 918년 새로운 나라를 세웁니다. 태조 왕건은 고구려 계승 의지를 밝히며 나라 이름을 '고려'라 하고, 이듬해에 도읍을 철원에서 자신의 근거지인 송악(개성)으로 옮깁니다.

신라는 통치력이 약해져 지금의 경상도 일부 지역만 겨우 통치하는 지경이 되었고, 삼한 땅을 두고 실질적으로 경쟁하는 것은 견훤과 왕건이었습니다. 후백제 대 고려! 누가 최후의 승자가 될까요?

지금의 전라도 전주 지방에 도읍을 두고 있는 견훤이지만 경북 상주 지방 출신입니다. 서남해 수비를 맡은 비장(부장급) 출신의 군인이지만 무진주(광주)를 점령하고 세력을 넓혀 옛 백제의 부활을 주장하며 나라를 세우기에 이릅니다. 호랑이 젖을 먹고 성장했다는 소문이 있는 인물입니다. 지렁이의 아들이라고 한 부분에서 지렁이는 당시 사람들이 미물로 인식하기보다는 작은 용으로 생각했을 확률이 높고, 나름의 끈질긴 생명력을 상징하는 것 같습니다. 견훤의 탄생 설화와도 관련이 있습니다.

육지에 강력한 기반을 두고 있는 농민의 아들 견훤과 대비되는 왕건은 강력한 해상 세력을 기반으로 성장한 호족의 아들입니다. 할아버지 작제건 때부터 아버지 용건(나이가 들고 왕용으로 이름이 바뀜)을 거쳐 부를 축적한 송악의 대표 호족입니다. 해상 세력을 기반으로 해서인지 당시 왕건은 용의 후손이라는 소문이 퍼져 있었습니다. 왕으로 추대되기 전에는 해군 대장군이라는 직책도 수행했습니다. 북쪽 지방이기 때문에 옛 고구려의 부활을 주장합니다. 아버지를 비교해 보면 견훤은 현대판

Cooking Tip
관심법으로 폭정을 일삼는 애꾸눈 궁예를 표현할 땐 작고 짜리몽땅하게 한쪽 눈에 안대를 그렸고, 왕건은 롱다리에 왕씨 성을 배에 써서 식스팩을 그리는 식으로 표현했습니다. 못난 실력으로 그린 칠판 그림 때문에 빵빵 터졌습니다.

Cooking Tip
고구려는 고려, 구려, 하구려 등 여러 가지 이름으로 불리었습니다.

흙수저, 왕건은 상대적으로 금수저를 물고 태어난 것으로 보입니다.

후백제 배후의 나주 지역은 왕건이 궁예의 부하일 때 공을 세워 차지한 땅입니다. 나주에서 '왕건이 탐낸 쌀'이라는 브랜드의 쌀을 판매했던 것이 떠오릅니다.

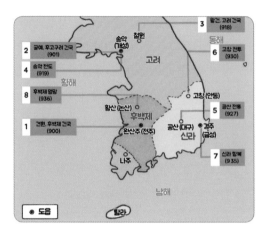

Cooking Tip

지도를 이용해 지금까지의 내용을 간단히 정리하고 오늘의 하이라이트 영상 2편(공산 전투, 고창 전투)을 보여 주었습니다.

공산 전투 🔍 먼저 공산 전투를 살펴보겠습니다. 고려는 후삼국을 통일하기 위해 신라와 좋은 관계를 유지하려고 노력했습니다. 하지만 후백제의 견훤은 달랐습니다. 신라와 고려의 연결 고리를 끊기 위해 후백제군은 포석정을 급습합니다. 견훤의 강요에 의해 신라 경애왕은 자결하고, 견훤은 훗날 경순왕인 김부를 신라 왕위에 올립니다. 이 소식을 들은 왕건은 5천 대군을 이끌고 신라를 지원하기 위해 달려옵니다. 왕건이 고려를 세운 지 9년이 되었고, 이쯤이면 내부 정비도 마쳤겠다 백제군과 한번 붙어 볼 만하다고 판단했는지도 모르겠습니다. 하지만 왕건을 비롯한 고려군은 백제군과의 전투에서 거의 몰살당하다시피 패배합니다. 고려군이 백제군에게 포위당했을 때 평산 신씨의 시조인 장군 신숭겸은 왕건의 옷을 입고, 왕건의 말을 타고 백제군의 이목을 끌어 자신의 목숨을 버리면서 왕건을 구했습니다. 김락의 희생도 있었습니다. 이 두 장군의 희생을 애도하는 노래가 한 번쯤은 제목을 들어 보았을 '도이장가'입니다. 공산 전투에서 왕건은 신숭겸과 김락을 비롯한 8명의 장수를 잃었는데, 그 후 현재 대구에 있는 공산을 팔공산이라 부른다고 합니다.

Cooking Tip

대구에는 팔공산 외에도 왕건과 관련된 지명(파군재, 안심 등)이 많습니다. 파군재라는 지명은 왕건의 군대가 패한 고개, 안심은 왕건이 전투에서 패해 도망치다가 마음을 겨우 놓을 수 있었던 곳이어서 생긴 지명입니다.

파군재 삼거리

왕건은 겨우 목숨만 부지한 채 탈출에 성공합니다. 훗날 신숭겸의 시체가 돌아왔는데 목이 없는 채였다고 합니다. 이를 슬피 여겨 신숭겸의 얼굴을 황금으로 만들어 제사를 지냈다는 이야기가 전해 내려옵니다. 그 때문에 신숭겸의 묘는 도굴을 방지하기 위해 가묘가 여러 곳에 있다고 합니다. 또 신숭겸의 후손들은 궁에 군대를 끌고 들어와 모반을 꾀하지 않는 한, 어떤 죄를 지어도 허물을 묻지 않겠다고 했다는 이야기가 전해집니다. 공산 전투는 오랜 기간 수많은 전투 속에서 강력한 힘을 키워 온 후백제군의 완승이었습니다.

신숭겸 장군 동상

고창 전투 🔍

그 후 3년, 고려의 왕건은 여러 호족들을 자신의 편으로 만들고 군사 훈련에 박차를 가합니다. 그리하여 930년 고창(안동) 전투에서는 후백제의 견훤을 상대로 대승을 거둡니다. 이번에는 후백제의 8천 병력이 왕건의 고려군에게 참패를 당합니다. 고창 전투의 승리는 유금필 장군의 활약과 고창 지역 호족 세력들의 도움이 컸습니다. 고창 전투를 분수령으로 후삼국 시대 경쟁의 승기는 고려가 가져가게 됩니다. 이 고창 전투를 기념하여 동군과 서군으로 편을 갈라서 하는 놀이가 '차전놀이'이며 현재까지도 이어져 내려오고 있습니다.

이후 후백제의 상황을 조금 더 살펴보겠습니다. 후백제의 견훤은 후계자를 정하는 데 맏아들 신검이 아닌 배 다른 형제, 그것도 넷째 금강을 태자로 삼습니다. 그러자 신검은 동생 양검, 용검 등과 함께 금강을 제거하고 아버지 견훤을 금산사라는 절에 가둬 버립니다. 일설에 따르면 견훤은 금산사를 빠져나올 때 발각되지 않으려고 실오라기 하나 걸치지 않고 탈출했다고 합니다. 탈출 후 견훤은 전쟁터에

금산사(국립중앙박물관)

Cooking Tip

왕건이 장군들과 사냥을 나갔는데, 마침 기러기 세 마리가 공중을 빙빙 돌았습니다. 그 모습을 본 왕건이 "누가 쏘겠는가?" 하고 물었고, 신숭겸 장군이 자신이 쏘아 보겠다고 합니다. 그러면서 신숭겸 장군은 몇 번째 기러기를 쏠 것인지 물었고, 이에 왕건은 "셋째 기러기의 왼쪽 날개를 쏘라."고 했다고 합니다. 그러자 신숭겸 장군은 그 말대로 셋째 기러기의 왼쪽 날개를 명중시켰고, 이에 감탄한 태조가 근방의 논과 밭을 내려서 대대로 조세를 받을 수 있게 했고, 평산 신씨 성을 하사하였다고 합니다.

서 수없이 부딪치며 싸워 온 고려의 왕건에게 갑니다. 아들에게 나라를 빼앗기고 모든 것을 잃은 영웅 견훤, 얼마나 허탈하고 분했을까요? 하지만 왕건은 견훤을 아버지처럼 대우해 줬다고 합니다.

두 영웅이 손을 잡다! 🔍 견훤의 투항과 왕건의 행동을 본 경순왕 김부는 스스로 신라를 고려에 넘겨주었습니다. 왕건은 경순왕 역시 따뜻하게 맞이하며 경주 일대를 다스릴 수 있는 권한을 그대로 유지시켜 주었습니다.

경순왕의 항복으로부터 일 년 후 왕건의 고려군과 신검의 후백제군이 맞붙게 됩니다. 견훤은 왕건과 함께, 자신이 만들었지만 아들 신검이 이끄는 후백제의 군대를 쳐부수러 출정합니다. 신검의 후백제군은 견훤이 합세한 고려군에게 일방적으로 패하고 936년 고려의 왕건이 후삼국을 통일합니다.

⟨불국사, 출처 : 문화재청⟩

특별한 풍미로
    한 시대를 풍미하다

Table 02

한국판 중세의 시작

오늘의 식단 한눈에 보기

🍴 It's different! 태조 왕건

🍴 빛나거나 미치거나 4대 광종

오늘은 고대 국가 신라와 중세를 연 고려의 차이에 대해 살펴볼까 합니다.

어떤 사람이 손을 가지런히 하고 벌거벗은 채로 있습니다. 모자를 썼습니다. 누구일까요? 모자와 발굴된 장소가 큰 힌트가 됩니다. 머리에 쓴 관은 정면에 오각형 문양이 있고 옆으로는 물결치는 모양이 이어집니다. 양 옆으로 뿔 같은 비녀가 튀어나와 있습니다. 이런 관을 '통천관'이라고 하는데, 황제만이 쓸 수 있습니다. 거기다 이 동상은 '현릉'이라는 무덤에서 발견되었다고 합니다.

현릉은 고려를 건국하고 후삼국을 통일한 태조왕건의 무덤입니다. 고려 시대 왕들은 이 동상을경건하게 모시고 제사를 지냈다고 합니다. 지금은 옷을 입고 있지 않지만, 발견 당시에는 동상 곳곳에서 썩은 비단 조각과 허리띠가 함께 발견되었습니다. 동상을 만들고그 위에 옷을 입혔다는 주장을 뒷받침하는 증거가 됩니다. 그리고 잘 보이지 않지만 얼굴이나 피부에 색칠한 흔적도 남아 있다고 합니다. 동상을 자세히 보면 귀는 길게, 눈두덩은 분명하고 둥그스름하게 만들었습니다. 물론 왕건이 실제로 이렇게 생겼을 수도 있지만, 이렇게 신체를 표현하는 깃은 부처님을 만들 때 사용하는 방식입니다. 목의 주름도 마찬가지고요. 즉, 사람이지만 부처님에 버금가는 존재라는 뜻이지요. 왕건은 이처럼 고려 왕실에서 대대로 존경받던 인물이었습니다. 태조 왕건이어떤 왕이었길래 죽은 후에도 이런 대접을 받은 것일까요? 본격적으로왕건이 고려를 어떤 방식으로 다스렸는지 살펴보겠습니다.

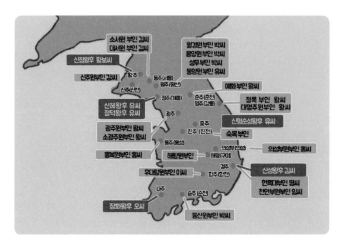

결혼 정책 🔍 참 많은 사람들의 출신지가 기록되어 있습니다. 전부 기록한 것은 아니지만 모두 왕건의 부인이라는 공통점이 있습니다. 정식 부인만 무려 29명에 이릅니다. 태조 왕건은 무엇 때문에 결혼을 이렇게 많이 했을까요?

왕건은 해상 무역을 통해 성장한 호족 세력이었습니다. 당시 후삼국 시대에는 왕건과 같은 호족 세력들이 전국에 넘쳐났습니다. 그런 호족 세력들과 동맹을 맺는 방법 가운데 가장 믿음직한 방법은 바로 결혼이었습니다. 지방의 유력 호족 세력의 딸과 차례로 혼인을 하며 자신과 혈연관계를 만드는 것입니다.

사성 정책 🔍 또 호족들을 자기편으로 만드는 방법에는 '성'씨를 '하사'하는 사성 정책이 있습니다. 당시에는 경주에 있는 신라 왕실 사람이나 특별한 지위에 있는 귀족을 제외하고는 성씨를 가지고 있지 못한 경우가 많았습니다. 왕건 역시 처음에는 성이 없었죠. 할아버지의 이름이 작제건이고, 아버지 이름이 용건이었으니까요. 이런 사성 정책을 통해 자신을 도와 나라를 세운 호족들의 지위를 인정해 주며 국초 혼란스러운 정국 속에서 왕권을 안정시키려고 노력한 것입니다.

지방 세력들의 정치 참여 🔍 통일 후 신라 때만 하더라도 경주 사람들이 나라를 이끌어 갔습니다. 중앙 귀족이 대부분의 권력을 독차지하던 구조였죠. 하지만 고려는 지방 호족 세력이 중심이 되어 세운 나라입니다. 신라와는 달리 지방 세력도 적극적으로 중앙 관직에 오르고 정치에 참여할 수 있었습니다. 수많은 호족 출신 공신들의 정치 참여가 그 출발이었을 것입니다.

백성들의 마음을 얻다 🔍 왕건은 또 민심을 얻기 위해 부단한 노력을 합니다. 백성들의 생활을 안정시키기 위한 정책들을 지속적으로 펼쳐 나갑니다. 백성의 부담을 줄이기 위해 원칙에 따라 세금을 거둡니다. 왕건의 언행과 관련된 기록을 살펴보면 "현재 우리가 백성들에게 지나치게 세금을 많이 걷고 있는 것 아니냐? 얼굴이 화끈거릴 정도다. 세금을 줄여야겠다."와 같은 이야기가 나옵니다.

10분의 1 🔍 왕건은 생산량의 10분의 1 정도를 거두었습니다. 취민유도(取民有度)! 백성에 대한 수취에는 한도가 있어야 한다는 마음으로 세금을 거둔 것이지요. 당시 백성들 입장에서는 기존에 내던 세금에 비해 3분의 1 정도밖에 안 되는 양이었다고 합니다. 이것 하나만으로도 백성들의 큰 지지를 받지 않았을까요?

흑창 🔍 거기다가 '흑창'을 설치해 생활이 어려워 굶주린 백성들에게 곡식을 빌려 주었습니다. 흑창은 백성들을 위한 곡식을 넣어 두는 창고인데, 그 창고를 검정색으로 표시해 둬서 흑창이라고 부릅니다. 이렇게 까맣게 표시해 둔 것은 "백성들을 위한 것이니 건드리지 마!" 이 정도의 메시지 아니었을까요? 세금도 낮춰 주고 복지 정책까지 펼치니, 저 같아도 왕건 팬클럽이 될 것만 같습니다.

북진 정책 🔍 나라 이름 '고려'에서 볼 수 있듯이 고구려 계승 의지를 분명하게 밝히고 고구려의 영토를 회복하기 위해 노력합니다. 이를

'북쪽으로 진격한다'는 뜻의 북진 정책이라고 합니다. 그리고 옛 고구려의 수도였던 평양을 서쪽의 수도, 서경이라고 부르며 중시했습니다. 서경을 북진 정책을 위한 전진 기지로 삼았던 것이죠. 거기다가 고려로 들어오는 발해 유민들을 따뜻하게 받아들입니다.

12만에 이르는 발해 유민을 포용하다 🔍   발해는 고구려 유민이 중심이 되어 세운 나라입니다. 하지만 거란에 의해 멸망합니다. 해동성국이라고 불릴 정도로 강력했던 발해가 어떤 과정을 거쳐 거란에게 멸망했는지는 기록에 명확히 남아 있지 않습니다. 그래서 당시 있었다고 하는 백두산 대폭발을 원인으로 생각하는 학자들도 있습니다. 발해 멸망 후 발해의 마지막 태자 대광현이 수만 명에 이르는 발해 유민들을 이끌고 내려왔습니다. 그 후에도 고려는 여러 차례 다른 지역에 사는 발해 유민을 받아들여 옛 고구려의 후손들을 포용했습니다. 그 수가 무려 12만 명에 이른다고 합니다. 당시 인구 밀도를 생각한다면 엄청난 숫자입니다. 교과서에서는 이 점도 신라의 통일과 다른 점으로 소개하고 있습니다. 태조 왕건은 발해 출신의 고구려 유민을 포용한 것은 물론이고, 신라와 후백제 출신의 사람들에게도 공평하게 대하려고 노력했습니다.

민족의 통합 🔍   고려의 후삼국 통일은 진정한 의미의 민족 재통합이 이루어진 것으로 볼 수 있습니다. 고려는 옛 고구려, 백제, 신라의 문화를 받아들여 새로운 민족 문화를 발전시킬 수 있는 토대를 만들었습니다. 그러한 문화적 포용성을 바탕으로 유교와 불교뿐만 아니라 도교도 같은 종교로 인정해 준 것으로 보입니다.

훈요십조 🔍   그런 고려를 만들었던 왕건이 세상을 떠납니다. 왕건은 유언이라고 할 수 있는 「훈요십조」를 남깁니다. 가르칠 훈(訓), 중요

Cooking Tip
신라가 고구려의 영토를 당나라에 넘겨준 것에 방점을 찍고 불완전한 통일로 평가하고 고려의 후삼국 통일을 좀 더 완전한 형태의 민족 통일로 보는 관점도 있습니다. 하지만 삼국 시대의 사람들은 서로를 같은 민족이라고 생각하는 민족의식이 크지 않았다는 주장도 있어 이런 점에 크게 의미를 부여하지 않는 사람들도 있습니다.

할 요(要) 자를 써서 자신의 후손들에게 남긴 10가지 중요한 가르침이라는 의미입니다. 따라서 「훈요십조」는 고려 왕실의 헌장으로 태조의 신앙·사상·정책·규범 등을 보여 주는 귀중한 문헌이라고 할 수 있습니다.

> 1조 불교의 힘으로 나라를 세웠으니 불교를 장려할 것.
> 2조 모든 절은 풍수지리설에 따라 세우고 함부로 짓지 말 것.
> 3조 왕위는 맏아들이 계승하는 것을 원칙으로 하되, 맏아들이 현명하지 못하면 다른 아들이 계승하게 할 것.
> 4조 우리나라는 사람과 땅이 중국과 다르니 중국의 제도를 억지로 따르지 말고, 거란의 제도를 본받지 말 것.
> 5조 2·5·8·11월 중 서경(평양)에 가서 1년에 100일 이상 머무를 것.
> 6조 연등회와 팔관회를 성대히 할 것.

1조와 6조는 고려가 불교의 나라임을 강조하였습니다. 2조에서는 당시 풍수지리설이라는 것이 유행하여 좋은 땅을 '명당', '길지'와 같이 표현하며 지리적으로 어떤 곳에 사는가를 중요하게 생각했습니다. 이와 연결지어 5조를 살펴보면 당시 풍수지리설에 의해 길지라고 했던 옛 고구려의 수도 서경을 중요시했음을 알 수 있습니다. 3조는 장자 계승의 원칙을 천명하는 듯하면서도 뭔가 원칙을 흐리는 듯한 내용입니다. 그래서 이 부분은 훗날 다른 왕들에 의해 기록이 와전된 것 아니냐는 의심을 받기도 합니다. 그리고 4조는 중국의 제도를 억지로 따르지 말라는 부분에서는 자주성이, 거란의 제도를 본받지 말라는 부분에서는 고구려 계승국가인 발해를 멸망시킨 거란에 대한 적개심이 드러나 있습니다.

29명의 부인에 34명의 자녀! 문제는 없었을까? 🔍

왕건이 세상을 떠났습니다. 그의 부인 29명에 34명의 자녀가 남았습니다! 그들 가운데 25명이 아들! 문제는 없었을까요? 물론 '정윤'은 정해져 있었습니다.

Cooking Tip
왕건의 치세 시기에는 25명의 아들 모두를 '태자'라고 불렀습니다. '정윤'은 '바를 정(正)'에 '맏아들 윤(胤)'으로 고려 시대 왕위 계승권자를 가리키는 의미로 사용한 단어입니다.

Cooking Tip

왕건이 탐낸 쌀 포장지에 등장한 여인이 바로 장화왕후입니다. 나주역 근처에 왕건과 장화왕후와의 러브 스토리가 전해 내려오는 완사천이라는 우물이 있습니다. 목이 말라 우물을 찾은 왕건에게 장화왕후가 물을 건네는데, 급히 마시다 탈이 날까 봐 지혜를 발휘해 버들잎을 띄워 주었다는 이야기입니다.

장화왕후 나주 오씨의 아들이 가장 먼저 세상에 태어났습니다. 그가 바로 혜종입니다. 하지만 나주 오씨 세력은 다른 호족 세력에 비해 힘이 약했습니다. 그래서인지 믿기 어려운 출생의 비밀이 온갖 소문으로 떠돌았습니다. 혜종은 왕이 되었지만 그 자리가 버거웠을 것 같습니다. 20대에 아버지 왕건과 함께 전장을 누비던 혜종 왕무가 30대의 젊은 나이에 석연치 않은 죽음을 맞이합니다. 혜종의 죽음 직전에는 혜종을 후원해 주던 왕규라는 호족이 반란을 일으켰다가 혜종의 이복 동생인 왕요와 왕소에게 진압을 당합니다. 정확히 이야기하면 군사를 일으키려 하다가 140km 정도 거리에 있던 서경에서 온 군대에게 사전 발각, 진압당한 사건입니다. 뭔가 냄새가 납니다만 왕요와 왕소가 배 다른 형님 혜종, 몸이 약한 혜종을 위해 왕규가 군대를 일으키기도 전에 그 내용을 알고 서경에 있던 군대를 며칠에 걸쳐 행군을 시켜 진압했다 정도로 보겠습니다. 두터운 우애심으로 말입니다.

왕요와 왕소는 외가가 유력 호족 가문인 충주 유씨 집안이었습니다. 반란을 진압했는데 형님 혜종이 세상을 떠납니다. 이에 형인 왕요가 권력을 잡습니다. 그가 바로 고려 3대 군주 정종입니다. 하지만 정종 역시 오래되지 않아 세상을 떠납니다. 이 죽음 역시 석연치 않습니다.

4대 군주 광종 🔍

그 뒤를 이어 고려의 4대 군주가 된 사람이 바로 왕소, 광종입니다. 드라마 〈달의 연인, 보보경심 려〉 광고 영상에서 왕소 역할을 맡았던 배우의 대사가 아직도 귓가에 맴돕니다. "황제라는 거, 반드시 되고 싶다!" 여기서 '황제'라는 단어는 당시 고려인들의 인식이 반영된 단어입니다. 고려는 조선과는 다르게 '내제외왕(內帝外王)' 체제를 고수했습니다. 중국과 외교 관계에 있어서는 고려의 군주를 왕이라고 하였고, 내적으로는 황제 국가의 체제를 유지했습니다. 고려인들 스스로는 고려를 통치하는 군주를 황제라고 생각한 것이지요.

노비안검법의 실시 🔍

광종 역시 자신을 지지해 준 호족들의 힘으로 왕위에 오를 수 있었습니다. 실제로 그렇지는 않았겠지만 예전에 방영된 드라마 〈제국의 아침〉에서 광종이 왕위에 오르고 문무 백관들 앞에서 큰 절을 하여 감사의 마음을 표현하는 장면이 있었습니다. 자신을 옹립해 준 호족들의 힘을 인정하고 그만큼의 대우는 해 준 것으로 보입니다. 딱 7년 정도만 말이죠.

7년간 탐색을 하며 때를 기다린 광종은 즉위 8년차 되던 해부터 칼을 뽑아 듭니다. 첫 번째 개혁의 칼이 노비안검법입니다. 남자 종은 '노(奴)', 여자 종은 '비(婢)', '살필 안(按)', '검사할 검(檢)' 자를 써서 억울하게 노비가 된 사람이 있는지 살피고 검사하여 평민으로 풀어 주는 법입니다. 유력 호족들에 의해 왕마저 운신의 폭이 좁은 현실을 해결하기 위해 제정한 법이었습니다. 노비는 국가 입장에서는 세금도 내지 않고, 군대에도 가지 않아 도움이 되지 않습니다. 그 수가 많으면 오히려 위협이 되는 존재입니다. 노비는 당시 호족들의 경제적 기반인 노동력을 제공하였고, 무기만 손에 쥐어 주면 사병(호족들의 사적인 군대)의 기능까지 했기 때문입니다. 호족들로부터 군사력을 빼앗고 세금을 내는 평민을 늘려 국가 재정을 확충하기 위한 정책으로 볼 수 있습니다.

최초의 과거제도 실시 🔍

개혁은 계속됩니다. 956년 노비안검법으로 호족들의 칼을 빼앗았다면, 칼에 의한 정치를 붓에 의한 정치로 전환하기 위해 우리 역사 최초로 과거제도를 실시합니다. 과거제도의 실시에는 공신 세력을 약화시키는 대신 왕에게 충성하는 새로운 세력을 등용하여 왕권을 뒷받침하려는 의도도 있었습니다.

신라는 폐쇄적인 신분제도인 골품제가 지배하는 국가였습니다. 특정 신분으로 태어나 관직을 물려받거나 추천받는 형식으로 관리가 되는 사회였죠. 물론 국학에서의 공부를 장려하고 독서삼품과를 통해 능력 본

Cooking Tip

학생들의 흥미를 유도하기 위해 링컨의 정책과 광종의 정책을 비교해 보는 것은 어떨까요? 링컨 역시 노예들의 인권 향상 외에도 북부 산업지대 노동력 확보라는 경제적 목적을 달성하기 위해 노예 해방 선언을 했으니까요.

광종의 노비안검법	링컨의 노예 해방 선언
956년	1863년
양인이었던 노비	노예
호족의 경제력, 군사력 약화와 왕권 강화	인권 향상, 북부 산업지대 노동력 확보

위 사회를 지향하려는 작은 움직임이 있었지만 지속적인 정책으로 추진되지는 못합니다. 고려에도 5품 이상 고위 관리의 자손은 과거를 치르지 않고도 관직을 주는 음서제도가 있었습니다. '그늘 음(蔭)', '주다 서(敍)' 자를 써서 가문의 음덕으로 관직을 준다는 뜻입니다. 음서의 영향이 크기는 했지만 고대 사회에 비해 개인의 능력을 중요시했다는 점을 전보다 한 단계 발전한 것으로 봅니다. '발전'은 상대적인 개념이니까요.

실제로 고려는 외세와의 수많은 전쟁 중에도 과거제도를 포기하지 않았습니다. 과거제도는 조선 시대에도 계승, 더욱 발전하였습니다. 1894년 과거제도가 폐지될 때까지 900년 이상 유지된 제도입니다. 이를 통해 고려에서는 가문이 좋지 않더라도 능력이 뛰어나면 관리가 될 수 있는 기회가 생긴 것입니다.

사진은 과거에 합격했을 때 받을 수 있는 합격증인 '홍패'라고 부르는 증서입니다. 실제 사이즈는 가로가 1m, 세로가 50cm 가까이 된다고 합니다. 무척 큰 물건인데 사진만으로는 그 크기를 가늠하기 어렵습니다. 과거 급제 사실과 관직명, 시험관 서명 등이 기록되어 있습니다. 물론 광종 시대에 과거 시험을 치렀을 때 발급한 홍패는 아닙니다. 1205년, 고려 후기 장양수라는 사람이 과거에 합격했을 때 발급받은 합격증입니다. 고려 후기의 것이긴 하지만 장양수 홍패는 현재 전하는 우리나라 왕과 관련된 행정 문서 가운데 가장 오래된 유물이라고 합니다. 그래서 국보 제181호로 지정되어 있습니다. 현재 우리나라에 전해지는 고려 시대 홍패는 단 6점밖에 없습니다. 그중에서도 가장 오래된 것이죠. 이런 희소성이나 유물의 가치도 짤막하게나마 언급해 준다면 교과서에 제시된 사진이 조금이라도 학생들의 기억에 남지 않을까요?

장양수 홍패
(문화재청)

〈청자 사자장식 뚜껑 향로, 출처 : 문화재청〉

특별한 풍미로
한 시대를 풍미하다

Table 03

밀당의 고수, 고려

오늘의 식단 한눈에 보기

🍴 고려의 주변 국가들

🍴 벽란도와 고려의 교역 물품

🍴 고려의 화폐

재료 준비

• 벽란도의 모습을 묘사한 영상
• 고려와 주변 나라들의 무역 관계 영상
• 고려 시대 상인의 일기

• 해동통보 모조품

장 보기

• 영화 〈해적 : 바다로 간 산적〉
• i-scream 사회송
• 『십대를 위한 한국사 어휘력 만점공부법』
• 인사동에서 구입

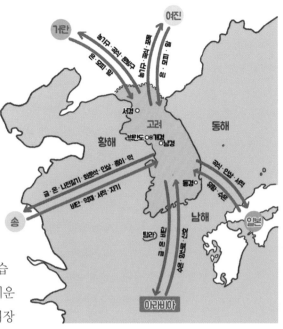

오늘은 고려 시대의 무역을 중심으로 주변 나라들과의 관계를 살펴보겠습니다. 당시 고려 주변에는 여러 국가와 민족들이 있었습니다.

거란 🔍   먼저 거란입니다. 몽골 계통의 유목 민족입니다. 거란의 일부가 한때 고구려의 지배를 받기도 했으나 고구려 멸망 후에는 당나라의 지배를 받았습니다. 이후 여러 부족을 통일해 나라를 세운 거란은 나라 이름을 '요'로 바꿉니다. 만리장성 이남의 연운 16주를 차지한 것을 계기로 중국 한족을 위협하는 존재가 된 것입니다.

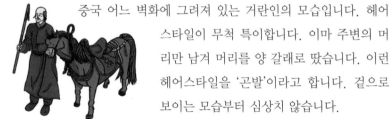

중국 어느 벽화에 그려져 있는 거란인의 모습입니다. 헤어스타일이 무척 특이합니다. 이마 주변의 머리만 남겨 머리를 양 갈래로 땋았습니다. 이런 헤어스타일을 '곤발'이라고 합니다. 겉으로 보이는 모습부터 심상치 않습니다.

여진 🔍   여진은 요가 쇠퇴하자 힘을 키워 세력을 넓힙니다. 급기야 '금'을 건국하고 요를 멸망시킵니다. 또 한족의 나라 송나라를 무너뜨립니다. 이에 중국은 북송 시대가 끝나고 수도 카이펑(개봉) 일대까지 금에게 넘겨주고 임안(항저우)을 중심으로 하는 남송을 건국합니다.

송 🔍 송나라는 당나라가 망하고 5대 10국의 혼란기를 이겨 내고 절도사 출신의 조광윤이 중국 대륙을 통일하여 세운 한족이 주류를 이루는 국가입니다. 고려가 가장 교류하고 싶어 했던 나라가 바로 송나라입니다. 송나라 역시 북방 유목 민족인 거란과 여진을 견제하기 위해 고려와 친밀한 관계를 유지하고자 합니다. 송나라는 당시 상업 혁명으로 세계에서 가장 경제가 발전하고 선진 문화를 갖고 있던 나라였습니다. 1990년대에 인기를 끌었던 드라마 〈판관 포청천〉에서 개봉부라는 곳이 자주 등장했는데, 개봉부가 바로 당시 송나라의 수도 카이펑, 즉 개봉에 있던 곳이었습니다.

수도 카이펑의 번화한 정경을 묘사한 그림, 그 유명한 장택단의 〈청명상하도〉입니다. 중국 베이징 고궁박물관 소장 작품으로 우리나라로 따지면 국보에 해당하는 문화재입니다. 세로는 24cm 정도의 길이지만 가로는 5m가 넘는 엄청나게 큰

청명상하도

작품이라고 합니다. 중국에서는 '천하제일도'라고도 부릅니다. 최근 이 작품이 10년 만에 공개되었는데 6시간이나 기다려야 볼 수 있었다고 합니다. 이 작품은 당시 상황을 생생하게 묘사하고 있는데, 카이펑에서 말을 타고 다니는 고려인의 모습을 통해 고려와 송나라의 교류를 짐작할 수 있습니다.

벽란도 🔍 다음은 고려 무역의 중심지, 국제 교역의 중심지, 벽란도에 대해 알아보겠습니다. 벽란도는 고려의 수도 개경 근처의 예성강 하구에 위치한 국제 교역 항구였습니다. 원래는 '예성항'이라고 불렸습니다. 벽란도라는 이름은 송나라 사신이 머무는 관사 벽란정에서 유래했는데, '푸를 벽(碧)', '물결 란(瀾)' 자를 써서 푸른 물결이 넘치는 곳, 밤도

Cooking Tip
물론 〈청명상하도〉에서 갓을 쓴 행인이 고려인이 아니라는 이견도 존재합니다.

Cooking Tip
영화 〈해적 : 바다로 간 산적〉의 일부를 보여 주며 당시 벽란도 모습을 상상해 보았습니다. 짧지만 볼거리가 많은 영상입니다.

낮처럼 환하게 밝혀진 곳이라는 의미입니다. 당시 벽란도는 송나라와 아라비아 등에서 온 상인들로 붐볐다고 합니다.

벽란도의 모습 🔍 벽란도에는 11세기 초부터 13세기 말까지 120여 차례에 걸쳐 5천여 명의 중국인이 입국하여 교역했다고 전해집니다. 우리가 생각하는 것 이상으로 그 규모가 컸고 횟수가 많았던 것 같습니다. 또 벽란도에서 수도 개경까지의 거리가 30리(약 12km)에 이르는데 길에는 가게들이 오밀조밀 꽉 들어차 비 오는 날 우산 없이 가게 처마 밑으로만 걸어도 비를 맞지 않을 수 있었다는 이야기가 전해집니다.

청동거울의 뒷면을 자세히 살펴보면 높은 파도를 이겨 내는 고려의 뱃사람들을 묘사하였는데, 이는 배가 무사히 항해하기를 바라는 마음을 담은 것이라고 합니다. 당시 바닷길을 이용해 교류하는 것이 중요했음을 시사해 줍니다. 또 상단에는 양각으로 '煌丕昌天(황비창천)'이라고 새겨져 있습니다. '밝게 빛나고 창성한 하늘'이라는 뜻입니다.

청동항해무늬거울

고려의 교역 🔍 주변 나라들과의 교역 물품들이 나열되어 있지만 지도만으로는 왜 그 물건을 수입·수출했는지 알기 어려우니 하나씩 자세히 살펴보겠습니다.

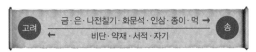

고려	금·은·나전칠기·화문석·인삼·종이·먹 →	송
	← 비단·약재·서적·자기	

고려는 특히 송나라와 가장 활발한 무역을 하였습니다. 고려 사람들은

중국의 비단을 무척 사랑했습니다. 개경의 부잣집 여자들은 겉옷뿐만 아니라 속바지까지도 중국의 비단을 애용했고 불티나게 팔렸다고 합니다. 선진 문화로 상징되는 서적도 최고의 수입 물품이었습니다. 특히 의학 서적이 많이 들어왔고, 역사·정치·유교·불교 경전도 들어와 당시 송나라와의 학문적 교류를 증명합니다. 의학 서적과 함께 약재도 중요 거래 품목이었죠. 끝으로 당시 송나라는 석탄 사용이 보편화되어 수도 카이펑의 거의 모든 집이 석탄을 사용했다고 합니다. 이를 계기로 자기 생산도 활발해지는데요, 자기 생산의 중심지인 징더전과 자기를 실어 나르는 길인 세라믹 로드가 활성화되었을 때입니다. 중국 자기의 전성기라고 볼 수 있죠. 중국 자기는 세계적으로 유명했는데, 고려인들도 이를 놓치지 않았습니다.

다음으로는 고려에서 송나라로 수출한 품목을 살펴보도록 하겠습니다. 먼저 인삼입니다. 지금의 산삼에 해당하죠. 고려 인삼은 질이 좋고 효과가 좋아 중국인들에게 인기 만점이었다고 합니다. 천 년의 세월이 흐른 지금도 많이 팔리는 홍삼들은 '고려'라는 상표를 달고 판매되고 있죠. 또 고려산 종이와 먹도 최고의 상품으로 인정받았는데, 특히 종이의 경우 빛깔이 희고 질기며 윤기가 흘러 종이 중에도 최상품으로 평가받았다고 합니다. 중국에서 왕의 업적을 기록하는 데 고려의 종이만 사용할 정도였다고 하니 더 말해 무엇 하겠습니까! 다음은 꽃돗자리, 화문석입니다. 왕골이라는 식물을 물들여 겹쳐 엮어 만든 제품으로, 특히 강화도에서 유명합니다. 그리고 조개 껍데기나 전복 껍데기를 오려 가구에 장식하고 옻칠을 한 나전칠기도 고려의 특산품으로 유명했습니다.

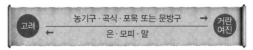

다음으로는 거란, 여진과의 교역 물품을 살펴보겠습니다. 거란과 여진은

은, 말, 모피를 가지고 와 그들에게 항상 부족한 곡식과 함께 철제 농기구로 바꾸어 갔다고 합니다. 유목 민족이기 때문에 말이나 모피는 많이 가지고 있을 수밖에 없었던 것 같습니다.

고려	곡식·인삼·서적 →	일본
	← 유황·수은	

일본과의 무역은 평화로운 관계 유지를 위한 형식적인 경향을 띠었습니다. 그들이 교역을 요구하며 유황과 수은 같은 것을 주면 고려는 일본에게 서적으로 상징되는 선진 문화와 더불어, 고려의 주요 특산품 인삼을 전해 주었습니다. 조선 시대까지도 주구장창 교역의 대상이었던 곡식도 고려에서 일본으로 가는 주요 물품이었습니다.

Cooking Tip
고려는 화산이 많은 일본으로부터 유황을 수입했는데, 이는 의약품 또는 화약의 원료로 쓰인 것으로 보입니다.

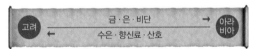

고려	금·은·비단 →	아라비아
	← 수은·향신료·산호	

고려와 송나라의 무역이 활발해지며 송나라에 있던 아라비아 상인들도 고려에 찾아오게 됩니다. 아라비아 상인들은 고려에 동남아시아나 서남아시아에서 나는 후추와 같은 향신료를 가져오고, 고려에서는 금, 은, 비단 등을 가져갔다고 합니다. 산호는 주로 비녀 등의 장신구나 공예품의 부품으로 사용되었던 것으로 보입니다. 아라비아 상인들의 방문은 송나라 상인들의 중개를 통해 얻었던 귀한 물건들을 직교역을 해 얻어 낼수 있었다는 점에서 의미가 있어 보입니다. 아라비아 상인에 의해 고려는 '코리아'라는 이름으로 세계 여러 나라에 알려지게 되었고, 그 이름은 현대사회에 이른 지금도 사용하고 있습니다.

Cooking Tip
일본이나 아라비아 상인들로부터 수은을 수입한 이유는, 수은의 불순물을 녹여 버리는 기능을 활용해 순도 높은 금을 추출하기 위함 아니었을까요? 불교 국가인 고려는 불상을 만들어 도금할 일이 많았을 테니까요.

이야기 자료에서 등장한 고려 최초의 화폐 건원중보입니다. 고려 성종 996년에 발행된 것으로 알려져 있으며, 철을 재료로 만든 철전과 구리를 재

건원중보(국립민속박물관)

Cooking Tip
고려 시대 상인의 가상 일기를 제시한 후 자연스럽게 화폐 이야기를 꺼냈습니다.

료로 한 동전 둘 다 유통된 것으로 보입니다. 중국의 건원중보와 구별하기 위해 화폐 뒷면에는 '동국'이라고 새겨져 있습니다.

❶해동통보(국립중앙박물관)
❷삼한중보(국립중앙박물관)
❸동국통보(국립중앙박물관)

다음으로는 해동통보입니다. 고려 숙종 1102년에 발행한 동전이라고 합니다. 그외에 사진으로 제시된 동국통보와 삼한중보도 정확한 기록이 남아 있지는 않지만 숙종 대에 발행한 동전으로 봅니다.

화폐의 이름을 익히는 것보다 화폐 사용을 장려했다는 사실이 훨씬 중요한 것 같습니다. 고려는 관리들의 월급을 동전으로 주기도 하고, 동전만 사용할 수 있는 음식점을 설치하는 등의 노력으로 화폐 사용을 늘리려고 했지만 화폐에 대한 인식 부족으로 화폐 사용이 후대까지 널리 퍼지지는 못했습니다.

다음으로 소개할 화폐는 은병입니다. 은으로 만든 호리병 모양의 화폐라고 하여 '은병'이라는 이름이 붙었습니다. 은 1근을 가지고 만들었다고 합니다. 화폐 입구가 넓다고 '넓을 활(闊)', '입 구(口)' 자를 써서 '활구'라고도 합니다. 은병은 엄청난 고액 화폐입니다. 지금의 5만 원권과는 비교가 안 될 정도입니다. 은병 하나면 쌀 10석을 거래할 수 있었다고 합니다. 쌀 1석은 144kg이고, 한 가마니에 80kg 정도니 10석이면 18가마니를 의미합니다. 저 작은 4cm 크기의 화폐 하나에 쌀 18가마니라뇨! 요즘 20kg짜리 쌀이 4만 원 정도라고 한다면 288만 원 정도의 가치를 지녔다고 볼 수 있습니다. 물론 이렇게 단순 비교하는 것이 정확한 셈법은 아니지만 말이죠. 그만큼 고액 화폐였기 때문에 주로 무역이나 큰 거래를 할 때 사용했던 것으로 보입니다.

Cooking Tip
최근 인사동에서 구입한 해동통보 복제품이 4개 있어 직접 만져 보고 관찰할 수 있게 하였습니다. 하지만 실제 사이즈보다 크고 두꺼워 아쉬움이 남습니다. 뒷면도 원래는 아무것도 새겨져 있지 않다고 알고 있는데 다른 글자가 새겨져 있어 안타깝습니다. 건원중보를 제외한 다른 동전들은 인터넷을 이용해 구매 가능합니다.

은병

국제 도시 개경 고려 시대의 도읍 개경은 국제적인 도시였습니다. 우선 도읍으로 정하게 된 원인은 태조 왕건이 나고 자란 곳이었고, 송악(소나무가 많은 산)이라는 지명에서 볼 수 있듯이 사방이 산으로 둘러싸여 있어 자연 요새라 할 수 있고, 강이 가까워 뱃길로 세금을 걷기 용이해서였던 것 같습니다.

당시 개경은 삼중으로 성이 둘러싸고 있었다고 합니다. 궁궐 주변을 황성, 내성, 나성이 세 겹으로 보호하고 있었습니다. 황성은 황제가 사는 궁성을 가리키며, 가장 깊숙한 곳에 위치해 있었던 것으로 보입니다. 그리고 내성은 가장 바깥쪽의 나성이 너무 커서 방비에 불리하다고 판단해 그 안쪽으로 쌓은 성으로 눌리문, 남대문, 동대문, 진언문 등의 성문이 있었다고 합니다. 끝으로 나성은 만월대 뒤에 있는 송악산과 주변 산들을 따라 쌓은 성곽으로 강감찬 장군의 건의로 쌓았다고 전해지며 25개의 성문이 있었다고 합니다.

공기 반, 사찰 반 궁궐, 각종 관청, 시장, 학교, 민가가 엄청나게 많았고, 왕건의 「훈요십조」를 보면 알 수 있듯이 고려는 불교를 중요시하여 수도 개경 안에 있는 사찰의 수가 500개에 이르렀다고 합니다. 손에 꼽는 큰 사찰도 수십에 이르렀으니 과연 불교 국가답습니다.

만월대 하지만 현재 개경에 있던 궁궐은 남아 있지 않습니다. 조선 시대에 명명된 만월대라는 이름과 그 터만 남아 있을 뿐입니다. 궁궐이 있던 곳이 땅과 산이 가득 차 있는 보름달과 같은 모양이라고 하여 '만월대'라는 이름이 붙은 것입니다. 송나라 사신 서긍이 쓴 『고려도경』이라는 책을 보고 고려의 도시, 궁궐, 인물 등 여러 정보를 얻을 수 있다고 합니다. 하지만 처음에 있던 그림책이 현재 전해지지 않아 아쉬움이 남습니다.

개경은 경제의 중심지였습니다. 50만의 인구, 그것도 구매력이 높은 지배층이 많이 살다 보니 개경의 소비 활동은 왕성했습니다. 따라서 고려에서 생산되는 최고 수준의 물품은 물론 외국의 문물까지도 개경으로 모였고, 도성의 중심부인 십자가(남대가의 끝부분은 개경을 동서로 가로지르는 큰 길과 만나는

데, 그 길을 십자가라고 한다)에서 황성의 광화문을 향하여 뻗은 남대가 쪽에 설치된 시전(나라에서 만든 시장)에서는 각종 물건들을 판매했습니다.

개경 한복판에 있는 남대가는 시전 거리의 중심부로서 종이(지전)·기름(유시)·차(다점)·말(마전) 등을 파는 상점들이 간판을 달지 않은 채 늘어서 있었다고 합니다. 또 사람들이 모이는 곳이니 술집과 음식점도 즐비했던 것으로 보입니다. 지금과는 다른 형태였겠지만 만두 가게가 있었다는 기록도 있습니다.

송도전경, 『송도기행첩』(국립중앙박물관)

Cooking Tip
강세황의 『송도기행첩』 중 〈송도전경〉이라는 그림을 통해 고려 시대 남대가의 모습을 추측해 볼 수 있습니다. 하지만 그림 하단에 있는 개성 남대문은 고려 시대 사람들과는 무관합니다. 고려가 멸망한 후(1394년)에 지어진 문이니까요.

깍쟁이 🔍 개경 상인을 '가게쟁이'라고 불렀는데요, 그들은 온종일 물건을 파느라 무척 바빴습니다. 장사 잘하기로 유명했고요. '가게쟁

이'라는 말은 훗날 약삭빠름을 의미하는 '깍쟁이'로 변화했다고 합니다.

　외국의 수입품이 가장 많이 소비되는 곳도 개경이었습니다. 외국 상인이 오면 왕궁에 물건을 바치고 나서 개경에 판매하였는데, 시전에 온갖 물건들을 진열하면 사람들이 구름처럼 모여들었다고 합니다. 당시 개경에는 화려한 저택이 즐비했고 외국인 전용 숙소도 여럿 있었으며, 상류층 사람들은 비단으로 치장하고 다녔다고 합니다. 또 기름, 종이, 말, 돼지를 거래하는 시장이 각각 따로 있을 정도로 상업이 발달했다는 기록이 있습니다.

Table 04

북방 민족의 침입과 극복

오늘의 식단 한눈에 보기

- 이것이 외교다! 고려 vs 거란
- 여진의 침입과 극복

재료 준비

- 거란의 1차 침입과 극복 관련 영상
- 거란의 2차 침입과 극복 관련 영상
- 귀주대첩 관련 영상
- 여진의 침입 관련 영상
- 윤관 관련 영상

장 보기

- 〈역사저널 그날〉(125회)
- 〈역사저널 그날〉(126회)
- 드라마 〈천추태후〉(78회)
- 〈역사저널 그날〉(127회)
- 〈한국의 정신〉(국회방송)

고려는 외세의 침략을 무척 많이 받은 국가입니다. 그래서 백성들도 무척 고단했을 것입니다. 오늘은 그 가운데 10세기 말에서 11세기 사이 거란의 침략과 극복, 12세기 여진의 침략과 극복 과정을 살펴보겠습니다.

만부교 낙타 사건 🔍

태조 왕건 때부터 추진한 북진 정책으로 고려는 거란과 관계가 좋지 않았습니다. 거란에 의해 발해가 멸망한 후 적개심은 더욱 강해집니다. 태조 왕건의 「훈요십조」를 봐도 잘 알 수 있습니다. 하지만 거란의 짝사랑은 대단했습니다. 거란은 그 증표로 사신과 낙타를 왕건에게 선물로 보낸 바 있습니다. 하지만 왕건은 발해를 멸망시킨 거란을 비난하며 사신 30명을 섬으로 보내고, 예물로 가져온 낙타 50마리를 만부교라는 다리에 묶어 두고 굶어 죽게 하였습니다. 이것이 만부교 낙타 사건입니다. 이 사건으로 거란과의 관계는 더욱 악화되고 단절되었습니다.

중국에서는 거란을 어떤 시선으로 보았을까요? 거란은 중국 역사에 큰 발자취를 남긴 북방 유목 민족입니다. 거란인은 자신들을 '키탄'이라고 불렀는데요, '거란'이란 단어도 '키탄'을 한자로 옮긴 것이라고 합니다. 러시아 사람들은 여기서 유래한 '키타이'를 중국이라고 부르게 됩니다. 거란이 중국의 정복 왕조로서 주변 세계에 얼마나 많은 영향을 주었는지 알게 해 줍니다. 홍콩의 항공사 '캐세이 퍼시픽' 이름 역시 키탄의 다른 발음이라고 합니다. 또 거란이라는 단어 자체에는 '칼'이라는 의미가 있을 정도로 호전적인 민족입니다. 북송의 구양수가 쓴 『신오대사』라는 역사책에 기록된 거란은 다음과 같습니다.

Cooking Tip
하버드 비트포겔 교수의 분류로 위진 남북조 시대 북위와 같은 나라는 침투 왕조, 요(거란)·금(여진)·원(몽골)과 같은 나라는 정복 왕조로 분류한 것을 따라 사용한 용어입니다.

거란인은 사람 피 마시는 것을 좋아한다.
거란인은 잔혹해 중국인들의 얼굴 껍질을 벗기고 눈을 파내고
머리털을 뽑고 팔을 부러뜨려 죽였다.

- 『신오대사』 중 「거란전」

기록을 살펴보면 중국인이 거란을 얼마나 두려워하는지 느껴집니다. 기록만으로 본다면 상당히 잔혹한 사람들로 보입니다.

거란의 1차 침입 🔍

고려는 거란을 멀리하고 송나라를 가까이했는데 이런 고려의 대외 정책이 거슬렸나 봅니다. 자그마치 80만 대군을 이끌고 거란 장수 소손녕이 고려 정벌을 단행합니다. 기록상으로는 그렇지만『삼국지연의』만 봐도 툭하면 100만 대군 이야기가 나오는데, 이것 역시 과장된 기록일 수도 있다는 의견이 많습니다. 학계에서는 소손녕이 지방을 지키는 장수였기 때문에 6만 명 정도의 병력을 이끌고 왔을 것이라고 추정하기도 합니다.

항복하지 않으면 피가 강을 이루고 시신이 산을 쌓을 것이며… 🔍

993년 거란의 1차 침공 시기, 소손녕의 협박 발언입니다. 거란이 쳐들어오자 고려 조정은 전진 기지인 서경(평양)에서 대책을 논의했습니다. 하지만 거란이 요구하는 서경 이북의 땅을 떼어 주고 항복하자는 '할지론(割地論)'을 주장하는 사람들이 다수 생깁니다. 물론 전제는 송나라와의 관계를 끊고 거란에게 조공을 하는 것입니다.

서경 이북을 넘겨주면 그들이 만족하며 물러나겠나이까? 🔍

하지만 이에 용기 있게 반대하는 자가 있었으니, 그가 바로 서희입니다.

그는 젊은 시절 송나라에 사신으로 다녀온 경험도 있어 국제 관계의 생
리를 잘 알고 있었을 뿐 아니라 당시 고려의 군사 전문가였습니다. 그는
거란이 송나라를 공격할 때 배후의 고려가 협
공할 것을 걱정하여 사전에 고려를 치러 온 것
임을 정확하게 알고 있었으며, 그들이 진정 원
하는 것은 고려를 무너뜨리는 것이 아님을 간
파하고 있었습니다. 거란은 송나라와 싸우기
전에 고려와의 관계를 안정시키기 위해서 왔기
때문에 실제로는 싸움이 아닌 대화를 원한 것
입니다. 거기다가 봉산 전투 패배 이후 정신 차
린 고려는 안융진에서 거란의 대군에 대항하여
승리를 거두어 고려의 군사력이 만만치 않음을
거란에게 보여 준 상황이었습니다.

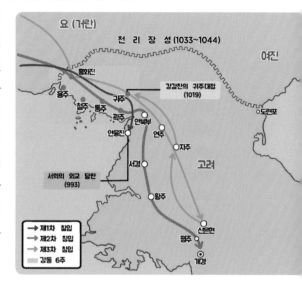

서희의 외교 담판 🔍 우리 외교 역사에 길이 남은 서희의 외교
담판이 시작됩니다. 서희의 담판은 우리나라 외교사에 큰 획을 그은 것
으로 평가받고 있어 국립외교원에는 서희의 동상이 세워져 있습니다.

거란의 소손녕은 고려를 신라를 계승한 국가로 보고 있었습니다. 그래
서 고려가 차지하고 있는 서경 이북의 주인이 고려가 아니라고 생각했던
것 같습니다. 이에 서희는 고려는 고구려의 후손이기 때문에 나라 이름
도 고려라고 지은 것이라고 설명하며, 그렇게 보면 압록강 근처도 원래
는 고려 땅이어야 하는데 현재 여진이 차지하고 있으며, 그 때문에 거란
과의 교류가 막힌 것이라고 이야기합니다. 물론 거란의 진짜 목적이 무
엇인지 알고, 그들이 고려 정벌에 많은 힘을 쏟을 수 없음을 간파하고 있
었기에 이런 말싸움이 가능했겠지요. 이에 거란은 서희의 주장을 인정하
고 물러납니다. 거기다가 낙타 10마리, 말 100마리, 양 1천 마리, 비단

500필을 제공하였다고 합니다. 이런 선물로 거란족도 자신들이 원하는 바를 이루고 갔음을 알 수 있습니다. 자신들이 원하는 대로 고려가 거란의 배후를 치지 않을 것이며, 훗날 송나라와의 관계도 단절하겠다고 했기 때문입니다.

이후 고려는 송나라에 당신들이 우리 고려를 도와주지 않으면 거란에 의해 고려가 송나라와의 국교를 단절할 수밖에 없는 상황이 올지 모른다고 이야기합니다. 하지만 문치 국가를 표방해 군사력이 약해진 송나라는 거란의 군사력이 두려워 고려의 제안을 거절하고, 고려는 송나라와의 관계 단절 등을 대국 송나라 때문에 어쩔 수 없이 그렇게 된 것으로 만듭니다. 정말 기가 막힌 외교 전략인 것 같습니다.

서희의 외교 담판으로 거란의 퇴각과 함께 거란에 의해 압록강 동쪽의 6곳, 강동 6주라는 영토까지 얻게 되는 결과를 만들어 냅니다. 강동 6주는 훗날 북방 민족의 침략에 대항하는 방어 진지로 큰 역할을 하게 됩니다. 세 치 혀로 적군을 돌려보내고 영토까지 확장시킨 서희! 오늘 우리가 기억해야 할 인물입니다.

거란의 2차 침입 🔍 하지만 고려는 강동 6주를 차지한 후에도 거란에게 사대하지 않고 송나라와 계속 교류했다는 이유로 거란의 2차 침입을 받습니다. 1010년 겨울이었습니다.

강조의 정변 🔍 그들이 내걸었던 명분은 '강조의 정변'에 의해 고려의 정치가 혼란스러우니 이를 정리해 주겠다는 것이었습니다. 여기서 강조의 정변에 대해 간단하게 살펴보겠습니다.

고려 경종의 부인 천추태후 이야기입니다. 경종과 천추태후 사이에서 생긴 자식이 목종입니다. 목종이 18세의 나이로 군주가 되는데, 이에 어머니인 천추태후가 섭정을 시작합니다. 목종은 후사를 얻지 못한 상태에서 젊은 나이에 병석에 눕게 됩니다. 그때 천추태후는 그녀와 사랑을 나눈 김치양이라는 사람 사이에서 낳은 자식을 목종의 뒤를 잇게 할 계획을 꾸밉니다. 이때 고려 안에서는 소문 하나가 퍼져 나가고 있었는데, 왕의 병환이 몹시 위중해 목숨이 경각에 달린 상황에서 김치양 일파가 왕위를 찬탈하고자 한다는 소문이었습니다. 그러던 중 이번에는 목종이 죽었다는 헛소문이 돌았고, 이에 강조라는 장수가 김치양 일파를 몰아내고 승하하신 목종이 원하던 사람(현종)을 임금의 자리에 앉히고자 군사 5천을 이끌고 개경으로 진군합니다. 하지만 진군하는 도중 목종이 아직 살아 있음을 알게 됩니다. 왕이 살아 계신데 군사 5천을 이끌고 개경으로 가고 있었다? 이는 반역의 누명이 씌워질 것이 분명해 보였습니다. 입장이 난처해진 강조는 결국 개경까지 쳐들어가 목종을 폐위시키고 김치양을 죽입니다. 그리고 천추태후를 귀양 보내고 현종을 옹립하죠. 그리고 1009년, 폐위시킨 목종을 시해하기에 이릅니다. 이를 강조의 정변이라 하고, 표면적으로는 이 하극상의 사건이 거란의 2차 침입의 계기가 됩니다.

고려의 '700' 🔍 거란의 2차 침입 때는 거란 성종이 40만 대군을 이끌고 직접 고려를 공격합니다. 영화 〈300〉에 버금가는 고려판 '700' 이야기가 거란의 2차 침입에 숨겨져 있습니다.

개경, 함락되다 🔍 거란의 재침입으로 고려는 수도 개경이 함락되는 수모를 겪었습니다. 그때 고려의 수많은 사서들이 불타 버리는 안타까운 일도 벌어집니다. 하지만 교과서 표현대로 '물러가는 거란의 군대를 양규가 크게 물리쳤다.'라는 문장만으로는 거란의 2차 침입을 제대로 설명하기는 힘들 것 같습니다. 고려 현종은 전란을 피해 전라도 나주까지 몽진을 떠납니다. 하지만 이런 치욕의 역사 속에서도 끝까지 고려의 자존심을 지킨 진짜 장수가 있었습니다!

바로 양규입니다. 그를 재조명해 보는 시간을 가져 보겠습니다. 홍화진을 지키고 있던 양규는 40만 대군을 이끌고 온 거란 성종에 대항해 끝까지 물러나지 않았습니다. 이에 거란 성종은 홍화진을 포기한 채 곧바로 개경으로 진격합니다. 도중에 고려의 주력 부대, 강조의 30만 대군도 박살 내 버립니다. 사태가 이쯤 되니 강감찬도 현종에게 몽진을 건의하지 않을 수가 없었겠지요. 하지만 거란이 잊고 있던 양규와 700명 기병 결사대의 활약은 이때부터 시작됩니다.

기병대 700명과 패잔병 1천 명을 모은 양규는 곽주성의 거란군 6천 명을 사살하고 포로 7천 명을 구출, 적의 주둔지 무로대를 습격해 2천 명을 베고 사로잡혀 있던 백성 3천 명을 구출합니다. 또 다음 날 거란군 2,500명을 베고 사로잡혀 있던 고려인 남녀 1천여 명을 구출, 며칠 후에는 거란군 주둔지를 또 급습해 1천 명을 베고 고려인 1천 명을 구출하는 등 한 달간 7번 싸워 모두 승전하고 포로가 되었던 고려인 3만여 명을 되찾아 옵니다. 이때 노획한 말, 낙타, 병장기의 수는 이루 다 헤아릴 수 없을 정도로 많았다고 합니다. 거란 성종의 항복 요구에도 "나는 내 몸과 뼈가 가루가 되더라도 천 년의 성스러운 고려를 지킬 것이다."라고 답했다고 전해집니다. 고려 조정이 거란 황제에게 훗날 친조하겠다고 약속하자 성종이 이끄는 거란의 대군은 자신들의 땅으로 물러갑니다.

하지만 양규는 거란군 1만을 무찌른 귀주 별장 김숙흥과 합세하여 애전이라는 곳에서 적군과 끝까지 싸웠고, 후방에서 거란 본대가 도착하여 군사들이 전멸하고 화살이 다 떨어졌어도 끝까지 싸우다가 전사합니다. 왜 물러가는 적군과 목숨을 버리면서까지 싸웠을까요? 학자들의 의견에 따르면 양규와 김숙흥이 충분히 도망갈 시간이 있었음에도 전멸할 때까지 싸운 것은 지략이 모자라서도 아니고, 무모해서도 아니고, 감정적으로 전쟁에 임해서도 아니라고 합니다. 당시 정황을 정확하게 알 수는 없지만 포로로 잡혀 있던 고려 백성들이 도망갈 수 있는 시간을 벌기 위해

 서였다고 합니다. 『고려
사 열전』에는 '양규는 김
숙흥 등과 종일 역전했
으나……. 군사와 화살
이 다 떨어져……. 온몸
에 화살을 맞고 전사하였
다.'라고 기록되어 있습

니다. 당대 세계 최고였던 거란의 대군에 맞서 최후까지 백성들을 지키
며 싸운 양규의 700 기병대와 김숙흥 장군! 진심으로 존경스럽습니다.
감히 양규 장군을 '고려의 전설'이라고 이야기하고 싶습니다.

거란의 3차 침입 🔍 거란, 8년 후에 또 고려를 침공합니다. 이번
에는 예전에 고려에게 주었던 강동 6주를 돌려 달라는 명분이었습니다.
하지만 이번에는 이전과 달랐습니다. 고려는 지난 세월 동안 거란의
침공에 열심히 대비했던 것 같습니다. 거란에서는 10만 대군을 이끌고
소배압이라는 장수가 왔습니다. 소배압은 1차 침공 시 등장한 소손녕의
형이고, 2차 침공 시 황제와 함께 개경 정복에 참여했던 장수입니다. 거
란의 주전 장수였던 것이죠.

흥화진 전투 🔍 하지만 이에 맞붙은 것은 20만 대군의 고려군! 먼
저 흥화진에서 크게 한 방 먹입니다. 삼교천이라는 곳에서 소의 가죽과
밧줄을 이용해 임시 둑을 만들어 상류의 물을 모아 놓았다가 거란군이
물을 건널 때 둑을 열어 수공으로 쓸어버립니다. 수공으로 정신없는 거
란군을 공격해 패배를 안겨 준 것이지요. 이어서 적군이 와도 식량을 현
지 조달할 수 없도록 적군이 사용할 만한 물건이나 식량을 없애거나 가
지고 가서 마을이나 성을 텅텅 비우는 청야 전술로 그들이 현지에서 보

급을 해결할 수 없게 하여 지치게 만들고, 수시로 군사적 압박을 넣습니다. 이렇게 개경에 도착하기도 전에 거란군은 지쳐 버립니다. 개경에 도착한 후에도 사정은 비슷했습니다. 이에 거란은 고려가 만반의 준비를 하고 있음을 느끼고 돌아가기 시작합니다.

귀주대첩 🔍 이렇게 전세가 불리해져 후퇴하는 거란군을 추격하여 귀주에서 큰 승리를 거두었는데, 이를 당시 나이 일흔의 강감찬이 해냅니다. 바로 귀주대첩입니다. 그는 거란의 2차 침입 때 임금을 피난시키는 공을 세운 바 있습니다. 귀주대첩은 흔히 알려진 것처럼 수공을 이용해 승리한 것이 아니라 평지에서의 전투였습니다. 1019년 귀주대첩은 26년간 거란에게 시달려 고통받았던 고려인들의 고통을 종식시켜 주었고, 향후 100년 평화의 기틀이 되었다고 평가받습니다.

천리장성 🔍 이후 고려는 압록강에서 동해안까지 천리장성을 쌓아 외적의 침입에 대비하는 모습을 보입니다.

우리 여진족이 달라졌어요 🔍 귀주대첩 이후 한동안의 평화가 지속되고 있는데, 12세기 초 고려를 부모의 나라로 섬기던 여진이 세력을 넓혀 고려의 국경을 위협하는 일이 잦아집니다. 고려 숙종은 이에 군대를 보냈으나 고려군은 참패하고 맙니다. 이에 놀란 숙종은 이번에는 윤관에게 여진 정벌을 맡깁니다. 하지만 여기서도 고려군은 큰 패배를 당합니다.

특수부대 별무반 창설 🔍 뼈아픈 패배를 경험한 윤관은 여진 정벌을 위해 특수부대 창설을 건의합니다. '별무반(別武班)'이 바로 그것입니다. 별무반은 기병부대 신기군, 보병부대 신보군, 승려들로 구성된 항마(악마에 대항한다는 의미)군으로 이루어졌었다고 합니다. 신기군은 거란 기병에 대항하기 위한 맞불 작전의 일환으로 만든 것이라면, 신보군은 주로 '대도'를 사용해 거란 기병 말의 다리나 몸통을 노리는 부대였던 것으로 보입니다. 말을 소유하고 있는 자들은 신기군으로 편성하고, 과거를 준비하지 않는 20세 이상의 남자들은 신보군으로 편성하였습니다. 불교 국가답게 승려들도 호국불교의 정신으로 부대에 편성됩니다.

17만 대군 🔍 3년이라는 기간 동안 여진 정벌을 위해 별무반을 만들어 훈련에 임했고, 1107년 12월 고려는 여진 정벌에 나서기 위해 17만 대군을 이끌고 국경을 넘습니다. 고려군 원수 윤관은 포로 석방을 제안하며 여진 추장 400여 명을 유인해 술을 대접하고 취해 있는 여진의 추장들을 쓸어버립니다. 병력들의 지휘 체계를 마비시키기 위해 적의 수뇌부를 제거한 것이지요. 그리고 별무반을 이용해 여진 정벌에 성공합니다.

● 척경입비도

여진족을 몰아낸 곳에 9개의 성을 쌓았다고 전해지며, 이를 우리나라의 동북쪽에 있는 성이라고 하여 '동북 9성'이라고 합니다. 윤관이 여진을 물리친 후 영토를 확장하고 동북 지역에 9성을 쌓은 후 국경선을 표시하기 위해 비석을 세우는 모습을 그린 〈척경입비도〉입니다. 하지만 현재 동북 9성의 위치는 학계에서 논란이 있어 정확히 말하기 어렵습니다.

소드마스터 척준경 🔍 윤관의 이름에 가려져서, 그리고 훗날 반역 행위를 해서 여진 정벌에서 잊혀진 인물이 한 명 있습니다. 한국사 최강의 맹장으로 불리는 척준경입니다. 1104년부터 여진족 정벌에 공을 세우기 시작했으며, 윤관 장군의 목숨을 구해 낸 남자! 훗날 여진이 금을 세운 후에도 척준경 때문에 고려를 공격하지 못했다는 이야기가 있을 정도였습니다.

동북 9성 돌려주다 🔍 여진 정벌로 얻어 낸 동북 9성은 얼마 안 가 여진에게 다시 돌려주게 됩니다. 여진이 끊임없이 동북 9성의 반환을 요구하며 침입하여 우리 군에 지속적으로 피해를 주었고, 천리장성 이북의 영토라 고려 백성들을 옮겨 살게 하고 그 일대를 관리하는 것에 많은 어려움을 겪었던 것으로 보입니다. 계속된 싸움에 지쳐 있는 상황에서 전염병에 기근까지 덮쳐 오니 동북 9성을 유지하는 것이 국익에 도움이 되지 않는다고 생각했는지도 모릅니다.

어떻게 생각하십니까? 🔍 여진은 화친을 말하며 동북 9성 일대에 거주하는 여진 사람들은 지속적으로 고려에 조공하겠다는 약속을 하였고, 기와 조각 하나도 고려를 향해 던지지 않겠다는 약속을 하였다고 합니다. 내제외왕 체제를 지향했던 고려는 여진의 조공을 받으니 황제 국가로서의 자존심도 지킬 수 있었다는 의견도 있습니다. 하지만 윤관의 동북 9성은 훗날 세종 대왕이 4군 6진을 설치할 때 지표로 삼았고, 세종 대왕 때 어느 정도 회복하였으니 윤관의 정신은 세종 대왕에 의해 계승된 것으로 봐도 괜찮지 않을까요?

Special Flavor

〈개성 첨성대, 출처 : 국립중앙박물관〉

특별한 풍미로
한 시대를 풍미하다

Table 05

몽골의 침략과 고려 민초들의 저항

오늘의 식단 한눈에 보기

- 무신정변
- 몽골의 침략에 저항한 고려
- 희망의 별, 공민왕

11세기 초 거란의 3차 침입에 대항하여 강감찬이 이끄는 고려군이 귀주 대첩이라는 큰 승리를 거둠으로써 100년 정도의 평화 시대가 도래합니다. 12세기 초 여진과의 전투도 있었지만 윤관이 별무반을 이끌고 북방으로 쫓아 버리고 동북 지방 일대에 9성을 쌓은 일도 있었지요. 물론 일 년 만에 돌려주고 아골타에 의해 더 강성해진 금(여진)에게 사대하는 것으로 무릎을 꿇긴 했지만, 13세기가 될 때까지는 외세에 의한 큰 전쟁은 일어나지 않습니다.

문신 중심의 문벌 귀족 사회 🔍

이렇게 장기간의 평화가 이어지다 보니 무신들의 권위는 땅에 떨어지고 문신 중심의 문벌 귀족 사회가 꽃피우게 됩니다. 이들은 고려 초기 지방 호족 출신으로 중앙 관료가 된 계열과 신라 6두품 계통의 유학자들로, 성종 이후 지배층을 형성하며 새로운 지배 계급으로 부상하였습니다. 이중 여러 대에 걸쳐 중앙 고위 관직자를 배출한 가문들이 형성되면서 자연스럽게 그들의 기득권을 유지하기 위하여 문벌 귀족이 형성되었습니다. 고려 전기 그 세력이 하늘을 찔렀던 문벌 귀족에는 8대 가문이 있었습니다.

경원 이씨 이자겸 집안, 해주 최씨 최충 집안, 경주 김씨 김부식 집안, 파평 윤씨 윤관 집안 등이 그 예입니다. 그들은 정치적·경제적 특권을 이용해 자신들의 권력을 공고하게 만들었습니다. 거기에 왕실과의 혼인으로 왕실 외척이 된다면 호랑이 등에 날개를 단 형국이 되겠지요. 8대 가문 가운데 경원 이씨와 왕실과의 관계를 나타내는 자료를 살펴보겠습니다.

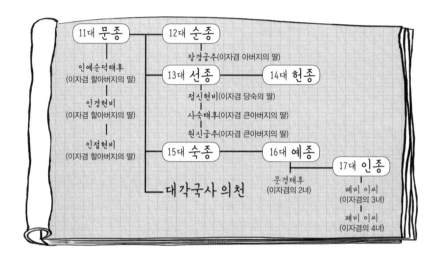

11대 문종부터 17대 인종에 이르기까지 경원 이씨 가문에서 왕실과 10번이나 혼례를 맺었습니다. 당시 해당 문벌의 권세는 하늘을 찌를 듯했다고 합니다. 특히 이자겸은 예종의 장인이자 인종의 외할아버지면서 인종의 장인이었습니다. 인종에게는 딸을 2명이나 시집보냈지요. 이후 이자겸은 척준경과 손을 잡고 난을 일으킵니다. 하지만 인종이 척준경의 마음을 돌려 이자겸의 난은 진압됩니다. 이자겸은 현재의 전라남도 영광으로 귀양을 가게 되고, 그곳에서 맛본 생선을 개경의 왕에게 선물하는데 자신은 결코 비굴하게 살지 않는다는 의미로 '굴비'라는 이름을 붙여 보냅니다. 참 아이러니한 작명입니다. 영광 굴비의 기원입니다.

귀양 가기 전, 이자겸은 대외 관계에 있어 성장하고 있는 금에게 사대하는 것으로 정권을 유지했는데, 이런 금에 대한 사대에 반대하며 들고 일어난 것이 바로 묘청을 비롯한 서경파입니다. 묘청은 태조 왕건이 북진 정책의 기지로 삼았던 서경으로 도읍을 옮겨 금에게 저항하자고 주장했는데, 이를 묘청의 서경 천도 운동이라고 합니다. 실제로 왕의 마음이 움직여 서경에 궁궐(대화궁) 공사까지 착수했습니다. 하지만 천도하려는 찰나에 궁에 벼락이 치는 바람에 대화궁은 불에 타 버립니다. 이에 김부

Cooking Tip
당시 문벌 귀족의 권세를 보여 주기 위해 제시한 자료이므로 간단히 언급만 했습니다. 이자겸의 난과 묘청의 서경 전도 운동 이야기 역시 교육과정 밖의 이야기이므로 자세히 다루지 않고 넘어갔습니다.

식을 비롯한 개경 수도 유지파는 왕의 불안한 마음을 이용해 서경 천도 계획을 백지화시키기에 이릅니다. 그러자 서경파는 반란을 일으켰지만, 결국 개경파에게 진압당합니다.

문신에 비해 차별받은 무신 🔍

장기간의 평화로 전쟁이 사라지고 문벌 귀족들이 권력의 중심에 서자 현재로 따지면 군인인 무신들은 문신들에 비해 심한 차별을 받았고, 이에 불만을 품는 무신들이 점차 늘어 가고 있는 상황이었습니다.

의종의 실정 🔍

거기다가 의종이 백성들을 생각하는 정치를 하지 않으니 고였던 물이 썩기 시작합니다. 의종은 심심하면 호화 술판을 벌여 잔치를 열었습니다. 그것도 무척 사치스럽게요. 의종의 뱃놀이에 사용할 배를 3년간이나 만들었다는 기록이 있습니다. 50여 척 모두 채색 비단을 돛대에 걸어야 했고, 정자를 짓고 물 위에 배를 띄우고 놀려 하는데 물이 얕아 배를 띄울 수 없자 백성들을 동원해 제방을 막고 호수를 만들어 배를 띄우고 술판을 벌였다는 기록도 있습니다. 1170년 7월 을유일 사관의 기록은 다음과 같습니다. '또, (임금이) 어제처럼 술판을 벌였다.' 사관조차도 기록하는 것이 지쳤나 봅니다.

의종이 내탕금을 호화 잔치를 여는 데 다 써 버려서 왕실 재정이 고갈되자, 신하들의 집을 빼앗아 별장으로 만들고 입에 풀칠하기도 힘든 백성들의 재산까지도 강제로 빼앗았다고 합니다. 또 개인적인 관계에 의한 측근 정치로 인재 활용과 관련된 국가 체제가 붕괴하였고, 실제 의종은 환관, 내시, 자신의 친위군에게 많은 권한을 주었습니다.

여러분이 무신이라고 해 봅시다. 문신들과 매번 연회를 여는 임금, 그 주변에서 눈이 오나 비가 오나 삼복더위에도, 살을 도려내는 추위에도 그들을 호위해야 했을 것입니다.

Cooking Tip
'여러분은 어떤 선생님을 가장 싫어하나요?'라는 문장을 화면에 띄워 놓고 '차별하는 선생님'이라는 대답을 유도해 '차별'이라는 키워드로 이야기를 이어갔습니다.

Cooking Tip
여기서 잠깐. 고려의 환관은 여러분의 생각처럼 남성이지만 생식 기능을 하지 못하는 이들이 궁에서 일하는 사람을 말하고, 내시는 왕의 측근으로 문벌 귀족 자제 등을 기용한 것을 말합니다. 내시는 고려의 엘리트 계층을 의미하는 것이죠.

`수박희` 🔍   1170년 음력 8월 30일이었습니다. 그날도 역시 의종은 술판을 벌입니다. 장소는 보현원이라는 곳이었습니다. 왕이 무신들의 불평을 알고 '수박희' 대회를 열어 상을 내리고 그들을 위로하기 위한 자리였던 것 같습니다. 수박희는 '손 수(手)', '때릴 박(搏)', '놀 희(戲)' 자를 씁니다. 수박은 무기 없이 맨손으로 상대를 공격하고 제압하는 무예인데, 이를 스포츠처럼 즐긴 것이 수박희라고 볼 수 있습니다. 무신들은 수박희 경기를 통해 승진도 가능했습니다. 하지만 그날의 수박희는 마냥 즐길 수만 있는 분위기가 아니었던 것 같습니다.

  종3품인 50대의 상장군 이소응이 젊은 무관을 상대하게 됐는데 힘에 부쳐 기권을 합니다. 이에 한참 젊은 종5품 문신 한뢰가 이소응의 뺨을 때리는 사건이 벌어집니다. 이를 계기로 더 큰 사건이 터지는데, 바로 정중부라는 사람의 지휘 아래 난이 일어난 것입니다. 물론 사전 모의가 있었겠지만 수박희에서 상장군 이소응이 품계가 낮은 문신 한뢰에게 뺨을 맞는 치욕은 무신 전체가 문신들에게 멸시를 받는 것 같은 느낌이 들지 않았을까요? 또 당시에는 무신으로서 최고 관직에 올라 있던 정중부 역시 20년 전의 흑역사를 마음에 품고 있었는지도 모르겠습니다. 김부식의 아들 내시 김돈중이 촛불로 정중부의 수염을 태웠던 모욕적인 사건이 있었습니다. 정변을 일으킨 무신들은 사흘에 걸쳐 수백 명에 이르는 문신들을 도륙한 후 의종을 폐위시키고 권력을 장악하기에 이릅니다.

`무신정변` 🔍   이를 역사는 '무신정변'이라고 합니다. 하지만 무신정권이 들어선 후에도 혼란은 가시지 않습니다. 무신들이 논공행상(論功行賞)을 놓고 서로 싸우고, 하극상이 일어나는 등 권력 다툼으로 바람 잦을 날이 없었습니다.

`몽골, 어떤 민족일까요?` 🔍   무신들이 정권을 놓고 서로 다투던 시

기, 나라 밖에서는 몽골울루스(몽골 대제국)가 만들어지고 있었습니다. 몽골은 어떤 민족일까요? 그들은 금을 세우고 북송을 멸망시킨 여진, 남쪽으로 밀린 남송을 모두 멸망시켜 버립니다(거란이 세운 요는 여진이 세운 금에 의해 12세기 초에 이미 멸망했다). 그리고 중앙아시아를 넘어 동유럽까지 진출해 세계에서 유일무이한 대제국을 건설한 민족입니다. 그들의 무시무시한 전투력에 벌벌 떨며 유럽의 기사들이 싸우기도 전에 오줌을 지렸다는 이야기가 있을 정도입니다. 그들이 그렇게 강할 수 있었던 원인은 무엇일까요?

몽골이 세계 최강이었던 이유 🔍

먼저 몽골은 뛰어난 기동력을 자랑합니다. 군사 1명이 보통 말 3마리를 데리고 출정합니다. 말 1마리가 지치면 다른 말로 갈아타고, 그 말이 지치면 또 다른 말로 갈아타며 행군하기 때문에 그 속도가 엄청납니다. 어렸을 때부터 말과 함께 생활하고 훈련하기 때문에 성인이 되면 그야말로 인마일체(人馬一體)의 경지에 이릅니다. 거기다 중세 유럽의 말과 몽골의 말을 비교해 보면, 중세 유럽의 말은 다리가 길기 때문에 순간 속력이 빠르나 지구력이 약한 반면에, 몽골의 말은 다리가 짧은 대신 지구력이 좋았다고 합니다. 그런 기동력을 바탕으로 상대국의 첩보원이 "몽골이 쳐들어오고 있습니다!"라고 말할 즈음에 이미 공격이 가능했던 것이지요. 방금 표현에 다소 과장이 있을 수 있지만 그만큼 몽골과 싸운다면 그들의 공격에 대비할 수 있는 시간 확보가 어려웠다는 의미입니다. 잘 때도 말 위에서 잠을 자며 행군을 멈추지 않았다고도 하죠.

전쟁에서 가장 중요한 보급도 그들은 말로 해결합니다. 말 1마리는 군사 1명의 일 년 식량이었습니다. 말을 달리며 행군하다가 불을 지피고 투구를 거꾸로 엎어 물을 끓이고 슬라이스 고기를 데쳐 먹는 식으로 보급을 해결할 수 있습니다. 이것이 바로 현재까지도 우리가 즐겨먹는 샤

브샤브의 유래입니다. 고기를 말려 가지고 다니며 먹는 육포도 몽골의 풍습에서 나온 것이라고 전해집니다.

더불어 그들은 심리전에도 강했습니다. 그들이 휩쓸고 간 곳에 엄청난 공포감을 심어 주어 자신들의 잔혹함이 상인들에 의해 미리 알려져 상대방이 전투도 하기 전에 전의를 상실케 하는 전술을 사용했습니다.

저고여 피살 🔍 그런 몽골이 고려에 사신으로 왔다가 돌아가던 저고여 피살 사건을 구실로 전쟁을 일으킵니다. 저고여라는 몽골인을 고려에서 살해했다고 몰아붙인 것이죠. 물론 그렇게 볼 근거는 없었습니다. 게다가 저고여 피살 당시 바로 고려를 공격한 것이 아니라 6년이 지나서야 고려를 침략합니다. 저고여 피살 당시 몽골의 관심은 중앙아시아에 있었고, 칭기즈 칸의 사망 등으로 내부 사정도 불안정했기 때문이죠.

하지만 그로부터 6년 후인 1231년, 몽골은 중국 대륙의 화북 지역을 차지하고 있는 금을 공격하려는데 금과 사대 관계를 맺은(12세기, 이자겸이 성장한 금나라가 요구한 군신 관계를 받아들인 바 있다) 고려를 먼저 제압해야겠다고 생각했기 때문입니다. 굳이 저고여 피살 사건이 아니었더라도 고려는 몽골에게 공격당했겠지요.

당시 고려는 몽골에 대해 얼마나 알고 있었을까요? 🔍 지피지기면 백전불패라는 말이 있습니다. '적을 알고 자신을 알면 100번 싸워도 지지 않는다.'는 뜻이지요. 당시 고려는 몽골에 대해 얼마나 알고 있었을까요? 전쟁 초기의 고려는 자신들을 공격하고 있는 주체가 몽골인지도 제대로 몰랐다고 합니다. 고려는 몽골에 대한 정보가 거의 없었습니다. 금나라를 통해 몽골에 대한 피상적이고 왜곡된 정보만 얻을 수 있었다고 합니다.

박서와 백성들의 저항 몽골은 총 6차례에 걸쳐 고려를 침략합니다. 그 가운데 1차 침략부터 살펴보겠습니다.

귀주성 병마사 박서는 성곽 수비 지침을 완벽하게 숙지하고 있었나 봅니다. 몽골군이 화공으로 공격하면 이를 물을 부어 막고, 기름을 이용한 화공이어서 물이 통하지 않을 때는 준비해 둔 진흙을 부어 불을 막아 냈다고 합니다. 또 끓는 쇳물을 부어 적의 공성 무기에 피해를 입히며 저항했습니다. 함께한 김경손 역시 장수가 물러나면 병사들도 겁을 먹고 물러난다고 생각하여 화살을 맞아 피를 흘리면서도 한 치도 물러서지 않아 병사들에게 귀감이 되었습니다. 한 달에 걸친 귀주성의 거센 저항에 몽골군은 길을 돌려 개경을 포위했고, 이에 고려는 시간을 벌기 위해 몽골의 요구를 받아들여 화친을 맺습니다. 그러자 몽골군도 물러갑니다.

강화도로! 당시 최씨 무신 정권은 몽골의 무리한 조공(말 2만 마리, 군인 의복 100만 필, 남자 인질 1천 명, 여자 인질 1천 명, 수달 가죽 2만 장 등을 요구했다) 요구와 간섭에 반발해 장기 항전을 계획하고 강화도로 도읍을 옮겼습니다. 강화도는 해안의 지형이 험하고 물살이 세서 소용돌이가 자주 이는 곳으로 적의 접근이 어렵고, 넓은 섬이기 때문에 자체적으로 어느 정도 식량 조달도 가능했습니다. 또 바닷물이 둘러싸고 있어 겨울에도 얼지 않아 방어에 용이했겠지요.

하지만 강화도 천도는 집권층의 안위만을 생각한 피신으로 평가받기도 합니다. 강화도에 들어간 최우는 사치스럽고 호화스러운 연회를 수시로 열었는데, 고려의 강화도 천도에 자극을 받은 몽골은 2차 침입을 강행합니다. 백성들은 세계 최강의 군사력에 의해 도륙을 당하고, 몽골은 의도적으로 대구 부인사에 보관하고 있던 『초조대장경(初雕大藏經)』을 불태워 버립니다. 그곳을 지키고 있던 승려들도 목숨을 걸고 끝까지 저항하다 몰살당했다고 합니다. 몽골은 왜 군이 남부 지방까지 와서 대장경을

고려 궁지 |

불살라 버렸을까요? 『초조대장경』은 예전 거란의 침입 때 불심으로 그들의 침략에 대항한다는 의미에서 만든 호국불교를 상징하는 것이었는데, 당시 국제 정세와 맞물려 거란이 실제로 돌아가자 고려 백성들에게는 외세의 침략 앞에서 정신적·심리적으로 버팀목이 되어 준 상징 같은 것이었습니다. 제시한 사진은 강화도에 있는 고려 궁터입니다. 현재는 그 터와 복원된 조선 시대 건물만 남아 있습니다.

그뤠잇! 승려 김윤후 🔍   하지만 몽골의 2차 침략 이야기는 여기서 끝이 아닙니다. 전 국토가 황폐화되는 과정 속에서 몽골군의 지휘관 살리타를 사살하여 큰 승리를 거두는 일대 사건이 벌어집니다.

　여러분은 용인 하면 어떤 장소가 떠오릅니까? 유명한 놀이동산이 떠오르나요? 저는 고작 둘레 수백 미터의 토성에서 몽골군을 물리쳤던 처인성 터가 생각납니다. 승려 김윤후와 백성들이 힘을 합쳐 몽골의 2차 침략을 막아 낸 곳이기 때문입니다. 정부는 큰 승리에 고무되어 처인 부곡(차별받던 하층 양민이 살던 곳)을 처인현으로 승격시켜 줍니다. 기록에 따라 다릅니다만 살리타를 활로 쏴 죽였다고 알려진 김윤후에게 정3품 상장군 직을 포상으로 주려고 했는데, 몽골을 물리친 것이 자신만의 공이 아니라고 하며 승려 김윤후는 이를 거부했다고 합니다.

3~4차 침략 🔍   몽골의 3차 침략 때는 5년 동안이나 살육과 파괴가 이어졌습니다. 신라의 3보였던 경주의 황룡사 구층 목탑이 소실됩니다. 5년에 걸친 몽골의 공격은 몽골의 우구데이 칸의 죽음으로 몽골군이

물러간 다음에야 멈춥니다.

하지만 몽골군으로부터 성을 지키는 데 성공한 곳도 있습니다. 당시 죽주성(지금의 경기도 안성)이 그랬습니다. 죽주성의 방호별감 송문주는 과거 귀주에서 몽골군과 싸운 경험을 바탕으로 적의 공성술을 알고 있어 적으로부터 성을 잘 지켜 낼 수 있었습니다. 몽골군은 수년 후에 다시 고려를 공격합니다. 당시 몽골은 새로 구육 칸이 즉위하여 분위기 쇄신을 위해 고려를 침공한 것으로 보이는데, 즉위한 지 얼마 되지 않아 구육 칸이 세상을 떠나 곧 중단됩니다.

처인성 전투로부터 21년 후 🔍 앞서 이야기했던 처인성 전투의 주인공 승려 김윤후, 기억나지요? 처인성 전투로부터 21년 후 그의 활약이 또다시 역사에 기록됩니다. 때는 몽골의 5차 침략 때입니다.

1253년 몽골의 5차 공격은 이전과는 양상이 달랐습니다. 이전까지는 단지 약탈하고 겁을 주는 정도에 그쳤다면 5차 때는 고려 완전 정복을 목적으로 공격한 듯합니다. 그들은 파죽지세로 밀고 들어옵니다. 자신들이 복속시킨 거란, 여진족까지 고려 공격에 동원합니다. 철원, 춘천, 원주 등을 유린하고 충주에 이릅니다. 충주성을 지키고 있던 김윤후 장군과 백성들은 목숨을 걸고 성을 지키기 위해 노력합니다.

충주성, 포위당하다 🔍 충주성 백성들은 끈질기게 저항했지만 몽골에게 포위당할 수밖에 없었습니다. 70일가량 고립된 채 끊임없이 공격받자 충주성은 큰 위기에 직면하게 됩니다. 정신적·육체적으로 지친 상황에서 식량까지 떨어집니다. 여러분이 김윤후라면 어떻게 대처했을 것 같습니까? 당시 충주성을 지키는 이들 가운데 절반 정도는 노비였던 것으로 보입니다. 김윤후는 특단의 조치를 내립니다. 노비 문서를 소각해 버리며 목숨을 걸고 성을 지키고자 하는 그들을 면천시켜 주고, 공을 세운 자들에게는 관직을 추천해 주겠다고 약속하여 백성들의 마음을 움직입니다. 그들은 죽음을 두려워하지 않고 싸웠고 몽골군의 남진을 막아 냈습니다. 충주성 전투는 몽골군의 경상도 진입을 차단함과 동시에 몽골군 철수의 계기가 되었습니다.

김윤후는 약속을 지켰냐고요? 네! 김윤후는 백성들과 한 약속대로 정부에 건의하여 약속을 지킵니다. 김윤후의 리더십과 함께 목숨을 걸고 나라를 지키기 위해 싸운 백성들도 잊지 말아야 할 것입니다.

이것이 마지막이다 🔍

다음은 6차 침략입니다. 이제 그만 좀 왔으면 좋겠습니다. 전쟁이 수십 년에 걸쳐 길어지자 점차 몽골의 앞잡이가 되는 사람들도 생겨나고, 반란을 일으켜 몽골에 투항하는 자들도 나타납니다. 그런 상황에서 1258년 강화도의 최씨 무신정권이 또 다른 무신에 의해 무너지면서 전쟁을 강력히 주장했던 자들이 사라집니다.

Cooking Tip
몽골의 침략 횟수는 분류 방법에 따라 총 6회 또는 7회로 달리 보는 경우가 있습니다.

원종과 쿠빌라이의 만남 🔍

고려는 몽골과의 긴 전쟁을 끝내고 싶었습니다. 그래서 연로한 임금을 대신하여 당시 태자(훗날 원종)를 몽골로 보냈죠. 그런데 딱 그 시기에 몽골의 칸이 갑자기 세상을 떠났고, 쿠빌라이(훗날 원 세조)와 그 동생 아릭부케 사이에서 분쟁이 벌어집니다. 마침 고려 태자는 가까이 있던 쿠빌라이의 진영을 방문했는데, 이를 쿠빌라이가 무척 반겼습니다. 오랜 기간 몽골에 저항하던 고려의 태자가 자신을 찾아왔다는 사실이 쿠빌라이에게는 정당성을 과시할 기회로 작용할 수 있었기 때문입니다.

쿠빌라이는 고려 태자와 강화를 논의하고, 고려의 고유 풍습을 존중하겠다고 약속합니다. 이를 '세조구제(世祖舊制)'라고 합니다. 이때 쿠빌라이의 약속은 이후 원의 간섭 속에서 고려가 독자적 풍습과 왕조를 유지하는 데 도움을 주었습니다. 어찌 되었든 미래의 원종과 미래의 쿠빌라이 칸의 만남으로 고려와 몽골의 수십 년간의 전쟁이 막을 내리게 된 것입니다.

개경 환도 🔍 몽골은 고려에게 도읍을 다시 개경으로 옮길 것을 요구했고, 항복 후 수년이 지나 고려 조정은 다시 개경으로 돌아옵니다. 이때가 바로 1270년, 무신정변이 일어나고 100년 후의 일입니다.

우리는 항복을 인정하지 못하겠다! 🔍 하지만 조정의 항복에 반대하며 몽골에게 끝까지 저항하겠다는 의지를 보이는 이들이 있었으니, 그들이 바로 '삼별초'입니다. 삼별초는 원래 최씨 무신정권의 사병 야별초에서 기원합니다. 최우의 경호대 격이었죠. 그런데 대몽 항쟁이 길어지자 야별초를 정규군으로 만들어 몽골과 싸우게 합니다. 그러면서 야별초를 좌별초와 우별초로 나누고, 몽골에 잡혀 갔다가 탈출해 온 사람들로 조직한 군대인 신의군을 합쳐 삼별초라고 부르게 됩니다. 그들은 강화를 맺은 조정과는 별개로 근거지를 옮겨가며 원나라에 저항합니다.

삼별초와 백성들의 항몽 🔍 사실 몽골에 항복한 후에도 무신들의 권력 다툼은 끝나지 않았습니다. 이런 상황에서 원종이 원나라의 권세를 빌려 무신들을 내쫓고 왕권을 되찾습니다. 이렇게 대몽 항쟁이 끝나고 고려 조정이 개경으로 돌아오게 된 것이지요. 원종은 삼별초의 지도자 배중손에게 해산하라고 명령을 내립니다. 하지만 삼별초는 고려 조정에 반하고, 원나라에 대항하여 몽골군과 싸움을 계속 이어갑니다. 급기야 왕족 왕온을 내세우며 무기고를 열어 무장을 하고, 새로운 조정을 세우며 봉기합니다. 이에 대해서는 순수한 항몽 의지에 의한 투쟁이었다는 의견과 무신정권이 무너져 함께 숙청당할 것이 두려워 난을 일으켰다는 설이 공존합니다. 저는 복합적인 원인에 의해 끝까지 저항한 것이라고 생각합

니다. 처음 의도는 어땠는지 모르겠지만, 그들의 항몽 의지가 백성들에게 전해져 외세에 대항하고자 하는 백성들의 마음이 결집되었고, 삼별초가 그런 백성들의 구심점이 되어 끝까지 저항했던 것은 분명해 보입니다.

최초 항쟁 근거지는 강화도였습니다. 배중손은 나라를 구할 자들, 뜻을 함께할 자들은 격구장에 모이라 하고 호적 문서를 불태워 버립니다. 그리고 뜻을 함께할 사람들과 의지를 다집니다. 사전에 모든 준비를 마쳐 놨는지 이틀 후 바로 선박 1천여 척에 무기와 기타 화물을 싣고, 적어도 1만 명 이상의 병력이 출항합니다. 그들은 진도에서 내려 성을 쌓고 진지를 구축합니다. 단지 진도에 틀어박혀 있기만 한 것이 아니라 진도를 거점으로 한반도 남부 지역 일대를 석권하였습니다. 진도를 선택한 것은 육지와 가까워 육지 항전 지휘에 유리하다는 장점이 있었고, 빠른 물살로 적이 접근하기 힘들다는 이점 때문이었을 것으로 보입니다. 당시 삼별초가 근거지로 삼았던 용장성 터가 진도에 남아 있습니다.

삼별초는 실제로 여러 차례 승리를 거둡니다. 일본에 연합을 제안하는 국서도 발견되었다고 하니 외교적 노력도 게을리하지 않았던 것으로 보입니다. 원나라 역시 공격하기 어려운 지형 요건 때문에 회유를 하며 항복을 권하기도 하였습니다. 하지만 삼별초는 이를 거부하고 항몽 의지를 다집니다. 하지만 결국 여몽 연합군(고려군과 몽골의 연합군)에게 패배하고 목숨을 보존한 삼별초는 제주도로 옮겨 갑니다. 제주에서의 마지막 근거지로는 애월읍의 항파두성 터가 남아 있습니다.

살아남은 삼별초는 김통정을 중심으로 조직을 복원하기 위해 노력을 펼칩니다. 그 후 다시 전라, 경상 남해안 일대를 장악합니다. 이에 다시 이들을 회유하려는 시도가 있었으나 이번에도 역시 삼별초는 응하지 않습니다. 원나라는 일본 원정을 위해 남해안의 불안 요소를 없애야 했습니다. 또다시 여몽 연합군의 협공이 시작되고, 김통정과 그를 따르는 무리 70여 명은 산으로 들어가 끝까지 항전하였고, 수세에 몰린 김통정이 결국 자결하며 삼별초의 대몽 항쟁은 끝이 납니다.

항쟁이 패배로 끝나 무의미한 것만은 아닙니다. 원래 몽골군이 휩쓴 땅은 풀 한 포기 자라지 않는다는 말이 있습니다. 하지만 고려는 수십 년간 버텨 냅니다. 치열하게 항전했기에 국가의 명맥만은 유지할 수 있었던 것 아닐까요? 그들이 정복지에서 펼쳐 온 행적을 보면 이는 무척 드문 예입니다.

카미카제 🔍 　고려 조정을 굴복시킨 원나라는 일본 원정을 위한 정동행성이라는 관청을 세웁니다. 동쪽에 있는 일본을 정벌하기 위한 관청 정도로 생각하면 됩니다. 하지만 원나라의 일본 정벌은 실패하고 맙니다. 평생 바다를 구경한 적 없는 그들에게 항해는 너무 익숙하지 않았고, 거기다 태풍까지 불어 가는 도중에 자연스레 전력이 약해졌습니다. 정작 일본 땅을 밟은 후에는 자신들의 전술을 전혀 보여 주지 못하고 패배하고 맙니다. 그래서 일본인들 사이에서는 태풍을 신이 일으키는 바람이라는 의미로 '카미카제(神風)'라는 말이 생기게 됩니다.

응방 🔍 　원나라는 해동청, 보라매와 같은 고려의 매를 좋아했습니다. 그래서 살아 있는 매를 공물로 바치길 원했고, '응방'이라는 관청이 세워집니다. 응은 '매 응(鷹)' 자입니다. 살아 있는 매를 잡아 바치기 위해 얼마나 많은 고려인들이 고생했을까요? 전쟁은 하지 않는 것이 최선이겠지만, 일단 전쟁을 시작하면 수단과 방법을 가리지 않고 꼭 이겨야만 한다는 생각이 듭니다. 전쟁은 스포츠가 아니니까요.

조혼 🔍 매만 가져다 바쳤으면 그런 말을 하지 않았을 것입니다. 고려 여인들도 원나라에 공녀로 보내졌습니다. 혼례를 올리지 않은 처녀들이 대상이었기 때문에 10대 초중반의 이른 나이에 혼례를 올리는 조혼 풍습까지 생겨납니다.

부마국 고려 🔍 고려의 왕과 원나라의 공주가 혼인하는 일을 계기로 고려는 원의 부마(사위)국이 되어 왕실에서 사용하는 용어들을 원나라보다 한 단계 낮춰 사용하게 됩니다. 고려의 왕자를 인질로 삼아 원나라로 데려가는 것도 관례처럼 굳어집니다. 국왕의 자리도 원에 의해 좌지우지된 것이죠. 원나라 간섭기 왕의 시호 앞에는 원나라에 충성을 다하라는 의미의 '충' 자가 붙게 됩니다.

변화한 풍습 🔍 몽골이 세운 원나라의 지배를 오래 받다 보니 고려에서도 몽골 바람이 불기 시작해 몽골 풍습이 유행하게 됩니다. 소갈머리를 잘라내 비우고 주변머리를 남겨 놓는 머리 모양인 '변발'과 원나라 풍의 옷인 '호복'이 유행합니다. 전통 혼례할 때 신부가 쓰는 족두리와 연지 곤지 찍는 것도 원나라 간섭기에 전해진 것입니다. 족두리는 원래 몽골 여자들이 쓰는 외출용 모자였는데, 고려로 전해지면서 혼례용 모자로 사용된 것이며, 연지 곤지는 몽골 여자들이 나쁜 귀신을 쫓기 위해 사용한 풍습이었습니다. 소주도 몽골로부터 전해집니다.

그리고 눈에 보이지 않는 언어 표현에도 몽골풍이 녹아듭니다. 우리말의 벼슬아치, 장사치 등의 단어에 붙는 '치'가 그 예입니다. '치'는 직업을 나타내는 몽골어의 끝 글자인데 우리도 몽골의 영향을 받게 된 것이지요. 반대로 우리의 풍속이 원나라에서 유행하기도 합니다. 이를 '고려양'이라고 하는데, 두루마기와 같은 의복이 원나라에서 유행한 것이 그 예입니다.

권문세족 🔍 원나라의 영향이 커지다 보니 원나라 세력에게 아부하는 부원 세력도 생겨납니다. 원나라 세력에 의탁하여 생겨난 권세 있는 가문이라 하여 이를 '권문세족'이라고 합니다. 그들은 산천을 경계로 할 정도로 넓은 땅을 소유하고 전횡을 일삼았습니다.

Cooking Tip
권문은 권세 있는 가문, 세족은 대대로 명예와 지위를 유지해 온 가문이란 의미로 구분하여 사용하기도 하지만 초등 사회 교과서 서술을 따랐습니다.

쌍성총관부 🔍 그들은 철령 이북의 동북 땅에 쌍성총관부를 설치하고, 제주에는 탐라총관부를, 고려 서북 지역에는 동녕부를 설치하여 직접 지배를 실시하였습니다. 특히 탐라총관부가 설치된 제주도는 지형마저 바뀝니다. 한라산 중턱을 밀어 버리고 목마장을 만들어 버립니다. 그래서 지금도 한라산 중턱에는 초지대가 발달해 있습니다. 이런 상황에서 고려는 끈질기게 원나라에 요구하여 동녕부와 탐라총관부를 돌려받습니다. 하지만 쌍성총관부는 좀처럼 뜻대로 되지 않았습니다.

고려는 나라의 이름은 유지됐으나 원나라의 간섭이 무척 심했습니다.

천산대렵도(국립중앙박물관)

거기다 권문세족과 왕실 외척들의 횡포로 백성들의 고통은 이루 말할 수 없는 지경에 이릅니다. 하지만 나라의 명맥을 유지한 것이 계기가 되어 새로운 희망의 별이 떠오릅니다. 바로 제시되어 있는 〈천산대렵도〉를 그린 것으로 전해지는 인물이죠.

31대 공민왕 🔍 　고려의 31대 군주 공민왕이 바로 고려의 희망이었습니다. 원나라에 인질로 끌려가 원의 노국대장공주와 결혼을 하고 살고 있던 빠이엔 티무르(공민왕의 몽골식 이름)를 원나라가 왕으로 임명한 것입니다.

몽골풍을 벗어던지다 🔍 　그는 당시 유행하던 호복과 변발 등의 풍습을 버리고 고려의 전통을 되살리는 일에 앞장섰습니다. 이는 원나라 세력이 과거에 비해 약해져 흔들리고 있음을 알고 행했던 것으로 보입니다. 이러한 행보는 고려 사람들 사이에서는 원나라에 대한 저항으로 보이기에 충분했을 것입니다.

기황후의 오빠 🔍 　그리고 힘을 키워 대표적인 권문세족인 기황후의 오빠 기철 세력을 제거합니다. 원나라에 공녀로 간 기철의 누이가 황제의 아내가 되는 인생 역전을 이루었는데, 원나라 세력을 기반으로 그 일가가 고려를 좌지우지했습니다.

정동행성 🔍 　일본 정벌은 실패했지만 여전히 정동행성은 남아 있었고, 그 가운데 부원 세력의 권익을 옹호하던 곳이 이문소(원래는 원과 관련된 범죄를 저지른 사람들을 심문하던 기관이었으나 기능이 변질되었다)였는데, 정동행성 이문소를 과감히 폐지해 버립니다. 기철 세력과 정동행성 이문소 혁파는 단 하루 만에 이루어진 일입니다. 그날의 역사는 이것으로 끝나지 않습니다.

쌍성총관부 수복 🔍 　빼앗긴 땅, 쌍성총관부 수복도 그날 시작됩니다. 두 달간의 공격 끝에 수복에 성공합니다. 이성계의 아버지 이자춘의 내응이 승리의 결정적 계기가 되었습니다.

노국대장공주의 죽음 🔍   하지만 개혁의 상징이었던 공민왕의 의지가 무너지는 사건이 일어납니다. 아내 노국대장공주가 어렵게 얻은 아이를 낳다가 세상을 떠난 것입니다. 정략 결혼으로 시작한 관계였지만 그 둘은 진심으로 사랑하였고 무척 사이좋은 부부였다고 전해집니다. 공민왕의 반원 개혁 정치를 적극적으로 지지했던 것이 노국대장공주였고, 실제로 위기에 빠진 공민왕을 원나라 공주 출신이라는 지위를 이용해 구해 주기도 합니다. 그런 아내가 세상을 떠나자 공민왕은 거의 폐인이 되어 버립니다.

마지막 산소 호흡기, 신돈 🔍   하지만 아직 백성을, 개혁을 완전히 버린 것은 아닙니다. 개혁의 마지막 산소 호흡기, 승려 신돈을 등용하여 자기 대신 개혁을 이룰 수 있게 조력합니다.

전민변정도감 🔍   특히 전민변정도감의 설치는 백성들의 환호를 받았습니다. 토지를 뜻하는 '밭 전(田)', '백성 민(民)', '분별할 변(辨)'에 '바를 정(整)' 자를 사용해 빼앗긴 토지를 분별해 돌려주고, 억울하게 노비가 된 백성을 양민으로 바르게 되돌려 주는 임시 기구(도감)를 설치한 것이지요. 백성들이 얼마나 좋아했을까요?

공민왕의 마지막? 아니, 고려의 마지막! 🔍   하지만 권력은 아버지와 아들 사이에도 나누지 못한다고 했던가요? 자신이 앞세운 신돈에 대한 지지가 올라가는 상황에서 과감한 정치 행보를 보이는 신돈과 공민왕 사이를 이간질하는 세력도 있었을 것입니다. 결국 신돈은 권력을 탐하다 역모죄로 죽임을 당했다고 역사에 기록됩니다.

그 후 공민왕은 정치로부터 완전히 등을 돌려 버립니다. 그리고 당장 죽을 사람처럼 쾌락에만 치중합니다. 그는 자신의 친위 세력, 자제위(子

弟衛)를 만듭니다. 미소년 집단으로 공민왕 자신을 호위하기 위해 만든 세력으로 알려져 있습니다. 노국대장공주를 잃고 상심이 커 남자들과 동성애를 즐겼다는 기록도 있으나 고려의 망국과 조선 개창의 정당성 확보를 위해 만들어진 사서에 기록된 내용이니 어디까지 믿어야 할지 모르겠습니다.

공민왕은 비빈들에게 관심이 전혀 없었다고 합니다. 10년 동안 후궁도 들이지 않고 노국대장공주의 초상화랑 대화를 했을 정도니까요. 그러던 어느 날 공민왕은 익비의 임신 사실을 환관 최만생으로부터 전해 듣습니다. 익비와 정을 통한 것은 자제위 중의 한 명인 홍륜이었다고 합니다. 공민왕은 익비가 가진 아이를 자신의 후사로 만들기 위해 홍륜을 비롯한 자제위를 제거하고자 했습니다. 비밀을 알고 있는 자들이 없어야 왕통이 이어질 것이니까요. 하지만 돌아가는 최만생의 등판에 대고 해서는 안될 말을 했다고 합니다. "너도 그 비밀을 알고 있으니, 죽어야겠네?" 이에 놀란 환관 최만생은 홍륜 등과 모의하여 왕이 크게 취한 틈을 타 공민왕을 제거합니다. 그리고 이를 진압한 이인임은 공민왕의 또 다른 아들이라고 알려진 모니노를 왕위에 올리고 국정을 농단합니다. 여기서 모니노가 고려 32대 군주 우왕입니다.

드라마 〈정도전〉에서 나온 이인임의 대사가 생각납니다. "하루라도 먼저 세상을 떠나는 것보다 권력 없이 하루를 더 사는 것이 두렵다." 이후 이인임의 행보를 잘 묘사해 주는 명대사입니다.

〈평양 보통문 용두장식, 출처 : 국립중앙박물관〉

특별한 풍미로
한 시대를 풍미하다

Table 06

고려 불교, 천 년의 숨결

오늘의 식단 한눈에 보기

- 🍴 불교 행사와 문화재
- 🍴 불교와 사람들의 생활
- 🍴 고려 불교 인물 열전

재료 준비

- 팔관회 관련 영상
- 월정사 관련 영상
- 부석사 무량수전 관련 영상
- 수월관음도 관련 영상

장 보기

- 유튜브
- 문화재청
- 〈지식채널e〉(EBS)
- 〈지식채널e〉(EBS)

불교 문화가 꽃핀 고려 🔍 　고려 시대에는 불교, 유교, 도교 등 여러 종교가 발달하였지만, 뭐니 뭐니 해도 불교가 고려인들의 삶에 가장 큰 영향을 주었습니다. 태조 왕건의 「훈요십조」만 봐도 국가 차원에서 불교를 얼마나 중요하게 생각했는지 알 수 있고, 기록을 살펴보면 그에 상응하는 지원도 있었던 것으로 보입니다.

연등회 🔍 　불교 행사에는 어떤 것이 있었는지 살펴보겠습니다. 먼저 연등회입니다. 연등은 불교를 상징하는 연꽃 모양의 등불을 말하는데, 연꽃 모양의 등을 켜 세상을 밝히고, 불빛을 보며 마음을 밝혀 깨달음에 가까이 가겠다는 소망이 담겨져 있습니다. 물론 그런 과정에서 소원도 빌지요. 고려 시대 전부터 성행했던 연등회는 고려 시대에 정점을 찍습니다. 그리고 현재까지 천 년을 계승하여 국민적 불교 축제로 자리매김했습니다. 지금도 음력 4월 8일이면 '부처님 오신 날'이라고 하여 불교를 믿는 사람들은 절에 시주도 하고 연등도 걸고, 소원을 비는 모습을 볼 수 있습니다. 고려 사람들에게는 축제와 같은 날이었습니다.

　그렇다면 연꽃이 불교를 상징하게 된 이유는 무엇일까요? 여러 가지 이유가 있겠지만 연꽃은 더러운 흙탕물에서도 아름다운 꽃을 피우는데, 이런 모습이 불교의 가르침과 일맥상통하여 연꽃이 불교를 상징하게 되었다고 합니다.

팔관회 🔍 　팔관회는 원래 부처를 믿는 사람들이 살생, 음주 등을 금하는 등의 8가지 규칙을 실천하는 의식이었으며, 삼국 경쟁기에 신라의 진흥왕이 전몰장병들을 추모하는 의식에서 그 기원을 찾기도 합니다.

Cooking Tip
유튜브 검색을 통해 고려 시대 국제 행사 팔관회의 화려함을 느껴 보는 것은 어떨까요?

고려 시대 팔관회는 일 년에 두 차례 열렸습니다. 예비 행사 격으로 음력 10월 보름에 서경에서 한 차례, 한 달 후인 11월 보름에는 도읍인 개경에서 한 차례 더 열렸다고 합니다. 교과서에서는 불교 행사로 분류하지만 실제로는 순수 불교 행사라기보다는 불교, 도교, 토착 민간신앙 등이 어우러져 있는 종합 종교 행사로 보는 것이 더 합리적입니다. 왕과 신하가 함께 춤과 노래를 즐기고, 부처와 천지신명, 나라를 위해 목숨을 바친 영웅들에게 제사를 지내며 왕실의 태평을 기원했던 행사였기 때문입니다. 그리고 팔관회는 고려만의 국내 행사가 아니라 송나라의 상인, 여진의 추장, 탐라의 사신, 멀리 아라비아 상인들도 함께하는 국제적인 행사였습니다. 외국 손님들이 고려 조정에 선물을 바치면 이에 답례품을 내리는 형식으로 교역을 하는 교류의 장이 되기도 했습니다.

Cooking Tip
학생들과 월정사를 직접 가기 어려워 직접 답사하는 느낌을 주는 동영상(문화재청 제작)을 찾아 함께 시청했습니다.

다각다층의 화려함 🔍

다음으로 고려의 불교 문화재를 살펴보겠습니다. 고려 전기를 대표하는 탑입니다. 당시 불교 문화 특유의 귀족적 면모를 여실히 보여 주는 다각다층 탑입니다. 통일신라기와는 형태가 확실히 구별됩니다. 강원도 평창에 있는 월정사 팔각구층석탑이 대표적입니다. 탑을 자세히 살펴보면 탑의 옥개석(지붕돌)에 풍경들이 달려 있습니다.

평창 월정사
팔각구층석탑

바람이 불면 그 소리가 참 아름다울 것 같습니다. 평창 월정사 팔각구층 석탑은 탑의 상륜부까지 완벽히 남아 있어 그 가치를 높이 평가받고 있으며, 1970년대 보수 공사 중 탑 내부에서 사리장엄구가 발견된 것도 큰 화제가 되었습니다.

다음으로 우리나라에서 가장 큰 석불 입상을 살펴보도록 하겠습니다. 높이가 무려 18.12m에 이릅니다. 바로 논산 관촉사 석조 미륵보살입상입니다. 4대 광종 때 세워진, 고려 전기를 대표하는 불상으로 최근 그 가치를 재평가받아 보물에서 국보로 승격된 유물입니다. 이처럼 고려 시대에는 개경의 왕실이나 귀족뿐만 아니라 지방에서도 전국 곳곳에 절을 세우고 불상을 세웠습니다. 이는 지역 사람들의 마음을 하나로 모으고, 그들에게 어떤 영향력을 미치고자 하는 목적이었을 것입니다.

논산 관촉사 석조 미륵보살입상

다. 또 백성들과 함께 세운 불상이니 불교가 신앙으로 민중들 마음속에 깊이 뿌리내릴 수 있는 계기도 되었을 것입니다.

국보 제323호인 논산 관촉사 석조 미륵보살입상! 생김새를 살펴보면 지역 특색이 강함을 알 수 있습니다. 그리고 불상의 입술을 자세히 보면 붉게 칠한 흔적이 남아 있습니다. 불상 근처에 만화 형식으로 불상 제작에 얽힌 전설이 소개되어 있었는데, 그 이야기를 통해 은진 미륵(별명)은 커다란 하나의 돌로 만든 것이 아니라 네 부분 정도로 나누어 제작했음을 알 수 있었습니다. 자연 암반에 새겨 놓은 발 부분에 하체 부분을 쌓고, 그 위에 몸통에서 얼굴 부분까지를 올린 후, 맨 위에 관을 올렸다고 합니다.

부석사 무량수전 배흘림기둥 🔍다음으로는 우리나라 목조 건축물 가운데 역사가 오래된 건축물 중 하나를 소개할까 합니다. 경상북도 영주에 있는 부석사의 무량수전입니다.

영주 부석사 무량수전

부석사 무량수전은 안동 봉정사 극락전, 예산 수덕사 대웅전과 함께 우리나라에서 가장 오래된 목조 건물 가운데 하나입니다. 배흘림기둥으로도 잘 알려져 있지요. 배흘림기둥이란 기둥 가운데가 둥글게 부푼 모양의 기둥을 말하며, 서양에서는 이를 '엔타시스 양식'이라고도 합니다. 이는 직선으로 된 기둥이 오히려 안쪽으로 휘어져 보이는 착시현상을 막고 안정감을 주기 위해 사용되는 양식으로, 부석사 무량수전은 기둥의 곡선미가 압권입니다.

부석사 무량수전은 건물 자체도 문화유산으로서 가치가 높지만, 건물의 자리앉음새가 탁월한 것으로 유명합니다. 쉽게 말하면 전망이 무척 좋다는 의미죠. 무량수전에서 한눈에 들어오는 소백산맥 전체가 마치 사찰의 정원인 것처럼 느껴집니다.

불교가 고려인의 생활에 끼친 영향 🔍고려 시대에 불교는 왕실의 보호와 지원을 받으며 크게 발전했습니다. 과거 시험에서도 무신들을 뽑는 무과는 시행되지 않은 반면 승려를 대상으로 한 승과는 존재했습니다. 또 불교의 영향으로 차를 즐겨 마시는 문화가 성행했고, 육식은 하지 않으려고 노력했습니다. 특히 제사에서도 어육과 같은 고기를 사용하지 않고 찹쌀가루를 기름과 물로 반죽해 만든 유밀과를 고기 모양으로 만들어 올렸다는 기록이 등장합니다.

사찰의 경제 활동 🔍 고려 시대 절은 단지 불교 의식을 행하는 종교적 장소였을까요? 당시 절은 기름, 벌꿀, 소금, 기와, 비단 등의 물건을 사고파는 경제 활동의 장이기도 했습니다. 때문에 절에는 많은 상인들이 모여들었지요. 그래서 묵어 갈 수 있게 여관 역할도 했다고 합니다. 또 순기능을 하던 시기에는 가난한 자들에게 음식을 대접해 주기도 했고, 곡식이나 돈이 필요한 자들에게는 빌려주기도 했습니다.

Cooking Tip
고려 시대 절에서는 술도 파는 경우가 있었지만 이는 학생들에게 이야기하지 않았습니다.

국장생석표 🔍 장생표는 사찰이 소유한 논과 밭의 경계를 표시하던 돌입니다. 절이 소유하고 있거나 세금을 거두어들이던 토지와 일반인의 토지를 구별하기 위한 표시였고, 이는 사찰의 배타적인 영향력이 발휘되는 독점적 토지라는 의미를 지닙니다. 특히 '국장생'이란 말에서 국가가 세운 것임을 알 수 있습니다. '석표'니까 '돌로 만든 장생표'라는 뜻입니다. 기록에 따르면 경상남도 양산의 통도사에서는 장생표를 12곳에 세웠다고 합니다. 사진으로 제시된 것이 그중 하나입니다. 왕실과 귀족으로부터 받은 땅 등을 활용해 활발한 경제 활동을 하여 넓은 토지를 가지게 되었고, 그 토지가 절의 소유임을 표시하기 위해 세웠던 장생표! 당시 절의 막강한 경제력을 보여 주는 흔적이라고 볼 수 있습니다.

통도사 장생표(문화재청)

천하제일 고려 명작 🔍 이번에는 미술 작품 중 고려 시대 최고의 명작을 소개할까 합니다. 바로 〈수월관음도〉입니다. 수월관음도란 '달(月)이 비치는 바다(水) 한가운데 있는 바위에 앉아 있는 관세음보살을 그린 그림'이란 뜻입니다. 여기서 보살이란 자신의 깨달음을 추구하며 중생을 구제하기 위해 사람들 곁에 있는 존재를 뜻합니다. 부처와는 다소 차이가 있습니다. 불교 조각을 보아도 깨달음을 얻은 부처는 화려한 장식이 없는 반면, 현재 깨달음을 추구하고 있는 보살들은 화려한 모습을 하고 있는 것을 알 수 있습니다. 그리고 관세음보살은 '볼 관(觀)', '세상 세(世)', '소리 음(音)' 자를 써서 세상의 모든 소리를 들어준다는 뜻으로, 중생들이 소원을 비는 기도 소리를 듣고 들어주는 보살이라는 의미입니다. 불교에서 관세음보살은 극락 세계를 건설해 다스리는 부처인 아미타불을 보좌하는 존재입니다. 용인대학교 소장 〈수월관음도〉는 부처의 가르침을 찾아 떠난 아이가 관세음보살을 만나는 장면을 비단 위에 그린 것이라고 합니다.

Cooking Tip
EBS 〈지식채널e〉의 〈수월관음도〉 관련 영상을 활용하여 명작의 섬려함을 느낄 수 있게 하였습니다.

아모레퍼시픽이 소유하고 있는 〈수월관음도〉의 모습입니다. 보존 상태가 무척 좋습니다. 현재 보물로 지정되어 있는 문화재입니다. 고려의 〈수월관음도〉는 섬세하고 화려한 묘사로 기술적·예술적 측면에서 세계적으로 인정받는 명화입니다. 멀리서 보면 관세음보살의 우아한 자태가 예술적으로 표현되어 있고, 자세히 살펴보면 투명한 사라 속으로 비치는 법의와 어깨에서 팔에 이르는 피부, 붉은 법의에 새겨진 거북이 등껍질 무늬와 연꽃 무늬, 사라에 새겨진 구름 무늬 등이 섬세하게 살아 있음을 느낄 수 있습니다.

현재 고려 시대 불화 160여 점 가운데 120여 점은 일본에 가 있고, 국내에 있는 것은 10여 점 정도밖에 안 되는 실정으로 알고 있습니다. 그 가운데 〈수월관음도〉는 40여 점이 존재하는 것으로 알려져 있고, 국내 소장 작품은 6점밖에 없다고 합니다. 리움미술관(2점), 호림박물관 등에서도 〈수월관음도〉를 소장하고 있습니다. 수십 점의 문화재 가운데 국내에 있는 것이 6점뿐이라니 참으로 안타깝습니다. 최근 기업가 윤동하 님께서 일본인에게 25억 원을 주고 〈수월관음도〉 한 점을 구입해 국립중앙박물관에 기증하여 전시되어 있는 것을 보았는데 훈훈한 마음이 들었습니다.

수월관음도(문화재청)

진관사 동종(국립중앙박물관)

국립중앙박물관 소장 유물인 진관사 동종입니다. 종 윗부분의 굴곡진 용뉴(범종의 가장 위쪽에 있는 용의 모습을 한 고리)와 용의 한쪽 발 위에 쥔 보주(보배로운 구슬, 여의주)가 고려 후기 범종 양식을 잘 보여 주는 작품이라고 합니다. 오른쪽 사진의 지팡이는 누가 사용하던 것이었을까요? 이런 지팡이는 승려가 길을 갈 때 가지고 다니는 18개 물건 가운데 하나였다고 합니다. 꼭대기의 탑 모양이 보이나요?

스님 지팡이 머리 장식

왕자가 승려가 되었다고? 🔍 고려 시대에는 불교를 무척 장려하였고, 그 지위가 다른 시대에 비해 높았습니다. 왕실에서도 출가하는 경우가 있을 정도였으니까요. 고려 11대 문종의 넷째 아들 의천이 그 예입니다.

대한민국 보물로 지정된, 전라남도 순천에 있는 의천의 초상화입니다. 의천이 예전에 머물렀던 적 있는 조계산이 품고 있는 선암사 성보박물관에서 초상화를 보관하고 있다고 합니다. 그는 송나라에 유학을 다녀온 후 해동 천태종이라는 새로운 불교 종파를 만들어 여러 불교 종파를 하나로 통합하고자 하는 노력을 기울였던 사람입니다. 또 고려 시대 화폐 사용의 중요성을 건의했던 인물 중 하나이기도 합니다. 그는 입적 후 나라의 스승인 국사로 모셔졌는데, 그래서 그에게 '대각(크게 깨닫다) 국사'라는 수식어를 붙여 사람들은 대각국사 의천이라고 부릅니다.

의천(문화재청)

Table 07

고려, 스러지지 않는 예술혼

오늘의 식단 한눈에 보기

- 천하제일
- 16년간의 장인 정신
- 세계 최초의 기술

재료 준비	장 보기
• 고려청자 제작 과정 영상	• 유튜브
• 김영환 준장 이야기 영상	• 유튜브
• 세계적 유산의 기준, 직지 관련 영상	• 사이버 외교사절단 반크 제작
• 직지의 어머니 박병선 박사 관련 영상	• 사이버 외교사절단 반크 제작

오늘은 고려 문화의 우수성을 보여 주는 유물들을 살펴볼까 합니다. 먼저 자기를 보겠습니다. 여기서 자기는 도자기 할 때 자기입니다. 도자기는 도기와 자기를 합쳐 부르는 말입니다. '기'는 그릇을 의미합니다.

그릇 하면 첫 번째 食史 단원에서 등장했던 토기들이 떠오릅니다. 신석기의 빗살무늬토기, 청동기의 민무늬토기, 미송리식 토기 등 수많은 종류의 토기들을 만나 보았습니다. 여기서 토기는 흙으로 빚은 후 유약을 바르지 않고 불에 구운 것을 말합니다. 굽는 온도는 소개된 책마다 다소 다르게 표기하고 있어 1,000℃ 미만의 비교적 낮은 온도에서 굽는 것으로 표현하겠습니다. 이 또한 몇 해 전에 집 옆에 돌을 쌓고 가마(?)를 만들어 흉내 내 보았는데 기술 부족으로 실패했던 기억이 납니다. 빗살무늬토기도 굽다 보니 갈라지고 깨져서 성공하지 못한 저는 신석기 사람들의 기술도 참 대단하다고 느꼈습니다.

반면 도기는 토기에 비해 높은 온도에서 굽습니다. 유약을 바르고(바르지 않는 경우도 있다) 1,200℃ 정도의 온도에서 굽는다는 점이 토기와 차이가 있습니다. 항아리나 뚝배기 같은 것을 이런 방식으로 만듭니다. 여기서 유약이란 풀, 나무 등의 재에 석영, 장석과 같은 광물 가루를 섞어 만든 것을 말하며, 이를 바르고 구우면 표면의 강도가 무척 높아지고 아름다운 빛깔을 낼 수 있습니다. 아름답고 질 좋은 도자기를 만들어 내는 데 필수적인 것이 바로 유약이지요.

마지막으로 오늘의 주인공 자기입니다. 자기는 1,200~1,300℃ 이상의 높은 온도에서 유약을 바르고 구운 그릇을 말합니다. 현대사회에서는 밥그릇, 국그릇 등은 물론이고 변기나 욕실 타일에도 쓰입니다. 2009

Cooking Tip
옛 문헌을 살펴보면 자기 외의 모든 그릇은 '도기'라는 표현을 사용했다고 합니다. '토기'라는 용어는 일제에 의해 우리가 침략당했을 때부터 전해져 사용한 말이라는 견해가 있습니다. 그래서 '토기'라는 단어를 사용할 땐 특별히 더 신경 써서 구분해 사용해야 한다고 주장하는 분도 있습니다.

개정 교과서에서는 고려 시대를 대표하는 푸른 빛깔을 내는 그릇인 청자를 애매하게 '도자기'라고 표현하지 않고 명확히 '자기'라고 표현하여 '도기'와 구별하는 것을 볼 수 있습니다. 고려의 자기는 우리 조상들의 토기와 도기 만드는 기술을 바탕으로 송나라의 기술을 받아들여 융합해 더욱 발전시켜 만들어 낸 명품입니다. 청자 제작에 적합한 흙, 높은 온도를 일정하게 유지하기 위한 가마 제작 기술 및 불 다루는 기술이 뛰어나야만 좋은 청자를 만들 수 있었습니다. 당시에도 무척 가치가 높아 최고급 그릇으로 인식되었다고 합니다.

어떤 곳에 쓰였을까요? 🔍

고려 귀족들은 고려청자를 무척 다양한 용도의 생활용품으로 사용하였습니다. 찻잔, 접시, 밥그릇, 국그릇, 주전자는 기본이요, 베개, 기와, 의자, 바둑판, 연적 등 우리의 상식을 뛰어넘을 정도로 다양한 곳에 사용했습니다.

청자 베개

천하제일 고려 비색 청자 🔍

청자의 본 고장이라고 할 수 있는 송나라의 기록을 찾아보면 고려 비색 청자를 천하제일로 분류한 책이 있습니다. 유약의 성질, 가마의 온도, 공기의 흐름을 완벽하게 다스려 후대에

청자 가마

자랑스럽고 훌륭한 예술 작품을 남겨 주신 고려 도공들의 기술에 감탄할 뿐입니다. 하지만 고려청자의 전성기는 기록이 남겨졌을 당시의 순수 비색 청자가 만들어졌던 시기가 아닙니다.

전무후무 상감 청자 🔍 그때보다도 더 후인 고려만의 독자적인
상감 기법으로 청자를 만들었을 때가 고려청자의 전성기입니다. 물론 절
대적인 연대는 아니지만 상감 청자는 12세기 중엽 정도에 발전했던 것으
로 보입니다. 교과서에 송나라의 사신 서긍이 남긴 『고려도경』의 일부가
소개되어 있습니다. 그리고 우측에는 이를 보조하는 듯한 사진 자료로
청자 상감모란국화문 참외모양 병이 제시되어 있습니다. 하지만 1123년
고려에 왔던 서긍은 고려 순수 비색 청자를 칭찬하면서도 상감 기법에
대해서는 언급하지 않았습니다. 그리고 1146년 세상을 떠난 인종의 능
에서도 순수 비색 청자 종류만 출토되었습니다. 하지만 그로부터 10여
년 후, 1159년 조성된 문공유의 묘에서 최초로 상감 기법을 사용한 청자
가 출토되어 12세기 중엽이라는 연대를 추정한 것입니다.

Cooking Tip
여기에서 말하는 사회 교과
서는 2009 개정 교과서를
가리킵니다.

🍃청자 상감당초문 완
(문화재청)

🍃청자 상감당초문 완
(문화재청)

우리나라에서 발견된 상감 청자 가운데 가장 오래된 청자 상감당초문
완은 국보 제115호로 지정되어 있습니다. 어찌 보면 교과서에서 『고려
도경』의 묘사 내용에 상감 청자 사진을 붙여 놓은 것이 학생들이나 선생
님들께 오개념을 심어 주고 있는 것은 아닌가 생각해 봅니다. 물론 너무
예민하게 생각한 것일 수도 있고, 상감 청자 제작 연대가 올라갈 가능성
도 없지 않습니다. 그릇의 표면에 그림을 그려 판 자리에 다른 색의 흙
을 메우고 유약을 발라 굽는 방식이 상감 기법인데, 상
감 기법을 자기에 사용한 것이 최초인 것이지 상감
기법 자체가 최초의 것은 아니기 때문입니다. 상감
기법에 대해서는 이미 언급한 적이 있습니다. 4세기
백제의 전성기 때 만들어진 칠지도! 칠지도 역시 상감
기법(금 상감)을 사용해 만든 것이었습니다.

천 년이 지나도 변하지 않는 고려인의 혼, 상감 청자의
백미 국보 제68호를 살펴보고 있습니다. 간송미술관 소
장 작품입니다. 간송 전형필은 독립운동기에 우리 문화

청자 상감운학문 매병
(문화재청)

재 보호에 앞장선 분으로 나라 밖으로 수도 없이 팔려 나가는 우리 문화재를 소중하게 생각하고 자신의 사재를 털어서라도 지켜 낸 분입니다. 그분이 지켜 낸 수많은 문화재 가운데 유명한 것으로는 『훈민정음 해례』, 신윤복의 〈단오풍정〉과 〈미인도〉, 청자 상감운학문 매병 등이 있습니다. 여기서는 청자 상감운학문 매병을 지켜 낸 일화에 집중해 보겠습니다.

당시 일본인 도굴꾼에 의해 팔려 나온 국보 제68호! 처음에는 당시 기와집 한 채인 1천 원 값에 거래되었고, 이것이 여러 사람들을 거쳐 6천 원까지 가격이 올라 거래됩니다. 일본인 골동품상이 2천 원을 남겨 먹고 또 판매하고자 물건을 내놓습니다. 이에 조선총독부는 경복궁 안에 만든 박물관에 이를 소장·전시하기 위해 1만 원을 주고 구입하려고 합니다. 하지만 이때 간송 전형필 선생이 나서 마에다라는 골동품상에게 2만 원 (당시 기와집 20채 또는 쌀 1,250가마니)에 구입해 버립니다. 그리고 몇 달 후 이 자기를 사러 오사카의 유명한 수집가 무라카미가 전형필 선생에게 접근해 4만 원에 거래하자며 유혹의 손길을 보냅니다. 전형필 선생은 우리의 소중한 문화재로 장사를 하는 분이 아니었습니다. 돈의 유혹을 가볍게 뿌리치며 다음과 같은 말을 남깁니다.

"선생께서 천학매병보다 더 좋은 청자를 저에게 주신다면 그 대가를 시세대로 쳐 드리는 동시에 이 천학매병은 제가 치른 값에 드리겠습니다."

잔잔한 여운이 남는 이야기입니다. 최근 『훈민정음 상주본』을 가지고 있다며 값비싼 금액을 부르며 흥정을 하려는 사람이 있다는데 전형필 선생이 그분을 보면 어떤 생각을 하실까요? 청자 상감운학문 매병은 어떤 중국인이 이러한 병에 매화꽃을 꽂아 두면서 이러한 형태의 자기를 매병이라고 표현하기 시작했다고 하는데, 일각에서는 이를 술을 담그는 술병으로 확신하는 분들도 있습니다. 실제로 청자 상감운학문 매병은 어떤 용도였을까요?

나전칠기 🔍 이번에는 고려의 뛰어난 공예 기술을 보여 주는 나전칠기를 살펴보겠습니다. 나전은 소라 '나(螺)', '보배로 꾸밀 전(鈿)'으로 일반적으로 자개를 여러 가지 모양으로 박아 넣거나 붙여 장식하는 기법을 말합니다. 왜 '소라 나(螺)' 자가 쓰였을까요? 나전 기법의 발생국인 중국에서 처음에 이 기법을 사용할 때 소라 껍데기를 사용했기 때문이라고 합니다. 훗날에는 보통 전복 껍데기를 주로 사용했습니다. 나전 기법을 다른 표현으로 '자개박'이라고도 합니다.

그럼 '칠기'는 무엇일까요? 옻나무 수액을 원료로 도료를 만들어 겉에 칠해 빛깔을 아름답게 만들고, 산소와의 직접 접촉을 막아 오래 보존할 수 있게 하려고 사용한 방법입니다. 사진으로 제시한 불교 경전을 넣어 두는 경함 역시 목재를 보호하기 위해 옻칠 후 나전 기법으로 만들어진 나전칠기입니다. 사진으로 유물의 세밀함을 다 표현될 수 없는 것이 아쉽습니다. 454개의 금빛 모란당초 무늬가 촘촘히 수놓아져 있고, 2만 5천여 개의 나전을 일일이 박아 넣어 만든 섬세함이 살아 있는 작품입니다.

나전 경함

팔만대장경 🔍 다음으로 살펴볼 것은 우리가 익히 들어 너무나 익숙한 『팔만대장경』입니다. '재조대장경'이라고도 부르지요. '재조'는 '다시 조각했다'는 의미입니다. 처음 만든 것이 아니라는 의미지요. 몽골의 2차 침입 때 대구 부인사에서 보관하고 있던 『초조대장경』이 소실되었습니다. 『초조대장경』은 거란의 침입 때 만든 대장경입니다. 훗날 몽골의 침입 때 다시 대장경판을 만들었고, 그것이 현재까지 전해지고 있어

장경판전(문화재청)

재조대장경이라는 이름이 붙은 것입니다.

대장경판은 경상남도 합천 해인사에 보관되어 있습니다. 대장경판만 유네스코 세계기록유산에 등재된 것이 아니라 대장경판을 보관하는 건물 장경판전도 그 과학성을 인정받아 세계문화유산에 등재되어 있습니다. 그런데 대장경이란 무엇일까요? 대장경의 '대장(大藏)'은 '큰 광주리'라는 뜻이며, 경(經)·율(律)·논(論)을 새겨 만든 것이 대장경입니다.

삼장법사를 아십니까? 🔍

경·율·논이라는 어려운 단어가 나와 더 혼란스러운가요? '경'은 부처님께서 깨달은 '진리'를 의미하고, '율'은 불제자와 교단이 지켜야 할 '실천 규범'을 의미합니다. '논'은 부처님의 진리와 실천 규범, 즉 '경'과 '율'을 '해설'한 것을 말합니다.

중국의 고전 소설 『서유기』에 등장하는 삼장법사를 기억합니까? 삼장법사의 '삼장'의 의미가 여기서 말한 경·율·논 3가지에 통달한 사람이란 의미의 칭호입니다. 『서유기』의 삼장법사의 법명은 '현장'이죠. 당나라 시대에 실존했던 현장 삼장법사라는 인물을 모티브로 한 것입니다. 그는 훗날 조선의 건축물에 등장(잡상 또는 어처구니)하기도 합니다.

삼장법사 잡상

조정래의 장편소설 『대장경』 🔍

대장경이 무엇인지 아는 데 조금이나마 도움이 됐나요? 보통 『초조대장경』은 거란의 침입에 불심으로 대항하기 위해, 『재조대장경』은 몽골의 침입에 불심으로 대항하기 위해 새긴 것이라고 이야기합니다. 하지만 저는 초등학교 때부터 이 대목이 잘 이해가 되지 않았습니다. 외군이 쳐들어왔는데 16년간 대장경판을 조각하고 있다? 불교의 힘으로 몽골에 대항한다? 현실 정치의 논리와 종교의 결부에 대해 이해하지 못해 제 상식으로는 납득하기 힘든 설명이었습니다.

이를 논리적으로 설명해 주는 이야기가 없어 이해하기 힘들어 하던 때 조정래의 장편소설『대장경』을 읽은 후로는 다소 납득이 되었습니다. 대구 부인사에서『초조대장경』이 소실되는 과정에서 수많은 승려들이 저항하는 장면에서 시작하여 최씨 무신정권이 자신들의 정권 유지를 위한 정치적 목적으로『재조대장경』제작을 밀어붙이는 장면, 수기대사가 지금은 그럴 때가 아니라고 반대하는 장면까지 역사 소설로 부족함 없이 모든 장면 장면이 상세하게 묘사되어 있어 대장경 조판 목적을 이해하는데 도움이 됩니다.

또 수많은 고려의 명필들이 속세와의 인연을 끊고 모여 글자체를 같게 하려고 수련하는 과정, 내로라 하는 각수들이 모여 정성을 들여 판 양면에 한 글자, 한 글자 새겨 나가 8만 장 이상의 경판을 완성하기까지의 그들의 노력과 장인정신을 느낄 수 있는 소설이었습니다. 책의 내용을 간단히 정리하면『재조대장경』을 제작하게 된 동기는 정치적 목적으로, 민심을 달래고 백성들의 마음을 모아 자신들의 정권을 유지하기 위한 정치적 행동이었지만, 제작 과정 안에서의 고려 장인들의 땀과 노력, 스러지지 않는 빛나는 예술혼은 천 년을 살아 숨 쉬고 있음을 표현하고자 한 것 같습니다.

대장경판은 많은 사람이 함께 새겼지만 글자 모양이 고르고, 약 5천 2백만 자의 글자 중 틀린 글자가 없다

대장경판(문화재청)

고 할 정도로 완벽함을 자랑합니다. 제작 과정을 요약하면 다음과 같습니다.

잘 썩지 않는 목재를 골라 3년간 바닷물에 담가 놓았다가 그늘에 말리는 작업을 합니다. 화학 작용에 의해 경판이 잘 휘거나 부식되지 않게 하는 데 도움이 된다고 합니다. 그리고 벌레 같은 것이 머물지 못하게 하려고 이를 또 큰 가마솥에 쪄서 말렸습니다. 이 부분은 찐다고 주장하는 사람들도 있고, 삶는다고 주장하는 사람들도 있어 의견이 갈립니다. 그리고 각수들이 고려의 명필들이 쓴 글자를 따라 새깁니다. 완성된 목판은 옻칠을 하여 오랜 기간 부식되지 않게 만들고 목재의 뒤틀림을 막기 위에 귀퉁이를 구리판으로 마감합니다.

그리고 보관 장소인 장경판전! 현재 해인사의 장경판전은 고려 시대가 아닌 조선 초에 만들었습니다. 그 구조가 무척 과학적이어서 훌륭하다는 평을 받는데, 습한 공기는 적게 들어오고 빨리 나가도록, 건조한 공기는 많이 들어오고 오래 머무를 수 있게 건축물이 설계되어 있습니다. 또 숯, 석회, 모래, 소금 등을 이용해 자연적으로 습도를 유지할 수 있게 하였다고 합니다. 1975년 박정희 정부에서는 당시 첨단기술로 장치된 새 장경판전을 건축하고 일부 경판을 옮긴 적이 있습니다. 하지만 700년 이상 아무런 문제가 없던 경판이 갈라지고 비틀어지는 일이 생겨 대장경판을 다시 가야산 중턱의 옛 장경판전으로 옮겨 놓아야 했습니다. 20세기 현대 과학이 수백 년 전 선조들의 과학기술에 완패한 것이지요. 물론, 우리의 국보를 더 좋은 환경으로 옮기려고 한 것이었겠지만 말입니다.

Cooking Tip
이어서 전쟁 통에도 『팔만대장경』과 장경판전을 지켜낸 김영환 준장(당시 대령)의 미담 사례 영상을 학생들에게 소개했습니다.

세계 최초 금속활자 🔍

다음으로는 세계 최초로 금속활자를 발명한 고려의 인쇄 기술에 대해 살펴보겠습니다. 『팔만대장경』과 같은 목판은 일반적으로 나무의 갈라지고 휘는 성질 때문에 오래 보관하기 어렵고, 한번 새기면 한 종류의 책만 인쇄할 수 있다는 단점이 있습니다. 물론 그렇다고 목판이 단점만 있는 것은 아닙니다. 큰 판 하나에 여러 글자를 새겨놓은 것이기 때문에 인쇄 중에 글자가 틀어지거나 움직일 가능성은 활자에 비해 더 낮습니다. 그렇기 때문에 소품종 대량 생산에 적합한 방식으로 볼 수 있죠.

고려 시대에 세계 최초로 발명했다는 금속활자! 여기서 활자는 '살 활(活)'에 '글자 자(字)'를 사용하는데, 직역하면 '살아 있는 글자'라고 볼 수 있습니다. 글자가 살아 있다? 한 글자, 한 글자 따로 만들어 여러 글자를 큰 판에 조립해 그때 그때 인쇄에 사용하고 정리하고, 다시 다른 책을 찍을 때 사용하는 방식이라 다품종 소량 생산에 적합한 방식이죠. 또 나무에 비해 오래 보관할 수 있다는 장점도 있습니다.

프랑스 파리 국립도서관에서 박병선 박사가 세계에서 가장 오래된 금속활자 인쇄본인 『직지심체요절』이라는 책을 발견하기 전까지는 세계 최초의 금속활자 발명이라는 영예는 독일 구텐베르크의 차지였습니다. 박병선 박사의 발견이 고려가 세계 최초의 금속활자를 제작했다는 사실을 증명한 것이지요. 『직지심체요절』은 구텐베르크의 성경보다 80년 가까이 앞선 시기에 인쇄되었습니다.

Cooking Tip

물론 꼭 최초가 아니더라도 구텐베르크의 금속활자가 유럽의 역사에 끼친 파급력은 어마어마했습니다. 그에 비해 고려의 금속활자가 사회 변화에 준 영향은 상대적으로 약한 것도 사실입니다. 서양 금속활자의 의의를 격하시키기 위해 어느 것이 더 먼저 발명됐는지 이야기한 것은 아닙니다. 순수하게 인쇄 기술의 발전이라는 관점에서 이야기했습니다.

1234년 🔍 기록상으로는 『직지심체요절』이 제작된 시기보다도 더 앞선 시기에 금속활자를 사용했음을 알 수 있는 기록이 남아 있습니다. 이규보의 『동국이상국집』이라는 책을 보면 1234년 최씨 무신정권 시기에 『상정고금예문』이란 의례와 관련된 책을 금속활자를 활용해 찍어 배부했다는 기록이 등장합니다. 하지만 이는 인쇄물이 실제로 남아 있지 않아 금속활자를 사용했다는 실제적인 증거로 내세울 수는 없었습니다.

실제 고려 시대 당시의 활자는 거의 남아 있지 않습니다. 북한에는 조금 더 많을지도 모르겠습니다. 그래도 국립중앙박물관에 가면 고려 시대 금속활자 실물을 하나 볼 수 있습니

금속활자-복(원본)   금속활자-복(좌우 반전)
(국립중앙박물관)   (국립중앙박물관)

다. 귀중한 문화재 금속활자 '복' 자입니다. 작아서 글자가 잘 보이지 않아 자세히 관찰할 수 있게 돋보기가 설치되어 있습니다. 왼쪽 사진이 실제 금속활자 모습이고, 오른쪽 사진은 이 글자를 종이에 찍으면 어떤 형태인지 추측할 수 있게 좌우 반전 효과를 준 것입니다. 사진으로 확인할 수는 없지만 활자의 뒷면이 움푹 파여 있습니다. 이는 사용되는 구리의 양을 아끼고 활자를 틀에 고정할 수 있는 물질을 넣기 위한 공간이라고 합니다.

→ 직지 표지

『직지심체요절』의 표지를 보면 아래 조그마하게 '아래 하(下)' 자가 쓰여 있습니다. 상권과 하권으로 이루어졌는데 하권에 해당되나 봅니다. 원래 제목은 『백운화상초록불조직지심체요절』로 '백운화상'이라는 사람이 쓴 『직지심체요절』 가운데 하권만 전해집니다.

여기서 『직지심체요절』의 의미를 풀이해 보겠습니다. '직지심'이란 불교에서 '직지인심 견성성불(直旨人心 見性成佛)'의 줄임말로 '참선하여 사람의 마음을 직시하면, 그 심성이 곧 부처님의 마음임을 깨닫게 된다.'는 뜻이라고 합니다. 직(직접, 곧바로), 지(향하다), 심체(사람의 마음), 요절(중요한 부분을 가려 뽑은 또는 요약한 기록), 즉 사람의 마음을 곧바로 직시하게 하여 깨달음을 얻을 수 있는 부처님의 말씀을 요약한 기록 정도로 의미를 파악해 볼 수 있습니다. 아마 『직지심체요절』에는 금속활자에 적합한 고품질의 질긴 종이와 금속에 잘 묻어나는 먹을 사용했을 것으로 보입니다. 목판과 금속활자는 원재료가 달라 각자의 특색이 있기 때문입니다.

Special Flavor

〈해인사 장경판전, 출처 : 문화재청〉

특별한 풍미로
    한 시대를 풍미하다

Table 08

고려 말 사람들의 일상다반사

오늘의 식단 한눈에 보기

- 고려 말의 모습
- 세계 최초의 함포 해전
- 아이, 따뜻해!

재료 준비	장 보기
• 최무선 관련 영상	• YTN 사이언스
• 화포 관련 영상	• 〈역사채널e〉(EBS)
• 목화	• 드라마 〈별에서 온 그대〉(1화)

931
931, 무엇을 의미하는 숫자일까요? 931은 우리가 다른 나라의 침략을 받았던 횟수라고 합니다. 거의 천 번 가깝게 외부 세력에 의해 공격을 받았고, 이를 극복하며 지금에 이른 것입니다.

공민왕 : 115, 우왕 : 378
그럼 이 숫자들은 무엇을 의미할까요? 조금 전보다는 추측이 쉬울 것 같습니다. 우리는 지금 고려 말 상황에 대해 공부하고 있습니다. 여말 공민왕과 우왕 시기와 관련이 있습니다. 고려 말에는 중국 땅에서 일어난 홍건적(붉은 두건을 썼다는 의미)과 왜구(우리나라 주변 바다에서 약탈을 하던 일본 해적, 중국도 왜구 때문에 골머리를 앓았다)의 침략이 엄청나게 많았습니다. 그 가운데 오늘은 왜구에 중점을 두겠습니다.

물론 외침의 횟수를 1천 회 이상으로 보는 학자들도 있고, 932회, 936회, 993회 등 헤아리는 방법에 따라 이설이 무척 많습니다. 아이들의 호기심을 자극하는 것 외의 특별한 의미는 없습니다. 단지 동기 유발을 위한 숫자 제시일 뿐입니다.

공민왕 시기에만 왜구의 침략이 115회, 우왕 때는 378회에 이르렀다고 합니다. 이 또한 세는 방식에 따라 학자들마다 다소 다른 결과를 내놓기도 합니다. 하지만 실로 어마어마한 숫자이니, 백성들의 삶은 말할 수 없을 정도로 피폐했고, 언제 또 왜구가 들이닥칠까 두려움에 떨었을 것입니다. 왜구는 소수로 출몰해 해안가만

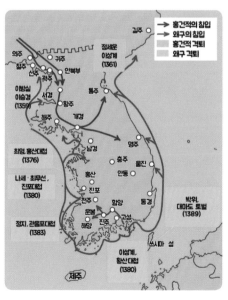

두 번째 食史_ 세계와 활발하게 교류한 고려

249

쓸고 가는 것이 아니었습니다. 수만 명의 병력으로 공격해 오기도 하고, 내륙까지 들어오는 경우도 있었습니다. 이를 해결하기 위해, 신무기 제작을 위해 자그마치 20년이나 연구했던 사람이 있었습니다.

Cooking Tip
수업 시간에는 학생들의 흥미를 유발하기 위해 초성 힌트를 주고 이름을 추측하게 했습니다.

ㅎ ㅇ 🔍 바로 최무선입니다. 그는 어떤 신무기를 만들고자 하였을까요? 바로 화약이었습니다. 최무선은 왜구들의 침략을 막아 내기 위해 화약 무기 제작의 필요성을 절감합니다. 화약을 세계에서 최초로 발명한 것은 바로 중국이었습니다. 중국 4대 발명품 가운데 하나이죠. 당시 중국에서는 화약 제조 기술을 비밀로 했습니다. 지금으로 따지면 핵무기급인 것이죠. 최무선은 연구에 연구를 거듭했고, 원나라 상인 이원이라는 사람을 잘 구슬려 화약의 중요한 원료인 염초를 만드는 기술을 배워 화약 제조법을 알아냈다고 합니다.

화통도감 🔍 고려 조정은 곧 최무선을 화약과 화약 무기를 만드는 임시 기구인 '화통도감'의 책임자로 임명하고 화약과 화포 제작을 담당케 합니다. 최무선은 화약을 이용해 여러 가지 무기를 만들게 됩니다.

진포 🔍 현재의 군산 앞바다 진포에서 왜구와 맞서게 됩니다. 왜구는 무려 500척에 이르는 배를 이끌고 온 데다, 병력 수는 2만 정도였습니다. 그에 맞서는 고려군의 배는 단 100척뿐이었지만 세계 최초로 함포를 사용해 왜구를 크게 무찔렀습니다. 역사는 이를 '진포대첩'이라고 합니다. 화약을 사용해 발사하는 주화는 일반 화살에 비해 사거리가 3배 정도 멀어 원거리 공격에 많은 도움이 되었다고 합니다.

Cooking Tip
최무선과 주화와 관련된 영상을 시청하고 고려 말 당시 우리나라 최초의 화포를 복원해 실제로 발사하는 장면을 보여 주었습니다.

`cotton 100%` 🔍 면 100%! 우리가 입고 있는 옷에서 중요한 비중을 차지하고 있는 면! 면의 원료가 목화입니다. 고려의 일반 백성들은 겨울철 추위로 힘들어했습니다. 그런 백성들의 생활을 개선해 주기 위해 노력한 이가 있었습니다. 목화를 재배해 목화솜을 옷이나 이불에 넣을 수 있게 노력한 사람들!

`ㅁ ㅇ ㅈ과 정천익` 🔍 바로 문익점과 그의 장인 정천익입니다. 문익점은 사신단의 일원으로 원나라에 다녀오며 목화 씨를 가지고 와 재배에 성공했습니다. 당시 원나라에서도 상당히 따뜻한 지역에서 목화가 재배되었기 때문에 문익점의 도전 이전에 고려에서 목화 재배를 성공한 사례는 없었습니다.

고려에서 따뜻한 편인 남부 지방 경남 산청에서 문익점과 정천익이 각각 5개의 목화 씨를 심었는데, 문익점의 5개는 다 죽어 버렸고 정천익의 5개 가운데 겨우 하나가 싹을 틔웠던 것으로 알려져 있습니다. 그 하나의 성공이 수년 동안의 노력으로 양이 꽤 많아지게 되고, 10년 정도 후에는 고려 전국 각지에 목화솜이 퍼져 나가게 됩니다. 이후 우연히 정천익의 집에 머문 원나라 승려 홍원이라는 사람의 도움을 받아 목화솜을 이용해 실을 만들어 낼 수 있게 되었고, 실을 이용해 무명(면)으로 옷을 지을 수 있게 되었습니다. 이는 아직 재배 기술이 없었던 일본으로 수출되기도 했습니다.

`솜옷, 솜이불` 🔍 그들의 노력으로 목화솜을 이용해 일반 백성들도 솜옷, 솜이불을 만들어 입고 사용할 수 있게 됩니다. 물론 전국적으로 완전히 대중화된 것은 고려 말을 거쳐 조선 전기 때 일입니다.

`문익점은 최초의 산업 스파이일까요?` 🔍 중국에서 붓두껍(붓촉에

Cooking Tip
아이들이 cotton이라는 단어를 잘 모르기 때문에 무슨 뜻일지 생각해 보게 하고 발표를 시켰습니다. 사전에 티셔츠를 준비하게 했고, 안쪽을 자세히 살펴보게 했습니다.

Cooking Tip
드라마 〈별에서 온 그대〉(1회)의 일부를 보여 주었습니다. '천송이'가 커피 '모카 라떼'의 '모카'가 문익점이 들여온 '목화'와 같은 것인 줄 알고 SNS에 사진과 글을 올리는 부분입니다.

끼워 두는 뚜껑)에 목화 씨를 숨겨 왔다는 문익점! 그는 과연 우리나라 최초의 산업 스파이였을까요? 아이들에게 찬반 형식으로 의견을 물었습니다. 문익점의 애민 정신에 집중해 열심히 그를 옹호하는 모습을 볼 수 있었습니다.

하지만 우리가 읽었던 어린 시절 위인전처럼 문익점이 붓두껍에 목화 씨를 숨겨 오지는 않았을 것 같습니다. 당시 원나라는 화약 제조 기술이면 몰라도 목화 씨 유출을 금지했다는 기록이 없기 때문입니다. 그래서 붓두껍이 아니라 상투에 숨겨 왔다, 아니다 지팡이에 숨겨 왔다 등의 논쟁은 크게 의미가 없어 보입니다. 다만, 그들의 도전과 노력이 고려 말 이후의 백성들의 삶을 크게 변화시켰고, 그들의 업적을 기리고 남다르게 강조하기 위해 그런 이야기들이 만들어졌다는 측면에서 생각해 주세요. 그런 이야기가 돌 정도로 '백성들이 고마워했구나' 또는 '그들의 업적이 후대에 이르기까지 칭송되었구나' 정도로 해석하면 좋을 것 같습니다. 훗날 조선 세종 대왕은 문익점의 애민 정신을 높이 기리기 위해 영의정 벼슬을 내리기도 합니다.

〈훈민정음 해례본, 출처 : 문화재청〉

특별한 풍미로
한 시대를 풍미하다

핵심역량을
기르는
특제 비법 소스
4종 세트

역사를
말랑 말랑하고
맛있게!

① 내가 바로 벽란도 상인!
② 우리가 만드는 팔만대장경
③ 상감 기법이 뭘까?
④ 우리가 만드는 직지, 금속활자 따라잡기

01 내가 바로 벽란도 상인!

☑ 난이도 : ★★☆☆☆

☑ 관련 핵심역량 : 자기관리 역량, 지식정보처리 역량

☑ 준비물 : 벽란도 보드게임

→ 학교 예산을 활용하여 플토보드로(www.pltobodro.com)에서 구입할 수 있습니다.

☑ 활동 Tip

• 고려 상인의 입장에서 주변국과 무역을 하는 방식의 보드게임입니다.

• 고려와 거래하는 국가(송 or 거란 or 여진 or 일본) 사이의 수출·수입 품목을 자연스럽게 익힐 수 있습니다.

• 물품 시세에 따라 물건값이 변하는데, 이를 잘 활용할 수 있는 능력이 필요합니다.

☑ 활동 모습

우리가 만드는 팔만대장경

> 'NO WAR'라는 제목으로 '전쟁, 핵은 모든 생명의 평화와 행복을 깬다.'는 메시지를 새겨 넣었습니다. 전쟁을 반대한다는 주장을 강조하기 위해 'R'자를 반대로 새겨넣었습니다.

☑ 난이도 : ★★★☆☆

☑ 관련 핵심역량 : 심미적 감성, 의사소통, 공동체 역량

☑ 준비물 : 목공용 끌, 망치, 나무도마, 목장갑, 먹물 등

☑ 진행 방법

① 학급회의를 통해 어떤 제목과 메시지를 담을 것인지 토의한다.

② 결정된 제목과 내용을 좌우를 반전시켜 스케치한다.

③ 한 명은 끌과 망치를 이용해 조각을 하고, 다른 한 명은 목판을 잡아 준다.

④ 완성된 목판에 먹물을 묻혀 종이에 인쇄한다.

☑ 활동 **Tip**

• 어떤 메시지를 담을 것인지가 목판 인쇄물을 만드는 과정보다 중요합니다. 화두가 되고 있는 공동체의 시사적인 문제에 대한 생각을 나누는 데 충분한 시간을 배려해 줘야 합니다.

• 글자 스케치한 부분을 수직으로 판 후 주변으로부터 깎아 들어가면 실수를 줄일 수 있습니다.

• 일반 조각칼의 경우 끌보다 내구성이 약해 망치질을 하면 쉽게 파손됩니다.

• MDF의 경우엔 원목이 아니기 때문에 조각하는 중에 튀어나온 글자 부분이 쉽게 떨어져 나오는 단점이 있어 교실에 있는 나무도마를 사용했습니다.

☑ 활동 모습

O3 상감 기법이 뭘까?

☑ 난이도 : ★☆☆☆☆

☑ 관련 핵심역량 : 심미적 감성 역량

☑ 준비물 : 폴리머 클레이(푸른색 3개, 흰색 1개, 검정색 1개-6인 기준), 상감 기법이 쓰인
청자 문양 사진, 조각칼, 미니 오븐 등

☑ 진행 방법

① 푸른색 폴리머 클레이를 손으로 주물러서 물렁하게 만든다.

② 용도에 맞게 모양을 만든다(예시 : 수저 받침대).

③ 제시한 사진을 보고 학과 구름 문양을 조각칼로 새기고 파낸다.

④ 흰색과 검정색 폴리머 클레이를 빈 공간에 채워 넣는다.

⑤ 오븐에 구워 실생활에서 사용할 수 있게, 단단하게 만든다.

☑ 활동 💷

• 오븐에서 완성 작품을 꺼낼 때 화상을 입지 않게 조심해야 합니다.

• 실제 청자 제작과의 비교·대조해 본 후 활동을 시작하는 것이 더 좋습니다.

☑ 활동 모습

우리가 만드는 직지, 금속활자 따라잡기

☑ **난이도** : ★★★★☆

☑ **관련 핵심역량** : 심미적 감성 역량, 의사소통 역량

☑ **준비물** : 찰흙(팅커캐드를 활용해 도안을 디자인하고 3D 프린터로 거푸집을 출력하는 방법
   도 있습니다), 양초(가열 기구를 사용하는 것이 불안하다면 '알지네이트 가루'를, 활
   자의 단단함을 강조하고 싶다면 '액화수지와 경화제-박주현 선생님의 아이디어'를
   사용하는 것을 추천합니다), 버너, 냄비, 내열그릇, 조각칼, 테이프, 종이컵, 깔
   때기, 칼 등

☑ **진행 방법**

   ① 찰흙으로 한 쌍의 직육면체를 만든다.

   ② 조각칼을 사용해 한쪽 거푸집에 글자를 파낸다.

   ③ 다른 거푸집에 양초 녹인 물이 들어갈 수 있는 구멍과 공간을 파낸다.

   ④ 며칠간 그늘진 곳에서 거푸집을 말린다.

   ⑤ 거푸집이 단단하게 굳었을 때 양초를 중탕으로 가열한다.

   ⑥ 거푸집 한 쌍을 테이프로 틈이 없게 붙인다(양초 녹인 물이 들어갈 구멍은 막지 않아요!).

   ⑦ 양초 녹인 물을 종이컵과 깔때기를 이용해 거푸집에 붓는다.

   ⑧ 양초 녹인 물이 완전히 굳을 때까지 기다린다.

   ⑨ 칼과 같은 도구를 사용해 거푸집과 활자를 분리시킨다.

☑ **활동 Tip**

   • 찰흙으로 한 쌍의 거푸집을 만들 때 모양과 크기가 일치하게 만들어야 양초 녹인 물이
   많이 새지 않습니다.

   • 거푸집 제작 시 글자를 좌우로 반전시켜 새기는 경우가 있는데, 그렇게 하면 안 됩니다.

   • 저희 반 학생들은 교사의 실수로 좌우를 반전시켜 새겨 활자가 거꾸로 제작됐습니다.

   • 화기를 사용하는 활동이므로 화상 입지 않도록 안전에 유의해야 합니다.

   • 양초 녹인 물이 완전히 굳을 때까지 오랜 시간 충분히 기다려야 합니다.

☑ 활동 모습

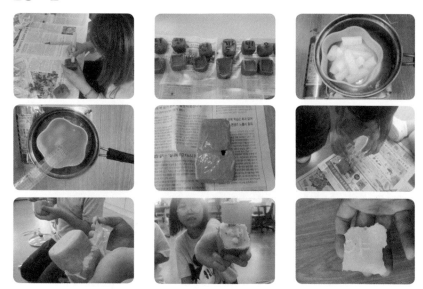

세 번째
食史

유교 문화가 발달한 조선

세 번째 코스 요리는 '유교 문화가 발달한 조선'입니다. 이번 식사는 총 4개의 메뉴로 구성되어 있고, 그 내용은 다음과 같습니다.

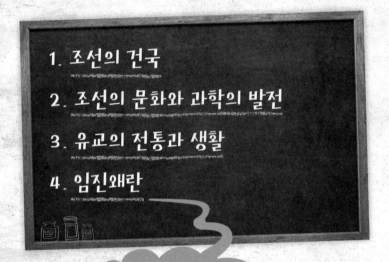

1. 조선의 건국
2. 조선의 문화와 과학의 발전
3. 유교의 전통과 생활
4. 임진왜란

초등 사회과에서는 단원을
구성하는 하위 요소들을 '중단원'
또는 '소단원'이라고 하지 않고
'주제'라고 표현합니다.

CE 1392년	CE 1394년	CE 1413년	CE 1416년
조선 건국	한양 천도	8도제 실시	4군 설치(~1443)

서양에서는 중세 다음을 '근대'라고 표현하지만 우리 역사에서는 중세 시대보다는 진보하였으나 근대라고 말하기는 어려운 시대가 존재합니다. 이를 '근세'라 부르고, 우리에게 너무나도 익숙한 조선이 이에 속합니다. 이 단원에서는 조선이 어떤 과정을 거쳐 탄생했는지, 세종·성종 연간에 때 이른 절정을 맞이한 조선의 문화와 과학기술에 대하여 공부하고, 조선의 근간인 유교가 백성들의 생활에 어떤 영향을 주었는지 알아보는 단원입니다. 끝으로 조선 전기와 후기를 가르는 분수령, 임진왜란에 대하여 학습하는 것으로 세 번째 단원을 마치게 됩니다.

셰프의 냉장고에 가지런히 정리된 식재료들을 살펴보고 싶다면 스마트폰으로 QR 코드를 인식해 쌤동네 링크를 클릭해 보세요! 셰프가 수업 시간에 사용하기 위해 제작한 프레지 자료를 살펴볼 수 있습니다. 프레지 애플리케이션을 설치하고 보는 것을 추천합니다.

CE 1434년	CE 1446년	CE 1485년	CE 1592년
6진 설치(~1449)	훈민정음 반포	경국대전 시행	임진왜란

Table 01

518년 조선 역사의 태동

오늘의 식단 한눈에 보기

🍴 백성들의 어벤져스

🍴 위화도 회군 사건

🍴 다시 백성들의 마음을 얻다

재료 준비

- 황산대첩, 위화도 회군 관련 영상
- 고려 말 백성들의 생활 모습, 토지제도 개혁 관련 영상
- 하여가, 단심가 관련 영상

장 보기

- 드라마 〈정도전〉
- 드라마 〈육룡이 나르샤〉
- 드라마 〈육룡이 나르샤〉

조선은 어떻게 세워졌을까요? 🔍

중세 고려를 마치고 드디어 조선 시대로 입성했습니다. 사극 드라마, 영화, 수많은 책들로 너무나 익숙한 조선 시대, 518년의 역사를 함께 살펴보도록 하겠습니다.

혼란스러운 고려 말을 살펴보면, 조선이 무엇을 지향하며 건국되었는지 알 수 있습니다. 다시 공민왕, 우왕 시기로 되돌아가 보겠습니다. 고려 31대 공민왕, 32대 우왕이 통치하던 시기는 우리 역사 어느 시기보다도 외세의 침략이 잦았던 때였습니다. 그 횟수만 수백 회에 이릅니다.

황금 보기를 돌같이 하라! 🔍

외세의 침략에 대항하며 고려 백성들의 슈퍼 스타가 된 이들이 있었으니, 그 대표 주자 가운데 한 사람이 바로 최영입니다. 날 때부터 권문세족이었으나 그는 흔한 권문세족의 행태를 답습하지 않습니다. '황금 보기를 돌같이 하라.'는 어록이 지금도 남아 있을 정도로 그는 부패한 권문세족과는 다른 인생을 살아갑니다. 평생을 전장을 누비며 홍건적과 왜구로부터 고려를, 백성들을 지키기 위해 살아갔던 장수로 알려져 있는 인물입니다.

홍건적이 10만 병력을 이끌고 고려로 쳐들어왔을 때, 고려는 수도 개경을 빼앗기고, 공민왕은 복주(현재 안동)로 몸을 피했습니다. 그때 최영은 군사를 모아 빼앗긴 개경을 되찾고 홍건적을 물리치는 데 큰 공을 세웠습니다. 하지만 최영의 대표 전투는 누가 뭐라고 해도 홍산대첩입니다.

홍산은 지금의 충남 부여 지역을 가리키는데요, 당시 최영의 나이는 61세였습니다. 이미 그 지역을 지휘하던 장수는 사망하였고, 삼면이 모두 절벽이고 길이 하나만 통하는 곳이라 젊은 장수들조차 쉽사리 나서지 못하고 있는 상황이었다고 합니다. 그때 최고 지휘관 최영이 부하 장수들에게 모범을 보이고자 앞장서 말을 달렸고 숨어 있던 왜구의 화살에 최영은 입술을 맞습니다. 하지만 그는 화살 따위는 아랑곳 않고 자신을 쏜 적군을 죽인 후 화살을 뽑아 내고 다시 전투에 임했다고 합니다. 이런 모습을 본 휘하의 장수와 병사들은 최영을 따라 용맹하게 싸웠고 왜구를 물리칠 수 있었던 것입니다. 이 전투가 바로 최영의 대표 전투인 홍산대첩입니다.

신궁 이성계 🔍

하지만 오늘 이야기에서 최영은 조연 정도에 해당될 것 같습니다. 최영과 함께 고려 백성들의 수호신이자 무패의 장수로 알려진 이성계! 그가 오늘 이야기의 주인공입니다.

Cooking Tip
드라마 〈정도전〉의 황산대첩 영상을 시청하면 아이들의 흥미 유발에 도움이 됩니다.

이성계는 황산대첩으로 백성들의 슈퍼 히어로가 되었습니다. 최무선의 진포대첩으로 배가 다 불타고 침몰해 버린 왜구들 가운데 상륙한 병력들이 상당했던 것으로 보입니다. 돌아갈 배가 없으니 내륙에서 그들의 노략질이 백성들에게 끼치는 영향은 어마어마했습니다. 그들을 이끌었던 아지발도(또는 아기발도)! 그는 십대 소년 장수로 『고려사절요』에 다음과 같이 묘사되어 있습니다.

'얼굴이 단정하고 고우며 빠르고 날래기가 비할 데 없었다. 백마를 타고 창을 휘두르며 달려와서 충돌하니, 향하는 곳마다 쫓기고 쓰러져 감히 당할 자가 없었다.'

내용을 보니 소년 장수이지만 전투력이 일반 성인들보다도 훨씬 대단했나 봅니다. 거기다 온몸에 철갑을 두르고 있어 화살도 통하지 않았다고 합니다. 여기서 신궁 이성계와 의형제 이지란의 활약 이야기가 무척 유명합니다. 이성계의 화살이 아지발도의 투구를 날리고 이지란의 화살이 아지발도를 명중시켰습니다. 아지발도를 잃은 왜구는 전의를 상실하고 뿔뿔이 흩어져 달아났습니다. 이 이야기가 바로 황산(현재 전북 남원)대첩의 하이라이트입니다.

이지란은 여진 사람으로 본명은 퉁두란인데, 이성계와 활쏘기 내기를 해 동생이 되었다고 합니다. 이성계의 활약은 이뿐만이 아닙니다. 황산 대첩 이전에는 당시 몽골 최고의 용장 나하추가 쌍성총관부를 다시 차지하기 위해 남하해 왔는데, 이성계의 동북군단은 나하추군과의 전투에서 7전 7승으로 전승을 거둡니다. 이성계에게 패한 나하추는 전투 과정에서 이성계의 팬이 되었다고 합니다.

이성계 vs 최영 🔍 한마음으로 고려 백성들을 구하기 위해 전장을 누볐던 두 영웅 최영과 이성계가 의견을 달리하는 사안이 생깁니다.

요동 정벌 🔍 바로 요동 정벌 건이었습니다. 당시 우왕의 장인이었던 최영은 이성계와 신진 사대부 세력의 뒷받침을 받아 국정을 농단하던 이인임 일파를 축출하고 문하시중이 되어 실권을 장악하고 있었습니다. 그때 외교적 문제가 하나 발생합니다. 명나라가 철령 이북의 땅을 명나라의 영토로 삼겠다고 통보한 것입니다. 과거 공민왕 시기 이성계 집안의 내응으로 탈환했던 영토입니다. 원래 원나라의 직할령이었으니 원나라를 무너뜨리고 나라를 세운 명나라는 그곳이 자기들의 영토가 되어야 한다고 주장합니다. 이에 최영은 오히려 요동 정벌을 단행하기로 결심합니다. 막 일어난 명나라에게 본때를 보여 주려는 것이었을까요?

이성계의 4불가론 🔍 하지만 이성계는 4불가론(四不可論)을 내세우며 이 전쟁에 반대했습니다.

"고려가 치기에 명나라는 너무 크고 강력한 대국이다. 여름철 농번기에 군사를 동원하는 것은 무리이다. 또 명나라와의 일전으로 대군을 파병하면, 그사이 왜구가 쳐들어올 가능성이 있다. 장마철이라 활과 화살의 아교가 녹고 활시위 줄이 늘어나며 창끝에 녹이 슬어 무기 사용이 불

Cooking Tip
신진 사대부의 '신진(新進)'은 새로 나아간다는 의미. '사대부(士大夫)'는 관직을 준비하기 위해 공부하는 학자(士) 또는 공부해 관직에 나아간 사람들(大夫)을 가리킵니다.

Cooking Tip
이인임은 자제위 홍륜 등이 공민왕을 시해했을 때 이를 진압하고 권력을 잡은 권문세족입니다. 드라마 〈정도전〉에서 "하루 먼저 죽는 것보다 권력 없이 하루 더 사는 게 두렵다."라는 대사로 이인임의 캐릭터를 분명히 했었죠.

편하고 전염병이 돌 우려가 있다."

이에 최영은 "몽골이나 명나라도 처음부터 컸던 나라가 아니다. 군인이 무슨 계절을 따지느냐. 왜구는 나머지 병력을 지휘해서 막으면 된다. 장마철 무기 사용이 불편한 것은 상대편도 동일한 조건이다." 등의 이야기로 반박하지 않았을까요?

하지만 최영은 자신이 직접 요동에 갈 수는 없었습니다. 최영이 제주도의 몽골족 진압을 위해 탐라(제주)로 떠났을 때 공민왕이 시해되어 우왕은 자신도 그럴 운명을 맞이할까 봐 최영을 눈물로 붙잡았다고 합니다. 어쨌든 이성계의 반대에도 불구하고 최영은 요동 정벌을 단행합니다. 군사 5만 4천을 징집해 출병시킵니다. 우군도통사 이성계, 좌군도통사 조민수가 병사들을 이끌었습니다. 총지휘관 최영 장군 없이 말이죠.

위화도 회군 🔍

Cooking Tip
드라마 〈정도전〉 편집 영상을 시청하며 당시의 위화도 회군 상황을 상상해 보고 이성계의 고민을 함께 해 보았습니다.

기세 좋게 출발한 5만 대군은 곧 여름철 장대비에 곤란을 겪습니다. 고생 고생해 겨우 압록강 위화도에 도착했는데, 이미 설치된 부교가 불어난 강물에 휩쓸려 가고 말았습니다. 부교를 다시 만드는 과정에서도 많은 병사들이 다치거나 죽었습니다. 거기다 전염병까지 창궐합니다. 더 이상 진군이 어렵다고 하소연하였지만 우왕과 최영은 계속해 진군을 재촉하였습니다. 이에 이성계는 고심 끝에 결심을 내립니다.

물론 역사는 승자의 기록이기에 어디까지 신뢰해야 할지 모르겠지만, 역사는 이를 '위화도 회군'이라고 합니다. 이성계가 군사를 돌려 개경으로 진격한 것입니다. 개경에 있는 우왕과 최영은 이성계의 5만 대군에 저항할 수 있는 병력이 남아 있지 않았습니다. 최영은 진심으로 요동 정벌에 고려의 국운을 걸었던 것으로 생각됩니다. 대군을 이끌고 개경에 입성한 이성계는 우왕과 최영을 제거하고 권력을 장악합니다. 하지만 최영의 제거는 백성들의 민심을 잃기에 충분했을 것으로 보입니다.

저잣거리에 시체 썩는 냄새가 진동하다 🔍

고려 말 당시 백성들의 삶은 정말 참담했습니다. 그 시작은 원나라의 지배에서부터 시작합니다. 80년간이나 원나라의 지배를 받다 보니 친원파가 득세하는데, 이들은 대를 이어 부를 세습하며 권세 있는 가문, 족속이 됩니다. 이를 '권문세족'이라고 하죠. 권문세족이 되는 경위는 무척 다양합니다. 몽골어를 잘하여 되기도 하고, 딸이나 여동생을 공녀로 보냈는데 그것을 계기로 출세하기도 하고. 그들의 정치적 기반은 원나라이고, 경제적 기반은 대농장입니다. 그들이 지닌 땅이 하도 넓어 울타리를 칠 수 없어 산맥과 하천을 경계로 하였다고 할 정도입니다. 하지만 백성들은 바늘 하나 꽂을 만한 땅도 없었지요. 권문세족의 부는 백성들의 토지를 강제 겸병하여 얻어 낸 것입니다. 땅이 있어도 그 세금이 무지막지해 백성들은 생활고에 시달려야 했습니다. 오죽하면 저잣거리에서는 백성들이 굶어 죽어 시체 썩는 냄새가 진동했다는 기록이 남았을까요?

Cooking Tip
당시 백성들의 삶을 학생들이 조금이라도 공감할 수 있게, 아주 흔한 고려 말 풍경(권문세족의 토지 겸병, 과도한 수취)을 드라마 〈육룡이 나르샤〉를 통해 살펴봤습니다.

정도전, 토지대장을 불사르다 🔍

이러한 백성들의 마음을 읽어 내고 신진 사대부 정도전은 고려의 토지대장을 개경 한복판에서 불살라 버립니다. 기존의 토지 소유 관계가 기록된 문서를 태워 버리고 새롭게 토지 분배를 한다는 의미와 권문세족이 부당하게 가지고 있던 토지를 인정하지 않고 새로운 혁신 정치 세력인 신진 사대부의 경제적 기반을 다지기 위한 목적이었습니다. 토지제도 개혁을 통해 최영 제거 후 흔들리는 민심을 다잡고, 나라를 건국하는 기틀을 다졌습니다.

Cooking Tip
토지대장에 불을 붙이는 장면을 드라마 〈육룡이 나르샤〉를 통해 살펴보았습니다. 이번 차시 소개하는 영상 가운데 매년 가장 반응이 뜨거웠던 장면입니다.

혁명파 vs 온건파 🔍

하지만 모든 신진 사대부가 새로운 나라를 세우는 데 찬성한 것은 아닙니다. 고려를 지켜 가며 잘못된 것을 바로잡자고 주장하는 온건 개혁파가 있었고, 새로운 국가를 세워 다시 시작하자는 혁명파도 존재했습니다. 온건 개혁파의 대표 주자는 포은 정몽주이고, 혁명파의 대표 주자는 삼봉 정도전입니다.

선죽교, 잘못된 만남 🔍
혁명파와 온건 개혁파가 새로운 세상에 대한 시각 차이를 보이고 정치적 공방을 주고받는 상황에서, 이성계가 사냥에서 낙마 사고를 당합니다. 정몽주는 이성계와 친밀한 관계였고, 같은 이색 선생 문하로 정도전의 선배였습니다. 그는 인간의 도리를 다하기 위해 이성계 집에 병문안을 갑니다. 물론 이성계 일파의 분위기도 살피기 위한 목적도 있었을 것입니다. 이때 이성계의 다섯째 아들 이방원이 정몽주 제거를 주장합니다. 하지만 아버지 이성계에게 크게 꾸중을 듣습니다. 이성계 입장에서는 친구 간의 의리를 저버릴 수 없다는 뜻이었던 것 같습니다.

하여가와 단심가 🔍
병문안을 마치고 돌아가는 정몽주에게 이방원은 회유의 의미를 담은 시조를 읊조립니다. 바로 '하여가'입니다.

"이런들 어떠하며 저런들 어떠하리. 만수산 드렁칡이 얽혀진들 그 어떠하리. 우리도 이같이 얽혀져 백 년까지 누리리라."

새로운 왕조 창업에 함께하자는 의미이죠. 이에 정몽주는 '단심가'로 답변합니다.

"이 몸이 죽고 죽어 일백 번 고쳐 죽어. 백골이 진토 되어 넋이라도 있고 없고. 임 향한 일편단심이야 가실 줄이 있으랴."

고려라는 국가에 대한 충심은 변함이 없음을 드러낸 시조입니다. 이런 답변을 들은 이방원은 무서운 결심을 합니다. 사람을 시켜 선죽교에서 정몽주를 살해해 버립니다.

정몽주가 이성계와 함께 조선 건국에 참여하여 균형을 맞춰 나라를 이끌어 갔다면 어떤 조선이 되었을까요? 역사에 '만약'은 없지만 더 멋진 조선이 만들어지지 않았을까요? 후에 이 사실을 알게 된 이성계는 아들 방

Cooking Tip
이 과정에서 당시의 긴장감을 느끼고, 이방원의 입장에서 감정이입하기 위해 드라마 〈육룡이 나르샤〉의 일부를 보여 주었습니다. 다소 픽션이 가미되어 있지만 아이들의 역사적 감정이입에 많은 도움이 되었습니다.

원에게 불같이 화를 냈다고 전해집니다. 이성계는 정몽주를 정도전과 함께 새로운 국가를 이끌어 갈 진정한 동지로 생각했던 것 아닐까요?

조선의 건국 Q 이렇게 새 왕조 개창에 반대하는 세력이 제거되자 혁명을 꿈꾸었던 자들은 나라 이름을 옛 조선(고조선)을 계승한다는 뜻으로 '조선'이라고 하여 새로운 시대를 열었습니다.

태조 이성계의 어진입니다. 우리가 흔히 생각하는 붉은색의 용포가 아닌 청룡포를 입고 있습니다. 중국을 중심으로 생각했을 때 조선은 동쪽에 있는 국가입니다. 좌청룡 우백호 할 때 그 청룡이 푸른색을 상징해 청룡포를 입은 것으로 보입니다. 실제 그림을 보면 그의 카리스마가 500년 후의 우리에게도 강렬하게 전해집니다. 시간이 가능할 때 전주 이씨의 본가 전라북도 전주의 경기전에서 명품 해설을 들으며 태조 이성계의 어진을 살펴보는 것은 어떨까요?

태조 이성계 어진
(문화재청)

Table 02

정도전, 조선 왕조를 디자인하다

오늘의 식단 한눈에 보기

🍴 왕조의 설계자

🍴 유교 정치의 이념을 담다

재료 준비	장 보기
• 상호 견제 체제를 구상하는 정도전의 모습 영상	• 드라마 〈육룡이 나르샤〉
• 한양도성 관련 영상	• 〈한국의 유산〉(KBS)
• 사직단 관련 영상	• 〈한국의 유산〉(KBS)

정도전 유배지

이곳은 어떤 곳일까요? 태조 이성계를 도와 새 나라 조선을 세우고 설계한 분이 머물렀던 곳입니다. 그가 고려 말 권문세족의 견제로 현재 전라남도 나주 지역으로 유배를 가게 됩니다. 그 집터를 복원해 놓은 모습입니다. 이곳에서 백성들의 고단한 삶을 직시하고, 백성들을 위한 민본사상을 키운 것으로 알려져 있습니다. 여기서 말하는 그는 과연 누구일까요?

삼봉 정도전 🔍 바로 혁명파 사대부였던 삼봉 정도전입니다. '삼봉'은 정도전의 호로, 현재 단양 8경 가운데 한 곳입니다. 정도전이 도담삼봉을 찾아와 경치를 구경하고 풍월을 읊었다고 하며, 이를 유래로 자신의 호를 삼봉이라 하였다고 합니다.

조선을 디자인하다! 🔍 정도전에 대해 조금 더 깊이 있게 짚고 넘어가도록 하겠습니다. 그는 앞에서 이야기한 것처럼 민본 정치를 강조하였습니다. 그가 쓴 사찬 법전『조선경국전』을 살펴보면 다음과 같은 대목이 나옵니다.

'군주는 천명의 대행자이지만 천명, 천심은 고정 불변의 것이 아니라, 민심에 의하여 바뀔 수도 있기 때문에 만약 군주가 자기의 의무와 책임인 어진 정치를 저버려 민심을 잃게 되면 천심, 천명이 바뀌고, 천심, 천명이 바뀌면 군주는 교체될 수도 있다.'

왕조 국가에서 감히 신하가 할 수 없는 이야기가 적혀 있습니다. 이러한 문장에서 그의 정치 사상이 백성을 근본으로 하고 있다는 것을 알 수 있습니다. 그리고 재상 중심의 정치를 주장하였습니다. 임금의 자질에는 어리석은 자질도 있고, 현명한 자질도 있어 한결같지 않으니 국가와 백성의 안위를 담보할 수 없다고 보았습니다. 이에 훌륭한 재상이 임금을 보필하여 올바른 길을 갈 수 있게 돕는 국가 체제를 갖춰야 어리석은 임금이 나타나도 국가와 백성의 안위를 담보할 수 있다는 생각입니다.

팔방미인 정도전 🔍

그는 그외에도 다방면으로 조선의 기틀을 다졌습니다. 조선의 정치와 행정 제도를 정비한 책으로 『경제문감』이라는 책이 있습니다. 또 한양 천도를 주도했고, 한양의 궁궐과 종묘의 위치 및 한양의 모든 궁과 문의 칭호를 만들었습니다. 그외에도 조선 건국의 정당성을 강조하기 위해 『고려국사』라는 역사서를 간행하고, 고려 말 고리대 등으로 백성들의 삶을 피폐하게 만든 불교를 비판하는 『불씨잡변』을 저술하기도 합니다. 또 맹목적인 사대를 거부하고 요동 정벌을 준비하기도 합니다(이 요동 정벌을 단행하기 위한 사병 혁파 시도를 계기로 태조의 다섯째 아들 이방원에게 살해당하여 뜻을 이루지는 못한다). 국방과 병력 운용에도 관심이 많아 병법서를 쓰기도 합니다. 한 사람이 한 가지 일에 몰두해 업적을 남기기도 힘든데 다방면에서 자신의 능력을 보여 줍니다.

왜 서울일까요? 🔍

여기서 잠깐! 앞서 정도전이 수도 한양의 모든 궁과 문의 칭호를 만들었다고 이야기했습니다. 한양은 조선 시대에도 수도였지만, 현재 대한민국의 수도로 '서울'이라는 이름으로 부르고 있기도 합니다. 그럼 '서울'이라는 지명의 유래에 대해 알아보겠습니다. 여러 가지 설이 있지만 정도전과 관련된 이야기를 소개할까 합니다.

조선을 세우고 정도전이 한양 도성을 쌓기 위해 범위를 정하는 데 고심을 하고 있었을 때, 어느 날 눈이 내렸다고 합니다. 하지만 남산, 북악

Cooking Tip
수도 그 자체를 의미하기도 하는 '서울'이라는 용어는 신라의 수도였던 '서라벌'의 발음이 변화하여 만들어진 단어라는 설도 유력하지만, 조선 건국 이야기와 관련 있는 유래를 강조하여 소개했습니다.

산, 인왕산 등으로 둘러싸여 있는 안쪽은 간밤에 눈이 다 녹았고, 이를 이성계에게 고하니 하늘의 뜻으로 여기고 이를 울타리 삼아 한양 도성을 짓게 했다고 합니다. 즉, 서울이라는 지명이 '눈 설(雪)' 자에 울타리 할 때 '울' 자를 붙여 만들어졌다고 전해집니다. 한양은 조선의 중심에 위치하여 교통의 요지였으며, 사방이 산으로 둘러싸여 있어 방어에 유리했습니다. 또 남쪽에는 한강을 두고 주변에 평야가 발달했다는 지리적 강점이 있는 곳입니다.

Cooking Tip
한양, 평양 등에 붙는 '양' 자는 남쪽에 강을 두고 있는 도시에 붙는 단어입니다. 한양은 남쪽에 한강을, 평양은 남쪽에 대동강을 두고 있습니다.

유교 정치 이념이 깃들다 🔍

지금부터는 정도전이 유교 정치 이념을 담아 디자인한 한양 도성에 대해 살펴보겠습니다.

한양도성도 손그림

정도전은 문 하나의 이름을 붙일 때도 유교 정신을 담기 위해 고민했습니다. 사진은 어디일까요? 대한민국 보물 1호인 흥인지문(興仁之門)입니다. 원래 이름은 '흥인문'이었는데, 나중에 이름이 바뀐 것입니다. 현재는 편의상 '동대문'이라고도 부르지요. 여기서 주목해야 할 글자는 '어질 인(仁)' 자입니다. '인(仁)을 흥하게 하라'는 의미에서 흥인지문이라고 명명했습니다. 유교의 사덕(四德)인 인의예지(仁義禮智) 가운데 하나이지요. 흥인지문은 외형적으로는 옹성의 구조를 사용했다는 특징이 있습니다.

Cooking Tip
이번 차시는 프레지 사용을 추천합니다. 배경 화면으로 한양 도성을 표현한 그림을 삽입하고 한양 도성 그림에서 각 위치에 사대문과 종각 등의 사진을 배치한 후 줌인, 줌아웃 기능을 사용하면 좋을 것 같습니다. 한양도성도 그림은 쌤동네 채널 '열정의 봉선생'을 참고해 주세요.

흥인지문

돈의문(국립민속박물관)

Cooking Tip

사대문을 축성할 때 흥인문이 속을 많이 썼다고 합니다. 도성 물이 빠져나가는 동쪽 지반이 약해 석축이 기울어 보강 공사를 해야 했고, 다소 억지스럽지만 왜란 때 왜군이 흥인문으로 한양에 입성하자 동쪽 낙산의 기세가 약하기 때문이라는 말도 나왔다고 합니다. 이에 훗날 고종이 성문을 다시 지으며 산세의 형상을 지닌 '갈 지(之)' 자를 넣어 동쪽의 약한 기운을 보강하고자 했다고 전해집니다.

　　다음은 일제에 의해 사라져 지금은 볼 수 없는 문입니다. 돈의문(敦義門)입니다. '서대문'이라고도 합니다. 여기서는 당연히 '옳을 의(義)' 자에 주목해야 합니다. '의(義)를 북돋우라'는 의미에서 돈의문이라고 한 것입니다.

　　다음은 어디일까요? 숭례문(崇禮門)입니다. 숭례문은 개성 남대문, 평양 보통문과 함께 우리나라 성문을 대표하는 건축물이며, 현재 남아 있는 성문 가운데 가장 크고 오래된 성문입니다. '예(禮)를 숭상한다'는 의미로 숭례문이라고 명명했습니다. 1396년(태조 5)에 시작하여

숭례문

1398년(태조 7)에 완성되었으며, 여러 차례에 걸친 수리를 통해 잘 보존되어 1962년 12월 20일 국보 제1호로 지정되었습니다. 2008년 2월 10일 방화로 큰 피해를 입었으나 정밀 피해 조사 2년, 복구 공사 3년 등 모두 5년에 걸친 작업 끝에 복원되었습니다.

　　그럼 다른 문들과 다른 점을 하나 찾아볼까요? 현판이 가로가 아닌 세로로 쓰여 있다는 점이 특징입니다. 세로로 쓰게 된 경위를 알아보기 위해 무학대사와 정도전의 썰전을 상상해 봅니다.

　　무학대사는 이성계를 도와 조선 건국에 큰 역할을 한 승려로 왕사(王師, 왕의 스승)를 지냈던 사람입니다. 하지만 한양을 길지로 보고 천도를 하려고 할 때 무학대사와 정도전이 의견을 달리합니다. 정도전은 군자는 남쪽을 향해야 한다고 주장했고, 무학대사는 그 자리는 관악산의 화기(火氣)가 너무 세기 때문에 옳지 않다고 주장합니다. 풍수지리설의 영향을 받아 이러한 주장을 했던 것으로 보입니다. 이런 양쪽의 주장 가운데 태조 이성계는 누구 편을 들어주었을까요? 정도전의 의견을 들어주었습니다. 불교 승려인 무학대사의 패배이자 유학자 정도전의 승리로 보아

앞으로는 유교 정치 이념에 따라 조선을 이끌어 나가겠다는 뜻으로 해석할 수도 있겠습니다.

하지만 정도전 역시 무학대사의 말을 신경 쓰긴 했나 봅니다. 관악산의 화기를 막기 위해 관악산 쪽 땅을 파 큰 그릇에 물을 담아 묻어 놓기도 하고, 같은 목적으로 숭례문의 현판을 세로로 쓴 것이라고 합니다. 무학대사의 예언대로 된 것일까요? 2008년 숭례문은 불에 의해 큰 수난을 겪었습니다. 앞으로는 우리 문화유산이 이런 식의 수난을 겪지 않았으면 좋겠습니다.

Cooking Tip
숭례문 현판을 세로로 쓴 이유에 대한 다른 주장도 있습니다. 숭례문이 한양도성의 정문이므로 귀한 손님들을 서서 맞이하는 예의를 갖춘 모습을 표현하기 위해 현판을 세로로 만들었다는 설입니다.

사대문의 마지막 코스 소지문(昭智門)입니다. 하지만 소지문이라는 이름은 처음 논의할 때만 거론되고 어떤 이유에서인지 오랜 기간 '숙청문(肅淸門)', '숙정문(肅靖門)'으로 불렸습니다. 꿈에서 정도전 선생과 만난다면 꼭 묻고 싶습니다. 왜 소지문이 아

숙정문(문화재청)

닌 숙정문으로 이름을 정했는지! 훗날 숙정문 서북쪽으로 약간 비껴서 홍지문(弘智門)을 냈습니다. 홍지문이 정북 방향의 대문은 아닙니다만, '지혜(智)를 넓히라'는 의미로 명명한 홍지문 역시 '지혜 지(智)' 자를 사용합니다. 이상 한양도성의 사대문에 대해 간략히 알아보았습니다.

보신각

조선은 유교의 사덕(四德, 仁義禮智)도 중요하게 생각했지만 오상(五常, 仁義禮智信)도 중요하게 여겼습니다. 그래서 '신(信)'을 상징하는 건축물도 한양 한 가운데 세웁니다. 종로 한복판에 있는 보신각 종루입니다. 해마다 1월 1일이면 수만의 인파가 모여 타종 행사를 하지요. 조선 시대에는 종을 울려 도성의 문을 여닫는 시각, 또는 위급한 상황을 알려주는 데 사용했다고 합니다. 조

◦ 한양도성

선 시대에 사용했던 종은 수명이 다해 국립중앙박물관 야외에 전시되어 있습니다. 그리고 한양도성 그림 전체를 위아래로 구분해 주는 하천, 청계천이 이때도 있었습니다. 지금은 여름철 서울 시민들의 휴식 공간으로 활용되고 있죠. 또 외적에 방비하기 위해 한양 주변의 북악산(북쪽), 인왕산(서쪽), 목멱산(남쪽, 또는 남산), 낙산(동쪽)을 이어 성곽을 쌓았습니다. 능선을 따라 이어져 있는 한양도성은 마치 자연의 일부인 것처럼 조화롭습니다.

조선의 법궁 🔍 다음으로 조선의 법궁인 경복궁(景福宮)을 소개하겠습니다. 조선 시대를 전기와 후기를 나누는 분수령인 임진왜란 때 불타 버리기 전까지 약 200년간 조선 왕조의 궁궐로 사용되었던 곳입니다. 경복궁은 '만년토록 큰 복을 누려 번성하라'는 뜻이라고 합니다. 조선 왕조가 개창될 때, 조선을 세운 사람들의 마음을 엿볼 수 있습니다. 임금이 머물며 정치를 행했던 곳입니다.

이번에는 경복궁 내부에서 가장 웅장한 건물 근정전(勤政殿)을 살펴보겠습니다. 실제 답사를 가서 위치 선정을 잘하

◦ 경복궁 근정전

여 멀찍이 떨어져 바라보면, 마치 인왕산과 북악산, 근정전이 연결되어 있는 듯한 뷰 포인트가 있으니 꼭 찾아보길 추천합니다. 근정전은 국가의 중대한 의식을 거행한 건물입니다. 근정전의 이름에는 백성들을 위해 왕이 부지런히 정치에 임해 주길 바라는 정도전의 생각이 깃들어 있습니다. 건물 하나에도 백성을 마음에 두고 이름을 붙인 것을 알 수 있습니다.

Cooking Tip
'전(殿)' 자가 붙어 있는 건물은 아무나 머무는 곳이 아니라고 합니다. 임금이 머무는 곳이나 공자, 부처님을 모시는 곳의 건물에 '전' 자를 붙일 수 있었습니다. 물론 이 시기에는 기독교가 널리 퍼지지 않은 때입니다. 교과서 개정으로 경복궁에 대한 내용이 대폭 줄어, 관련 내용은 체험 학습 워크북 내용으로 대체합니다. 경복궁과 관련된 추가적인 내용은 특제 비법 소스 부분을 참고해 주세요! 혹시 학생들과 직접 방문할 기회가 있다면 360도 카메라를 준비해 구간별 VR을 만들어 보는 것은 어떨까요?

절대군주인 왕도 감히 걷지 못했던 길 🔍

조선의 임금은 살아 있을 때에는 궁궐에 머물지만 세상을 떠나면 종묘(宗廟)에 모십니다. 물론 매장은 왕릉에 하지만요! 사극을 보면 "전하~ 통촉하여 주시옵소서. 종묘, 사직을 생각하소서!"라는 대사를 자주 듣는데, 그때 등장하는 종묘입니다. '사당 묘(廟)' 자를 써서 제사를 드리는 곳, 사당을 의미합니다. 세상을 떠난 왕과 왕비의 신주(神主)를 모셔 두는 곳입니다.

종묘는 중심 건물인 정전(正殿) 말고도 별묘인 영녕전(永寧殿)이 있습니다. 세종 때 종묘 정전의 공간이 부족해지자 정전 서쪽에 새로 지은 건물로, 종묘 정전에 모시지 않는 분들은 이곳에 봉안되어 있습니다. 원래 종묘 정전에는 창업 군주인 태조와 현 임금의 4대조 왕과 왕비의 신주를 모시게 되어 있으나 공적이 인정된 분들의 신주는 '불천지주(不遷之主)'라고 하여 신주를 영녕전으로 옮기지 않고 정전에 그대로 봉안하기도 합니다. 정전에 비해 단출한 영녕전에는 34위의 신주가 모셔져 있습니다. 종묘에는 실제 나라를 다스린 왕과 왕비는 물론 추존된 분들도 모십니다. 하지만 연산군이나 광해군과 같이 폐위된 군주는 모시지 않는다는 특징이 있습니다.

종묘에 들어가면 경복궁 같은 궁궐에 들어갔을 때 볼 수 있는 삼도(三道, 3개의 길)가 있는데, 그 쓰임에 차이가 있습니다. 궁궐에서 삼도는 왕과 문반, 무반의 길로 나뉜다면, 종묘에서의 삼도는 조상들의 혼이 다니는 가운데 신향로(神香路)와 동쪽에 왕의 길(御路), 서쪽에 세자의 길(世子路)로 구성되어 있습니다. 신향로는 왕조차도 걸을 수 없는 길이었던 것이죠.

좌묘우사 🔍

지도에서 보면 종묘는 경복궁의 동쪽에 위치해 있습니다. 좌묘우사(左廟右社)의 원칙에 의거한 것입니다. 궁궐의 왼쪽에 종묘를, 오른쪽에는 사직을 짓게 되어 있습니다. 하지만 왜 동쪽이 왼쪽인

Cooking Tip
신주는 '신' 또는 '혼'이 드나드는 나무 위패를 말합니다. 멀리서는 잘 보이지 않지만 신주에는 어떤 분의 혼을 모시는지 적혀 있습니다.

Cooking Tip
영녕전의 마지막 칸에는 비록 실제 나라를 다스렸던 왕이나 추존된 왕은 아니지만 대한제국의 마지막 황태자 의민황태자(영친왕)의 신주가 봉안되어 있다는 점 참고하세요!

지 의문을 가질 수 있습니다. 그것은 임금은 항상 남쪽을 바라보고, 임금의 기준에서 왼쪽이기 때문에 왼쪽이 우리가 보는 것과 반대로 동쪽이 되는 것입니다.

이번 사진은 종묘의 정전입니다. 세계에서 가장 긴 단일 목조 건물로 실제 답사를 가 보면 그 엄숙함과 위엄에 놀랍니다. 정전 지붕의 길이가 자그마치 101m입니다. 종묘 정전은

종묘 정전

총 19칸의 신실로 이루어져 있고, 그 신실 안에는 49위의 신주가 봉안되어 있습니다. 종묘는 유네스코 세계문화유산에 등재되어 있습니다. 그리

종묘 신주

고 조선 시대의 종묘제례 및 종묘제례악은 지금까지 계승되어 그 가치를 인정받아 유네스코 인류무형문화유산에 등재되어 있습니다.

신주를 모신, 굳게 닫힌 방 신실은 현재 일 년에 한 번만 열립니다. 옛 격식 그대로의 종묘제례와 종묘제례악도 일 년에 한 번 5월 첫째 일요일에 관람할 수 있습니다.

다음은 임금이 머무는 경복궁의 오른쪽에 위치한 사직단이 무엇인지 간단히 살펴보고자 합니다. 조선은 농업을 경제의 중심으로 한 국가입니다. 사직단은 농경과 관련된 제사 의식을 거행하는 곳입니다. 토지신 '사(社)'

Cooking Tip
설명과 함께 〈한국의 유산〉 '사직단' 편 영상을 살펴보았습니다.

사직단(문화재청)

자에 곡식신 '직(稷)' 자를 사용해, 토지신과 곡식신에게 임금이 백성의 대표로서 평안과 풍년을 기원하던 장소입니다.

다음은 경복궁 동쪽에 있어 창경궁과 함께 '동궐'로 불렸던 창덕궁입니다. 창덕궁은 경치가 빼어나기로 유명합니다. 특히 후원 관람이 백미이

죠. 경복궁과 같이 임진왜란 때 소실되었지만 광
해군 때 전후 복구 사업의 일환으로 복구하여 지
금에 이르고 있습니다. 즉 조선 후기 궁궐의 모습
이 상당 부분 남아 있는 것이지요. 그 가치를 인
정받아 유네스코 세계문화유산에 등재되어 있습
니다. 경복궁은 복원이 그보다 200년 정도 늦어

창덕궁 돈화문

졌고(흥선대원군 때 작업 착수), 복원된 후에도 일제에 의해 너무 많은 수
난을 당해 전각의 대부분이 사라졌고, 현재 경복궁의 모습은 과거의 극
히 일부 모습만 보여 주는 것이라고 합니다. 문화재청에서 장기적인 프
로젝트로 경복궁 복원 플랜을 진행하고 있는 것으로 알고 있습니다.

창덕궁 인정전

창덕궁의 정전 인정전입니다. '어진
마음으로 나라를 다스리라'는 의미인
것 같습니다. 창덕궁은 3대 임금 태종
시기에 지어졌습니다.

문묘 🔍   다음은 문묘입니다. 국가의 통치 이념인 유교, 당시 조
선을 이끌어 간 사상 유학의 성인인 공자를 받드는 사당입니다. 유교 문
화권에 해당하는 한국, 중국, 일본, 베트남에서 공통적으로 볼 수 있는
곳입니다. 당시 신성하게 여겨진 문묘가 있었던 조선의 최고 교육기관
성균관은 공권력을 쉽게 투입할 수 없는 곳이었습니다.

Cooking Tip
공자에서 '자'는 '선생님'을
의미합니다. '자'가 이름이
아닌 것이죠. 공자는 공 선
생님 정도의 의미라고 생각
하면 됩니다.

운종가 🔍   끝으로 운종가는 지금의 종로 일대로 '사람들이 구름
같이 모였다 흩어지는 곳'이라는 뜻입니다. 시전이 설치되어 상업 활동
의 중심지였던 곳입니다.

Table 03

이방원, 피로 왕이 되다

오늘의 식단 한눈에 보기

- 왕자의 난
- 태종, 조선의 기틀을 세우다
- 옛 지명의 유래

재료 준비	장 보기
• 사병 혁파 관련 영상	• 드라마 〈육룡이 나르샤〉
• 1, 2차 왕자의 난 관련 영상	• 드라마 〈육룡이 나르샤〉
• 태종의 왕권 강화 정책 관련 영상	• 드라마 〈육룡이 나르샤〉
• 세종의 외척을 제거하는 태종 관련 영상	• 드라마 〈뿌리깊은 나무〉

최악의 수 🔍 정안군(이방원, 이성계의 다섯째 아들)은 새 왕조 조선을 개창하는 데 무척 큰 공을 세웠습니다. 이성계의 아들 가운데 단연 으뜸이었습니다. 새 나라 건설에 반대한 포은 정몽주를 제거하며 자신의 손에 피를 묻히는 것도 망설이지 않습니다. 이후 혁명파들의 새 나라 건설은 급류를 타며 진행된 것이 사실이죠. 하지만 이방원은 아버지 이성계가 조선의 왕이 된 이후 종친이라는 이유로 건국의 공을 제대로 인정받지 못하고 권력에서 멀어집니다. 거기다 이성계와 정도전은 배 다른 형제 방석을 세자로 책봉합니다.

하지만 이방원은 끊임없이 힘을 키워 나가고 있었습니다. 정도전이 만드는 세상과는 다른 세상을 꿈꾸고 있었던 것이죠. 그는 왕권이 강력하게 바로 서야 국정 운영이 제대로 된다고 보았습니다. 전근대 사회에서는 훌륭한 왕이 등장했을 때 권력이 집중되어 제대로 된 정책이 추진되고 백성들의 삶이 나아지는 모습들을 볼 수 있습니다.

그런데 이방원은 갑작스럽게 괴팍하고 변덕스러운 명나라 황제 주원장을 달래기 위한 사신으로 중국에 내던져집니다. 권력은 고사하고 무사히 돌아올 수 있을까 하는 의문이 드는 길이었습니다. 하지만 아버지 이성계를 위해, 조선을 위해 갈 수밖에 없었습니다. 그는 모두의 걱정이 기우였음을 보이며 임무를 완벽하게 수행하고 돌아옵니다. 자신의 존재 가치를 증명이라도 하듯 말이죠!

명나라 주원장의 무리한 요구들로 조선이 골머리를 앓았던 경험을 교훈 삼아 정도전은 요동 정벌을 추진합니다. 한번 잘못 맺어진 나라와 나라와의 관계는 수백 년을 간다고 생각하고, 명나라에게 뭔가를 보여 주고 옛 영토를 되찾기 위해서 추진한 계획입니다. 그리고 조선의 군사력

Cooking Tip
드라마 〈육룡이 나르샤〉에서 사병 혁파와 관련된 내용 일부를 시청하며 학생들의 흥미와 관심을 유도했습니다.

을 한 곳에 집중하려는 의도도 있었습니다. 하지만 요동 정벌과 사병 혁파는 이방원의 입장에서 봤을 때 최악의 수였습니다. 사병이 없으면 아무리 이방원이라도 훗날 왕이 될 수는 없었겠지요. 이런 의미에서 사병 혁파는 이방원에게 큰 위기였습니다.

1차 왕자의 난 🔍

흔히 이방원의 책사가 하륜이기 때문에 그를 '킹 메이커'라고 합니다. 하지만 진정한 킹 메이커는 따로 있었습니다. 바로 이방원의 부인인 훗날 원경왕후 민씨입니다. 그녀의 공으로 사병 혁파라는 위기를 기회로 바꾸어 1차 왕자의 난을 성공으로 이끌 수 있었습니다. 당시 난을 일으킬 수 있는 무기들은 민씨의 도움으로 갖춰진 것들이니까요.

이방원은 왕비의 능인 정릉을 정비하기 위해(또는 지키기 위해) 군대를 움직일 수 있는 이숙번의 도움도 받습니다. 정릉 정비를 순번을 정해 돌아가며 하는데, 이방원과 손을 잡은 이숙번의 존재를 정도전 측에서는 몰랐던 것으로 보입니다. 그리고 거사 직전 충청 관찰사로 발령이 난 하륜의 충청도 관병도 허수일지언정 도움이 됐던 것으로 보입니다. 당시까지는 하륜이 이방원의 책사였다는 사실이 공공연히 알려지지 않았을 때이니까요. 어찌 되었든 이런 병력들을 활용해 정도전과 세자 방석을 제거하고 허수아비로 형인 방과를 임금(정종)으로 옹립합니다(방석의 형인 방번도 제거되었다). 이것이 1차 왕자의 난인 무인정사입니다. 이방원은 이 사건을 바탕으로 권력의 중심에 서게 됩니다. 아버지 태조와의 사이는 극도로 악화되었지만요.

Cooking Tip
드라마 〈육룡이 나르샤〉에서 1차 왕자의 난과 관련된 내용을 시청하며 학생들의 몰입도를 높였습니다.

2차 왕자의 난 🔍

무인정사를 성공시키는 데 형제들 가운데 도움을 준 이도 있었습니다. 바로 이성계의 넷째아들 이방간입니다. 하지만 무인정사 이후 모든 권력은 동생 방원에게 집중되고, 본인은 정작 2

등 공신이 되어 논공행상에 불만을 갖게 됩니다. 이런 상황에서 그는 동생 방원의 세력과 대결을 벌입니다. 하지만 이미 계획을 알고 있었던 이방원은 방간의 세력을 간단히 제압합니다. 그리고 형 정종으로부터 선위를 받아 꿈에도 그리던 그 자리, 용상에 앉게 됩니다. 그가 바로 조선의 3대 임금 태종입니다.

Cooking Tip
드라마 〈육룡이 나르샤〉에서 넷째 방간이 논공행상에 불만을 갖는 모습과 2차 왕자의 난에서 방간을 제압한 후 왕위에 오르는 이방원의 모습을 시청하였습니다.

6조는 모든 일을 내게 직접 보고하라!

왕이 된 태종은 그 해에 고려 시대부터 국가의 모든 일을 담당하던 도평의사사라는 조직을 의정부로 개편하고, 군사·인사·경제·법률 분야를 제외하고 행정권만을 담당하게 합니다. 삼정승이 모여 나라의 주요 정책을 결정하는 의정부의 권한을 약화시키기 위해서입니다. 그렇다고 모든 업무를 자신이 다 처리할 수는 없으니 6조 직계제라는 것을 시행합니다. 현재의 행정 각 부와 유사한 것이 6조인데, 원래 6조 각 부는 업무를 처리함에 있어 의정부의 정승들에게 보고를 하고, 삼정승이 관련 내용을 검토하고 협의한 후 임금에게 보고하는 체제였으나 의정부의 중간 협의 과정을 빼고 6조의 모든 이야기를 임금이 직접 보고받는 체제로 바꾼 것입니다. 6조 직계제의 '직'은 '곧장' 정도로 해석하면 될 것 같습니다.

Cooking Tip
6조에서 하는 일을 표로 정리해 보았습니다. 플로보드로에서 나온 보드게임 '6조'를 활용하면 아이들이 더욱 쉽게 인식할 수 있습니다.

이조	관리들의 인사 고과를 담당
호조	인구 조사, 세금 징수, 재정 관리 담당
예조	외교·사신 접대, 각종 의례, 과거시험 주관
병조	군사, 통신 업무 담당
형조	재판과 형벌 담당
공조	도로와 다리 건설, 수공업 관리

의정부의 삼정승은 할 일이 없어져 버렸지만 불만이 있어도 카리스마 태종에게 감히 대들 수도 없었습니다. 태종은 왕위에 오른 뒤에도 피바람을 몰고 다녔으니까요. 자신이 왕이 되는 데 도움을 준 원경왕후 민씨의 남매인 민무구, 민무질마저도 제거합니다. 외가 친척 세력들의 성장을 싹도 나기 전에 잘라 버린 것이지요. 훗날 아들 세종의 장인 집안까지 쑥대밭으로 만들어 버리는 살벌한 모습을 보여 주니 대신들이 말 한 마디도 못 하는 상황이 벌어지는 것이죠.

Cooking Tip
드라마 〈뿌리깊은 나무〉를 활용해, 태종의 지시로 아들 세종이 장인을 제거하는 과정에서 카리스마 태종에게 아무 반대도 하지 못하는 모습을 보여 주었습니다.

정도전이 디자인한 설계도로 완성하다

태종은 정도전이 미처

다 하고 가지 못한 일들을 완성하는 데 전념합니다. 이미 토지 개혁이 이루어졌음에도 양전(농토를 측량하는 것)을 실시하여 땅의 경계와 소유 관계를 정확히 밝히고, 어떤 토지가 어떤 식으로 경작되고 있으며, 생산량이 얼마나 되는지 파악했습니다. 이는 국가 재정 확보를 위한 행위로 보면 됩니다.

Cooking Tip
드라마 〈육룡이 나르샤〉에서 1차 왕자의 난 이후 이방원과 하륜의 대화 장면을 시청하였습니다. 왕이 되기 전 장면이지만 본 내용과 직접적인 관련이 있어 시청했습니다.

그리고 16세 이상의 남자들에게 모두 호패를 가지고 다니게 했습니다. 나라의 인구를 보다 정확하게 파악하여 세금을 부과하거나 군대를 운용해야 할 때 얼마나 병력을 징발할 수 있는지 파악하기 위함이었습니다. 호패는 현재 주민등록증과 유사한 것으로 생각하면 됩니다. 그리고 정도전처럼 불교를 멀리합니다. 끝으로 왕족과 공신들의 사병을 혁파해 버립니다. 자신이 사병으로 왕이 되었으니 자신처럼 군사력을 앞세워 권력을 차지하지 못하게 하기 위함입니다.

그럼 앞서 이야기한 호패를 자세히 살펴보겠습니다. 가장 왼쪽의 호패는 신재묵이라는 사람의 호패입니다. 우측 하단에 을유생이라고 적혀 있어 을유년에 태어났음을, 좌측 하단에 갑인무과라고 적혀 있으므로 갑인년에 무과 과거 시험에 합격했음을 알 수 있습니다. 두 번째 호패는 임성조라는 사람의 호패입니다. 우측 하단

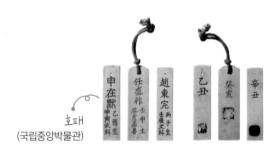

호패
(국립중앙박물관)

에 임신생이라고 적혀 있어 임신년에 태어났음을, 좌측 하단에 가선대부라고 적혀 있어 품계가 종2품 가선대부였다는 것을 알 수 있습니다. 끝으로 오른쪽 호패입니다. 조동완이라는 사람의 호패입니다. 병자년에 태어나 임진년 문과에 합격했던 사람이라는 것을 알 수 있습니다. 여기까지는 모두 공무원들의 호패였습니다.

일반 사람들의 호패는 어떤 내용을 담고 있었을까요? 일반 백성들은

이름, 사는 곳 외에 얼굴빛과 수염의 유무를 써 놓기도 했고, 품계가 낮은 군인들은 소속 부대와 신장을 써 놓기도 합니다. 그리고 노비는 나이, 거주지, 얼굴빛, 키, 수염의 유무, 주인의 이름 등을 기록했습니다. 신분이 낮을수록 더 자세한 내용을 기록했던 것으로 보아 호패가 백성들에 대한 통제책이었음을 알 수 있습니다.

조선 팔도 🔍 또 나라를 효율적으로 다스리기 위해 전국을 8개의 도로 나누고 관찰사를 보냈습니다. 관찰사는 '도' 단위를 관할하는 관리입니다. 그럼 도 단위까지만 관리를 파견하였느냐? 아닙니다. 지방의 모든 군과 현에 수령(사또, 원님, 지방관)을 보내 왕이 직접 모든 지방을 다스리는 듯한 효과를 얻었습니다. 고려 시대에는 지방 세력이 강해 지방관을 파견하는 군·현보다 그렇지 못한 군·현이 더 많아 왕명이 제대로 전달되지 못하는 경우도 많았는데, 이제 완전히 중세 시대를 벗어난 모습입니다. 점차 새로 태어난 조선이라는 나라가 안정되어 갑니다. 왕권 강화로 조선이라는 나라의 기틀을 탄탄히 다진 것이죠.

각 도의 이름은 그 지역의 대표 도시들의 이름을 따서 지었습니다. 함길도는 함흥과 길주의 앞 글자를, 평안도는 평양과 안주의 앞 글자를, 황해도는 황주와 해주의 앞 글자를, 강원도는 강릉과 원주의 앞 글자를, 충청도는 충주와 청주의 앞 글자를, 경상도는 경주와 상주의 앞 글자를, 전라도는 전주와 나주의 앞글자를 딴 것입니다. 지금과 거의 유사하지만 조금 다른 점을 짚어 보자면, 현재는 전라도를 전라북도와 전라남도로 나뉘는 데 반해 옛날에는 전라우도와 전라좌도로 나누었다는 점이 다릅니다. 여기서 오른쪽, 왼쪽은 우리가 지도를 보았을 때를 기준으로 한 것이 아니라 왕이 남쪽을 바라봤을 때를 기준으로 한 것입니다. 3단원 마지막 주제에서 이순신 장군의 직책과 관련이 있어 먼저 잠깐 이야기합니다.

Cooking Tip
8개의 도로 정비했다는 것을 강조하기 위해 '팔도 왕뚜껑' 실물을 제시해 학생들의 흥미를 유도했습니다.

쿨내 진동 🔍 태종 이방원은 왕이 된 후 자신이 제거했던 정적 정
도전의 정책 대부분을 수용합니다. 정적의 정책이었다고 하여 무조건 비
판하고 배척하는 것이 아닌, 열려 있는 정치 마인드를 보여 준 것입니다.
왜 그랬냐고 태종 이방원에게 묻는다면, 그는 다음과 같이 대답하지 않
을까요?

"나는 정도전과 입장이 달랐다. 하지만 조선의 제도와 문물을 만들고
조선의 모든 기초를 닦은 것은 삼봉의 덕이었다."

실제로 태종은 생각을 달리해 제거했던 정도전 자손의 관직 진출을 막
지 않았다고 합니다.

지금도 쓰이는 옛 지역 명칭의 유래 🔍 먼저 '빗장 관(關)'이라는
글자를 알면 도움이 됩니다. 예전에는 주요 고개에는 빗장이 걸려 있었
습니다. 빗장으로 잠근 문을 '관문'이라고 합니다.

철령관을 기준으로 북쪽을 관북 지방(함경도 일대), 서쪽을 관서 지방
(평안도 일대), 동쪽을 관동 지방(강원도 일대)이라고 불렀습니다. 관동 지
방의 경우 대관령을 경계로 영서 지방과 영동 지방으로 나눕니다. 해서
지방(황해도 일대)이란 용어는 해주가 고려 개성의 서쪽이라는 의미로 사
용되었다고 합니다.

경기 지방(경기도 일대)은 '서울 경(京)' 자를 사용해 서울 주변 500리
(200km 정도)의 땅을 의미합니다. 하지만 여기서 500리는 중국의 개념
을 따온 것이기 때문에 너무 범위가 넓어지니, 서울 주변 지역을 경기라
고 한다는 점만 기억하면 될 것 같습니다.

이어서 호서 지방(충청도 일대)은 충북의 제천 의림지를 '호(湖)' 자로
표현하여 제천 의림지의 서쪽에 있다는 의미로 쓰입니다. 호남 지방(전
라도 일대)은 금강의 옛 명칭인 호강을 기준으로 호강의 남쪽이라는 의미
로 쓰입니다. 끝으로 영남 지방(경상도 일대)은 조령관의 남쪽이라는 의미

로 쓰입니다. 하지만 지역 명칭에 관한 유래는 다양한 설이 있을 수 있다
는 점 이해해 주기 바랍니다.

'Give & Take'의 원조, 사대교린

오늘의 식단 한눈에 보기

🍴 사대교린의 의미

🍴 명과의 관계

🍴 일본과의 관계

🍴 여진과의 관계

재료 준비	장 보기
• 조선 초 명과의 관계 관련 영상	• 드라마 〈육룡이 나르샤〉
• 대마도 정벌 관련 영상	• 드라마 〈육룡이 나르샤〉
• 김종서 장군 관련 영상	• 〈한국의 정신〉(국회방송)
• 최윤덕 장군 관련 영상	• 〈한국의 정신〉(국회방송)

사대교린 🔍 큰 나라를 섬긴다는 의미의 사대(事大)와 이웃처럼 사귄다는 교린(交隣)의 합성어입니다. 사대에서 말하는 큰 나라란 중국, 명나라를 의미합니다.

조선 초의 사대는 흔히 말하는 사대주의와는 약간 차이가 있습니다. 명나라의 구체적인 내정 간섭이 없었기 때문입니다. 기본적으로는 정치적 목적을 가지고 사절 교환이 이루어졌지만, 이를 통해 명나라 문화의 수입과 물품 교역을 위한 목적도 있었습니다. 명나라에 대한 사대 외교는 왕권의 안정과 국제적 지위 확보를 위한 자주적 실리 외교인 동시에 선진 문물을 흡수하기 위한 문화 외교이자 공무역이었습니다. 실제로 조선이 일정량 조공을 하면 명나라는 대국답게 우리에게 받은 것의 곱절을 내주었으니까요. Give & Double Take 외교로 보아도 크게 무리는 없을 것 같습니다.

교린이라는 한자 자체에서는 알 수 없지만 실제 실록을 살펴보면 조선이 일본, 여진을 대상으로 상당히 미묘한 심리전을 했음을 알 수 있습니다. 여진의 경우 회유와 토벌을 병행했으며, 대일 관계는 왜구의 침략을 방어하는 데 중점을 두었습니다.

권지국사 🔍 명나라는 조선을 세운 이성계를 인정하려 하지 않아 조선과 감정이 좋지 않았습니다. 이성계를 국왕으로 인정하지 않고 '권지국사(權知國事)'라는 단어를 사용했던 것을 보면 알 수 있습니다. 조선은 건국 초기 정도전이 요동 지역을 무력으로 회복하려는 요동 정벌 계획을 추진하여 명나라와 갈등을 빚었습니다. '권지'는 '임시로 맡다', '국사'는 '나랏일'이라는 의미이므로, 이성계를 나랏일을 임시로 맡은 자 정도로 여긴 것입니다.

거칠고 변덕이 심한 주원장이 명나라의 황제이다 보니 조선과 외교적 마찰이 있었던 것이 사실입니다. 이러한 미찰을 해결하기 위해 이방원을 명나라에 보내 문제를 해결하기도 했습니다. 이와 별도로 정도전은 요동 정벌 계획을 추진하였습니다. 2가지 방향으로 외교를 펼친 것이지요. 하지만 1차 왕자의 난으로 정도전이 제거되고 요동 정벌 계획은 없었던 것으로 돌아갑니다. 이후 태종 이방원 때부터 명나라와 좋은 관계를 유지했습니다.

대마도 불바다 작전 🔍

『조선왕조실록』 기록들을 살펴보면 조선 초기에 교류의 비중이 많았으되 왜구의 공격도 이따금 기록되어 있습니다. 물론 시간이 흐를수록 왜구의 침략이 더 잦아졌습니다. 그래서 세종 대에 왜구의 활동 거점인 대마도(쓰시마 섬)에 이종무를 보내 대마도 정벌을 단행합니다. 병선 227척, 병력 1만 7천 명으로 대규모 군대를 이끌고 대마도를 토벌하고 왜구의 근절을 약속받고 돌아왔습니다. 교과서에 기술된 것처럼 세종 1년에 정벌이 이루어지기는 하나 대마도 정벌은 상왕인 태종이 감독한 계획입니다. 당시 군사권과 인사권은 여전히 태종이 지니고 있었기 때문입니다.

당시 『세종실록』에는 작전이 어그러져 우리가 생각하는 것보다 조선군 피해도 컸던 것으로 기록되어 있습니다. 우리가 생각하는 완벽한 승리는 아니었던 것 같습니다.

3포 개항 🔍

7년 정도 후 상황이 비교적 안정되자 조선은 회유책으로 3포를 개방하여 왜관을 설치해 무역을 허용합니다. 여기서 3포란 부산포(동래), 제포(진해, 창원), 염포(울산)를 말합니다.

그러나 그 후 일본 사람들의 내왕이 너무 잦아지자 상주자 이외의 사

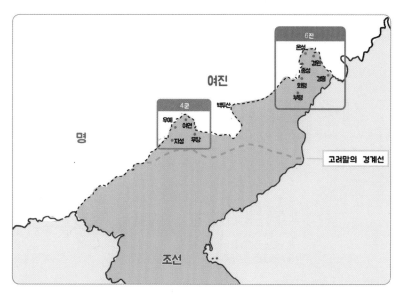

람들을 모두 내쫓고 대마도주에게 내왕을 허락한 무역선의 수는 50척으로, 식량 배급은 200석으로 제한합니다.

조선은 태조 대부터 두만강 지역을 개척하기 시작했으며, 세종 대에 이르러 4군(일반 행정구역을 의미)과 6진(군사기지 정도의 의미)을 개척하여 압록강과 두만강을 경계로 하는 국경선을 확정하였습니다. 이 국경선은 현재에 이르러서도 유효합니다.

Cooking Tip
온 작품 읽기 도서로 『잔트
간자 담이』(허순영, 꿈초)라
는 책을 추천합니다. 백성
들의 눈으로 바라본 4군 6
진 정책은 어땠는지, 그들
의 삶을 어떻게 바꾸었는지
알 수 있는 책입니다.

압록강 염라대왕 X 백두산 호랑이 🔍

압록강 일대에 4군을 개척한 것은 '압록강 염라대왕'이라는 별명을 지닌 최윤덕이고, 두만강 일대에 6진을 설치한 것은 '백두산 호랑이' 김종서입니다. 조선이 여진에게 계속 강경한 태도만 취한 것은 아닙니다. 조선은 여진에 대해 양면 정책을 취했습니다. 여진 사람에게 관직을 주거나 정착을 위한 토지와 주택을 주어 귀순을 장려하기도 하였습니다. 하지만 그들이 국경을 침입해 약탈을 자행할 때는 군을 동원해 정벌했습니다.

Cooking Tip
〈한국의 정신〉 '김종서, 최
윤덕' 편을 시청해 두 인물
에 대해 자세히 살펴보았습
니다.

세종 탐구생활 A to Z

오늘의 식단 한눈에 보기

- 세종의 싱크탱크
- 農者天下之大本
- 예와 악을 알아야 멋진 조선인
- You are the best

재료 준비	장 보기
• 세종의 고기 사랑 관련 웹툰	• 『조선왕조실록』
• 집현전을 세운 이유 관련 영상	• 드라마 〈뿌리깊은 나무〉
• 경연 관련 영상	• 드라마 〈뿌리깊은 나무〉
• 칠정산 관련 영상	• 〈역사채널e〉(EBS)
• 훈민정음 반포에 반대하는 신하들을 설득하는 장면	• 드라마 〈뿌리깊은 나무〉
• 훈민정음 관련 영상	• 〈역사채널e〉(EBS)
• 세종의 공감 능력을 보여 주는 영상	• 〈역사채널e〉(EBS)
• 세종의 장애인 정책 관련 영상	• 〈역사채널e〉(EBS)
• 세종과 관련된 음원	• 멜론

세종이 백성 말고도 사랑한 것이 있었다?! 🔍

조선 최고의 애
민 군주하면 누가 떠오르나요? 저는 세종이 떠오릅니다. 그는 첫째도 백
성, 둘째도 백성, 셋째도 백성, 낮에도 백성, 밤에도 백성만 생각했던 임
금이었습니다. 하지만 이런 세종이 백성 말고도 사랑한 것이 있었습니
다! 무엇일까요?

ㄱㄱ 🔍

정답은 바로 고기입니다. 세종은 고기 없으면 못 사는
육식남이었습니다. 아버지 태종의 유언을 보면 확 와 닿습니다. "주상은
고기가 아니면 진지를 들지 못하니, 내가 죽은 후 권도를 좇아 상제(喪
制)를 마치라." 쉽게 이야기하면 "세종이 고기 없이는 못 사는 것을 아니
내가 죽어도 꼭 고기를 챙겨 먹여라." 정도로 풀어 쓸 수 있습니다. 실제
로 태종이 세상을 떠난 후 세종은 두 달 이상 소찬(고기 반찬 없이 채식 위
주로 된 반찬)을 함으로써 예를 표합니다. 하지만 두 달 만에 건강에 이상
이 생기니 대신들이 고기 먹기를 간청해 소찬을 그만두는 상황(『세종실
록』 18권, 세종 4년 11월 1일 갑인 1번째 기사)이 벌어집니다. 고기를 좋아한
수준이 아니라 먹지 않으면 몸에 이상이 생기는 수준이었던 것입니다.

Cooking Tip
교실 태블릿을 활용해 모둠
별로 웹툰 『조선왕조실톡』
1화를 찾아보게 하여 학생
들이 수업을 재미있게 시작
하였습니다.

조선, 때 이른 절정을 맞이하다 🔍

세종의 인간적인 측면을 살
펴보았으니 지금부터는 본격적으로 그의 업적에 대해 살펴보겠습니다.
그는 재위 기간 동안 문화와 과학기술을 꽃피워 조선이 때 이른 절정을
맞이하는 데 공헌합니다. 세종은 지나칠 정도로 일을 열심히, 많이 한 사
람이었습니다. 거의 워커홀릭 수준이었습니다. 이런 세종이 다양한 정
책을 내고, 새로운 것을 만들어 낼 수 있게 뒷받침해 준 싱크탱크(Think

Cooking Tip
드라마 〈뿌리깊은 나무〉 일
부를 통해 세종이 집현전
을 세운 까닭을 알아보았
습니다.

tank)가 바로 집현전(集賢殿)이었습니다. 집현전은 현명한 사람들을 모아 놓은 곳이라는 의미입니다.

집현전은 단순 학문 연구기관이다? 🔍

집현전에 대해 자세히 살펴보겠습니다. 집현전은 단순 학문 연구기관이었을까요? 아닙니다. 학문 연구도 하고, 임금의 정책 자문에도 응하는 기관이었습니다. 즉, 나라에서 실시하고자 하는 정책에 대해 직접적으로 자신의 의견을 제시할 수 있는 그런 자리였던 것이지요.

한 번 들어가면 나올 수 없는 개미지옥 🔍

세종이 집현전 사람들을 아꼈던 만큼 한 번 들어가면 빠져나오기 힘들다는 이야기가 나올 정도로 장기 근속자들이 많았습니다. 정창손은 22년, 최만리는 18년, 박팽년은 15년을 근무했습니다. 선생님들이 한 학교에 20년 가까이 근무한다고 생각해 보세요! 정말 엄청난 기간입니다. 그들도 수령, 관찰사, 이조판서나 병조판서, 영의정을 해 보고 싶지 않았을까요?

거기다 업무 양이 엄청나게 많아 야근이 생활화될 정도라고 하니 어지간한 체력이 아니면 집현전에서 버텨 내기 힘들었을 것 같습니다. 신숙주가 야근을 하다 잠이 들었는데 세종이 곤룡포를 덮어 주었다는 일화는 잘 알려져 있지요. 이처럼 일이 힘든 대신 근로 복지는 최고였습니다. 학문 연구와 정책 연구 및 자문에만 집중할 수 있도록 감사와 같은 잡무를 없애 주었습니다. 이 부분은 선생님들은 물론이고 행정실장님들이 특히 부러워할 것 같습니다!

세종은 가끔 '이것'을 하사하셨다 🔍

무엇일까요? 바로 귤입니다! 당시 귤은 왕에게 올리는 진상품으로 쉽게 접할 수 없는 귀한 것이었다고 합니다. 당시 귤은 황금빛 감귤, '황감'이라고 불렀습니다. 물론 집현

Cooking Tip

임금의 흉배에 수놓아진 용이 그려진 곤룡포 티셔츠를 활용해 잠시 콩트를 해 보았습니다. '어느 숙직 날'이라는 제목으로 학생들이 신숙주가 야근하는 장면을 꾸며 볼 수 있게 하였더니 수업이 더욱 즐거웠습니다.

전 학사들에게만 주었던 것은 아닙니다. 세종 대에 그런 것은 아니지만 후대 왕들은 제주의 감귤이 올라오면 이를 성균관 유생들에게 나눠 주고 특별 시험을 치르기도 했습니다. 공교육의 사기를 높이고 학문을 권장하기 위해 실시한 특별한 과거 시험인 것이죠. 그래서 이를 '황감제' 또는 '황감시'라고 했습니다.

세종은 가끔 '이것'을 허용하셨다 🔍

무엇일까요? 근무 중 약주 한 잔씩 하는 것을 허용했다고 합니다. 일이 너무 힘들고 많으니 술 한 잔씩 하면서 기분 좋게 하라는 의미로 해석하면 좋을 것 같습니다.

사가독서제 🔍

집현전 학사들에게는 사가독서제라는 것도 허용 됐습니다. '사'는 '내릴 사(賜)', 하사한다는 의미입니다. '가'는 한가롭다 할 때 '가(暇)'이고요. 집현전에 출근하지 않고 여유롭게 독서할 시간을 하사한다는 뜻입니다. 정말 부럽습니다!

아버지 태종과 결정적인 차이 🔍

바로 경연에 임하는 태도입니다. '경서 경(經)', '대자리 연(筵)' 자를 사용해 경서를 공부하는 자리, 왕과 신하들이 함께 공부하고 정책을 협의하는 자리를 '경연'이라고 합니다. 태종은 연 3회 정도 참여한 것으로 기록되어 있는데, 세종은 연 60회 정도 참여한 것으로 기록되어 있습니다. 세종은 이렇게 토론하는 자리를 즐겼다고 합니다. 세종 자신이 공부를 많이 한 왕이기 때문에 학문적 자신감이 있어 과거 시험을 뚫고 들어온 조선의 천재들과 토론해도 전혀 밀리지 않았던 것으로 보입니다. 또 태종 때 이루어지던 육조직계제를 다시 의정부 서사제로 바꾸어 소통왕의 면모를 보여 줍니다.

Cooking Tip
드라마 〈뿌리깊은 나무〉를 활용하여 경연을 치르는 모습을 학생들과 함께 살펴보았습니다. 〈뿌리깊은 나무〉의 옥의 티! 드라마에서는 경회루에서 경연이 이루어지는 것처럼 묘사했지만, 실제 경복궁에서의 경연은 주로 사정전에서 이루어졌습니다.

세종은 악덕 사장 🔍

세종이 얼마나 일에 중독되었는지 알 수

있는 일화가 하나 있습니다. 윤회라는 신하의 모친이 돌아가셔서 윤회는 유교적 관습에 의해 하던 일을 그만두고 3년상을 치르러 가야 했습니다. 이에 세종은 왕명으로 주요 관직의 관리들에게 3년상을 100일상으로 간소하게 치르게 합니다. 아무리 3년상을 치른다고 하여도 그 슬픔은 가시지 않는다, 자신의 경험상 열심히 일하는 것이 슬픔을 잊는 최고의 방법이라고 하면서 말이죠.

비슷한 워커홀릭 사례가 하나 더 있습니다. 이 사람은 고려 말 우왕 때부터 조선 초 문종 때까지 재상으로 일했던 사람입니다. 세종 즉위 당시 이미 50대로 환갑을 바라보고 있었습니다. 그런데도 세종은 그가 제출한 사직서를 받아 주지 않고 일을 시켰는데, 하물며 87세에 제출한 사직서마저도 받아 주지 않습니다. 그는 바로 황희입니다. 실록의 기록을 좇아 가다 보면 우리가 아는 것과는 달리 청렴과는 다소 거리가 있는 인물이기도 합니다만, 연로하신대도 끝까지 열심히 일해 주셔서 감사합니다! 정말 고생하셨습니다!

자신에겐 더 혹독했던 세종 🔍 그렇다면 세종은 신하들에게만 일을 강요하는 상사였을까요? 여러분은 세종의 매일 반복되는 일과표를 보면 깜짝 놀랄 것입니다. 세종은 24시간 중 잠을 자는 5시간을 제외하고는 계속 일을 했습니다. 그는 왕이기 때문에 승진할 필요도 없었는데, 그렇게까지 일을 했던 이유가 무엇일까요? 백성들의 삶을 나아지게 하려고, 조선을 좋은 국가로 만들기 위한 노력이었습니다. 굳이 쉬는 시간을 찾아보자면 공부 및 독서 시간이 유일하게 쉬는 시간이었다고 합니다.

여기까지 세종 대의 문화 융성이 어떤 과정을 거쳐 나온 것인지 살펴보았습니다. 이제부터는 과정이 아닌 그들이 만들어 낸 결과물을 살펴보겠습니다.

`공법` 🔍 세종은 끊임없이 백성의 소리를 듣고자 하였습니다. 그래서 600년 전에도 백성들을 대상으로 국민(?) 투표를 실시합니다. 1430년 3월 9일부터 8월 10일까지 세금을 거두는 방법에 대해 여론 조사를 합니다. 세금을 어떻게 거두어야 합리적일지 백성들에게 묻습니다. 토지 1결당(보통 300두의 쌀이 생산되는 토지 면적을 말한다) 세금을 10두로 일정하게 매기는 정액 세법을 '공법'이라고 합니다. 공법을 실시하지 말지 위로는 재상에서부터 아래로는 지방의 농민들까지 약 17만 명의 백성들이 투표에 참여합니다. 당시 인구에서 17만 명이면 엄청난 수였습니다. 단, 전근대 신분제 사회였기 때문에 노비, 어린이, 여성은 제외되었습니다.

`57.1% vs 42.9%` 🔍 투표 결과는 공법을 시행하자는 쪽으로 기울었습니다. 약 10만 명 정도의 사람들이 찬성했습니다. 하지만 그는 이것으로 만족하고 정책을 밀어붙이지 않습니다. 세종 12년에 여론 조사를 실시했고, 세종 26년에 법을 시행하기 시작했으니 조세 형평과 민생을 고려해 한번 법을 만들 때 그 중요성을 인지하고 10년 이상 부족한 부분을 보완하여 시행한 것입니다. 공정하고 좋은 제도는 하루아침에 만들어질 수 없는 것이니까요. 공법의 핵심 내용은 마침내 전분 6등과 연분 9등으로 최종 확정되었습니다.

`공법의 핵심` 🔍 토지의 비옥도와 풍흉을 고려해 합리적인 방법으로 세금을 거두는 것으로 결정된 것입니다. 전분 6등이라는 말에서 토지 비옥도에 따라 땅을 6개의 등급으로 나누었음을 알 수 있습니다. 그리고 풍년인지 흉년인지 상상년·상중년·상하년·중상년·중중년·중하년·하상년·하중년·하하년 9개 등급으로 나누어 세금을 매기는 것입니다. 두 기준을 모두 고려하면 세금을 54등급으로 나누어 거둔 것이죠.

농사직설 🔍 농사 이야기가 나온 김에 관련된 세종의 업적을
더 정리해 보겠습니다. 백성들의 하늘이 쌀임을 알았던 세종은 『농사직
설』을 편찬해 관리들에게 나누어 주어 그들이 우리나라 풍토에 맞는 농
법을 백성들에게 안내하고 지도케 하였습니다. 『농사직설』은 우리나라에
서 직접 행해지는 농사 방법을 농민들의 경험을 수집해 설명한 책이라는
의미입니다. 다음은 조선 시대 세금을 거두었던 토지의 결수를 그래프로
표현한 것입니다. 1결은 쌀 300두가 생산 가능한 토지 면적입니다. 세종
시대에 조선 최고의 생산량을 자랑합니다.

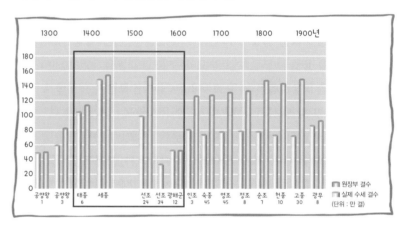

과학기술 🔍 이러한 결과를 얻게 된 것이
단지 『농사직설』 하나로만 이루어진 것일까요? 세종
은 조선의 발명왕 장영실 등의 도움을 받아 다양한
과학 기구를 만들어 냄으로써 일상생활에서 시각과
절기, 계절을 정확히 알 수 있게 했고, 이는 농사짓
는 데도 큰 도움이 됩니다. 장영실은 천민 출신이었
지만 공로를 인정받아 후에 종3품까지 올라갑니다.

농사지을 때 중요한 것은 뭐니 뭐니 해도 강우량

측우기

입니다. 그래서 만든 것이 세계 최초의 강우량 측정 기구 '측우기'입니다. 돌에는 '측우대'라고 쓰여 있습니다. 측우기를 올려 놓는 돌이죠. '재다 측(測)', '비 우(雨)' 자를 사용해 '비의 양을 측정하는 기구'라는 뜻입니다. 세종 24년 전국에 측우기가 설치됩니다. 매년, 매월, 매시에 내리는 비의 양을 재 강우량을 수치화하여 하늘에서 비를 어느 정도나 내릴 것인지 예측하고자 만든 것입니다. 세종 말기에 나온 것이라 아들 문종이 만든 것과 같다는 이야기도 있습니다.

이번에는 백성들에게 시각과 절기를 알려주기 위한 기구를 소개하겠습니다. '해시계'라고도 부르는 '앙부일구'입니다. '우러를 앙(仰)', '가마솥 부(釜)', '해 일(日)', '그림자 구(晷)' 자를 사용해 하늘을 우러른 가마솥 모양의 그릇에 눈금을 새기고 햇빛을 받아 생긴 바늘의 그림자가 가리키는 눈금을 읽으면 시각을 알 수 있게 만든 기

앙부일구

구입니다. 하지만 치명적인 단점이 있습니다. 날씨가 좋은 날이 아니면 사용할 수 없다는 것이지요. 그래서 이러한 단점을 극복한 발명품이 나옵니다.

바로 일종의 물시계인 '자격루'입니다. '스스로 자(自)', '칠 격(擊)', '새다 루(漏)' 자를 사용해 물이 흐르는 것을 이용해 스스로 북과 징을 치게 만드는 일종의 알람시계입니다. 조금 더 자세히 이야기하면, 큰 항아리에 물을 부으면 물이 일정하게 긴 원통으로 흘러들어 가고, 물이 점점 많아질수록 구슬이 하나씩 굴러가 종이나 북을 울리게 한 장치입니다.

자격루

덕수궁 야외에는 조선 시대 자격루 부품이 전시되어 있고, 국립고궁박물관에는 실제 자격루의 모습을 상상해 볼 수 있게 복원 모형이 전시되어 있습니다. 실제로 작동하는 모형입니다!

천문학이 왜 중요할까요? 🔍

다음으로는 세종 시대에 발전한 천문학에 대해 살펴보겠습니다. 천문학, 왜 중요할까요? 천체의 변화를 살펴 날씨나 계절의 변화를 예측하는 천문학이 농사의 성공에 매우 큰 영향을 미쳤기 때문입니다. 당시 왕은 하늘을 대신하는 존재였고, 각종 천재지변이 왕의 부덕으로 일어나는 일이라고 여겼습니다. 그 때문에 천문학 발전이 왕권을 강화하는 길이기도 했습니다.

그럼 천문학의 바탕이 되는 천체 관측 기구에 대해 살펴볼까요? 바로 '혼천의'입니다. '뒤섞일 혼(渾)', '하늘 천(天)', '거동, 천문기계 의(儀)'자를 사용해 무수히 많은 천체가 뒤섞여 있는 하늘을 보고 그것들의 움직임을 관측하는 기구라는 의미 정도로 풀이해 볼 수 있습니다.

혹시 천체 망원경을 사용해 본 경험이 있나요? 천체 망원경은 몸통의 움직임에 따라 경위대식과 적도의식으로 나뉩니다. 경위대식은 가로 세로로 직선으로 움직여 초보자들이 사용하기에 좋아 아이들과 하늘을 관측할 때 주로 사용합니다. 하지만 적도의식 망원경의 경우에는 가로 세로로의 움직임이 직선이 아니라 곡선이라 실제 천체의 움직임에 맞게 움직일 수 있게 설계되어 있습니다. 때문에 천체의 움직임을 추적하며 장시간 관측하기에는 적도의식 망원경이 적절하여 전문가들이 많이 사용합니다.

혼천의의 수많은 원은 적도의식 망원경이 곡선으로 움직여 천체를 추적하듯 천체 관측

혼천의(문화재청)

300

의 가이드 역할을 하는 것입니다. '간의'는 '간략할 간(簡)' 자를 사용해 복잡한 혼천의를 간단하게 줄여 만든 천문 관측 기구입니다. 고도와 방위를 정밀하게 측정할 수 있어 혼천의의 기능을 보완하기도 했습니다.

조선의 시간을 계산하다 🔍

이러한 천체 관측 기구를 활용하여 세종은 조선의 독자적인 역법을 만듭니다. 역법의 역은 달력할 때 '역(曆)' 자와 같아 달력을 만드는 법 정도로 풀이하면 될 것 같습니다. 쉽게 말해 위도와 경도가 달라 오차가 있을 수밖에 없는 중국의 달력 대신 조선의 수도 한양을 기준으로 한 역법을 만들었다는 뜻입니다. 지금이야 스마트폰을 켜면 바로 달력을 볼 수 있고 시간을 알 수 있지만 당시에는 어땠을까요? 또 역법을 만드는 방법을 생각해 보십시오. 하늘의 천체들의 움직임을 계산해 달력을 제작한다고 생각해 보세요! 쉽지 않은 일입니다. 도대체 뭘 어떻게 관측하고 계산해야 달력을 만들 수 있을까요? 그래서 당시 만들어진 역법서에는 그 나라의 수학과 과학기술이 총집합되어 녹아들어 있다고 보는 것이 맞습니다.

칠정산 🔍

세종 시기에 만들어진 역법서 『칠정산』입니다. '일곱 칠(七)', '규칙 정(政)', '계산할 산(算)' 자를 사용해 해와 달, 수·금·화·목·토성 7개의 천체가 움직이는 규칙을 계산했다는 의미입니다. 여기서 말하는 7개의 천체가 우리 달력의 요일(일, 월, 화, 수, 목, 금, 토)을 상징하는 천체들입니다.

예와 악을 알아야 조선 멋쟁이 🔍

유교 국가 조선에서는 백성의 교화를 무척 중요하게 생각했습니다. 그런 목적으로 예와 악을 강조했습니다. 사진은 『삼강행실도』입니다. 지금의 도덕, 윤리 교과서 정도로 보면 될 것 같습니다. 모범으로 삼을 만한 충신, 효자, 열녀에 대한 이야기

Cooking Tip
〈역사채널e〉'조선의 시간' 편을 시청해 『칠정산』을 통해 얼마나 정확하게 일식 시간을 예측할 수 있었는지 살펴보았습니다.

『삼강행실도』에는 지금 시
각에서 보면 이해하기 힘든
엽기적인 장면이 나오기도
합니다. 남편을 잃은 여인
이 절벽에서 뛰어내리는데,
우리 동네에도 열녀가 나온
다며 축제의 장을 만드는
장면이 그 예입니다.

를 담은 책입니다. 『삼강행실도』는 삼강을 행한 실제 사례를 그림을 덧

삼강행실도
(국립중앙박물관)

붙여 담은 책이라는 뜻입니다. 여기서 삼강(三綱)이란 무엇일까요? 삼강은 인간이 지켜야 할 3가지 도리를 이야기하는데, 임금과 신하 사이에 지켜야 할 도리, 부모와 자식 사이에 지켜야 할 도리, 남편과 부인 사이에 지켜야 할 도리를 말합니다.

절대음감 🔍 예와 함께 음악을 통해 왕실의 권위를 높이고 백성을 교화하고자 합니다. 하지만 고려가 망한 후 음악가들이 흩어지고 악기들도 엉망이 된 상태였습니다. 그래서 조선의 천재 음악가 박연과 함께 작업합니다. 박연은 음악을 너무 사랑했고, 특히 피리를 잘 불었는데 피리 경연을 벌이기도 했다고 합니다. 그런 박연이 당시 불완전한 악기를 조율할 때 일화입니다. 사진에 제시한 편경이란 악기와 관련 있는 이야기입니다.

편경은 여러 악기들을 조율할 때 기준 음을 제시해 주는 중요한 악기입니다. 편경을 정비한 후 세종 앞에서 두드립니다. 이때 세종은 편경의 돌을 울리는 소리를 듣고 샵(#)을 잡아냅니

편경

다. 그 이야기를 들은 박연이 세종이 지적한 편경의 돌을 살펴보니 먹이 남아 있었습니다. 돌이 미세하게 덜 갈아져 원래 나와야 하는 음보다 높은 음이 나온 것이죠. 거기에 우리 전통 악보인 〈정간보〉를 만든 것 역시 세종의 업적입니다.

지리서의 편찬 🔍 우리가 독도를 이야기할 때 항상 언급되는『세종실록 지리지』의 근간이 된 것으로 알려진『신찬팔도지리지』라는 지리서를 편찬하기도 합니다. 이는 조선 왕조 최초의 지리서입니다.

이처럼 세종은 다양한 책을 펴내는 데 관심이 많았는데, 조선 시대 금속활자의 완성이라고 볼 수 있는 '갑인자'를 만들어 인쇄 기술 영역에서도 큰 족적을 남깁니다. 이는 고려의 금속활자나 태종 때 만들어진 '계미자'보다도 훨씬 발전된 형태여서 상대적으로 효율적인 인쇄를 할 수 있었다고 합니다.

세종, 최고의 업적 🔍 여기까지 세종의 수많은 업적들을 살펴보았습니다. 무수히 많은 업적 가운데 최고의 업적으로 칭송하는 훈민정음 창제에 대해 살펴볼 차례입니다.

훈민정음은 흔히 2가지 의미로 쓰입니다. 문자 그 자체를 가리키는 경우와 유네스코 세계기록유산으로 등재되어 있으며 국보 제70호인『훈민정음(해례본)』을 가리키는 경우로 나눌 수 있습니다. 여기서는 문자로서의 훈민정음에 주목해 보겠습니다.

훈민정음은 '가르칠 훈(訓)', '백성 민(民)', '바를 정(正)', '소리 음(音)' 자를 사용해 '백성을 가르치는 바른 소리'를 의미합니다. 여기에 문자의 창제 목적이 담겨져 있습니다. 백성을 사랑하는 마음으로 지식인만의 무기가 될 수 있는 문자를 백성들도 사용할 수 있게, 수천 년간 이어진 그들의 불편함을 제거하기 위해 만든 문자입니다. 문자를 익힐 시간이 절대적으로 부족한 백성들도 배울 수 있는 28자로 해결해 버립니다. 반대하는 사람들도 꽤 있었습니다.『훈민정음 해례본』을 보면 세종이 친히 문자를 만들었다는 기록이 있고, 집현전 학사들과

↳훈민정음 해례본
(문화재청)

Cooking Tip
훈민정음 반포에 반대하는 학자들을 설득하는 장면으로 드라마〈뿌리깊은 나무〉의 일부를 보여 주면 좋을 것 같습니다.

함께 만든 정황은 보이지 않는다고 합니다. 물론 훈민정음이 공개된 후부터는 학사들도 함께했습니다. 『훈민정음 해례본』을 제작할 때도 마찬가지입니다.

Cooking Tip
〈역사채널e〉'세계에서 가장 완벽한 문자, 훈민정음' 영상을 시청하면 훈민정음을 이해하는 데 정말 많은 도움이 됩니다.

세상의 모든 소리를 표현하다 🔍

훈민정음은 표음 문자입니다. 소리로 나오는 것을 문자로 표현한 방식으로 총 28자를 활용해 세상의 모든 소리를 표현할 수 있게 만들었습니다. 『훈민정음 해례본』을 보면 창제 원리가 얼마나 과학적인지 알 수 있습니다. 혀의 위치, 입술과 목구멍의 모양 등을 본떠 자음을 만들고, 하늘·땅·사람의 모양을 본떠 모음을 만들었음을 밝혔으니까요.

하지만 세상의 모든 소리를 표현할 수 있다는 부분을 솔직히 인정할수 없다고요? 영어의 R과 L, G와 Z, B와 V 등은 구분할 수 없지 않냐고요? 물론 지금 우리가 쓰는 24자로 이루어진 한글은 그렇습니다. 하지만 세종 시기에 만들어진 훈민정음은 다릅니다. 사라진 4글자를 더하고, 글자를 조합하는 다양한 방식에 따라 그 모든 것을 구분할 수 있게 만들어 놓았습니다. 그리고 중국의 한자와 일본의 가타카나에 비해 현대사회에서의 활용에도 강점을 보입니다. 스마트폰 자판이나 컴퓨터 키보드에 수많은 한자가 들어갈 수 있을까요? 스마트폰 자판에 히라가나의 50음도를 다 넣는다고 생각해 보세요! 그래서 그들은 영어 알파벳으로 발음을 적고 한자나 가타카나로 변환하는 과정을 거쳐 문자를 입력합니다.

훈민정음을 사용하여 만든 최초의 책은 조선 왕조 창업의 정당성을 노래한 『용비어천가』입니다. 만 원짜리 지폐에서 그 일부를 볼 수 있습니다.

세종의 복지 정책 🔍

끝으로 남다른 공감 능력을 바탕으로 나온 세종의 다양한 복지 정책에 대해 살펴보겠습니다. 요즘 대한민국의 공무원 출산 휴가는 며칠인가요? 90일입니다. 세종 대의 출산 휴가와 비교해 보려 합니다.

세종이 어느 날 아이를 낳고 바로 출근한 여자 노비를 보았습니다. 거동도 불편할 텐데 일을 하는 모습에 안타까움을 느꼈을 것입니다. 세종은 출산 후 100일의 휴가를 여자 노비들에게 주게 합니다. 그리고 남편도 아내를 보조할 수 있게 한 달의 출산 휴가를 주었습니다. 대한민국에서 가장 눈치 보지 않고 출산 휴가를 잘 쓸 수 있는 공무원보다도 조선 시대 노비들의 출산 휴가가 더욱 길었다는 점은 저출산 고령화 사회에 일침을 가하는 사례입니다.

죄인에 대한 복지 🔍

세종에게는 죄인들도 백성이었습니다. 감옥은 죄를 벌하는 곳이지 사람을 죽이는 곳이 아니라는 개념으로 접근합니다. 여름에는 식수를 충분히 제공하게 하고, 목욕 용수의 지급을 직접 명합니다. 또 겨울에는 추위가 걱정되어 보온 대책 강구에 대해 직접 지시합니다.

자식을 잃은 아비의 마음으로 🔍

그는 우리와 같은 보통 사람이었습니다. 그도 살아가면서 다양한 어려움을 겪었습니다. 세종은 태종의 외척 배척 정책으로 젊은 날 장인 심온이 죽을 때 아무것도 할 수 없었습니다. 아들 문종의 왕비는 궁에서 동성애를 하여 자식 걱정에 힘든 나날을 보내기도 합니다. 본인 또한 과중한 업무로 아프지 않은 곳이 없는 종합병원이었습니다. 끝으로 재위 6년 어린 딸 정소공주를 병으로 잃기도 합니다. 그때 자식을 잃은 아비의 마음으로 우리 땅에서 나오는 우리 약재를 사용한 처방전과 치료 경험들을 모아 만든 의약서가 바로 『향약집성방』입니다.

Cooking Tip
세종의 남다른 공감 능력을 보여 주는 영상. 〈역사채널 e〉 '초가에 살리라' 영상도 그가 어떤 왕이었는지 알 수 있는 좋은 영상입니다.

Cooking Tip
장애 이해 교육 때 학생들에게 자주 보여 주는 영상. 〈역사채널e〉 '세상에 버릴 사람은 아무도 없다' 영상도 세종의 장애인 정책을 살펴볼 수 있는 좋은 자료입니다.

유교의, 유교를 위한, 유교에 의한

재료 준비

- 계유정난 관련 영상
- 고싸움 놀이 관련 영상
- 격구 관련 영상

장 보기

- 영화 〈관상〉
- 유튜브
- 〈느티나무–한국의 스포츠〉(KBS)

나라의 기본 정신, 유교 🔍 조선을 건국한 한 축인 신진 사대부는 유교를 나라의 기본 정신으로 생각했습니다. 왕은 나라를 잘 다스리기 위해 독단적으로 의사 결정을 하기보다는 신하들과 소통해야 함을 강조했습니다. 또 지배층인 양반은 백성들의 모범이 되어야 하며, 그들을 교화시키기 위해 노력해야 한다고 생각했습니다. 그리고 농민, 상인, 수공업자 등의 상민들은 자신의 이름에 걸맞게 그 역할을 해야 하며, 정직하고 부지런하게 일해야 한다고 생각했습니다. 이렇게 이름에 따라 그 역할이나 지켜야 할 도리를 구분한 것을 '명분'이라고 합니다. 조선은 이러한 명분과 윤리를 강조하는 사회였습니다. 그리고 불교를 구시대의 적폐로 생각하고 강하게 눌렀습니다.

수양대군 🔍 교과서에도 조선이 유교를 나라의 근본으로 하여 고려 말 불교의 폐단을 정리하고, 명분과 윤리를 강조하여 썩은 고려 사회를 개혁하려 했다고 기술되어 있습니다. 하지만 조선 초기 군주 가운데 이와 정반대로 행동했던 왕이 있었으니, 그가 바로 세조입니다. 그는 세종의 둘째 아들로 원래 왕이 될 수 없는 위치에 있었습니다. 오랜 세자 생활로 준비된 왕이었던 첫째 아들 문종이 있었기 때문입니다.

문종은 모든 것을 갖춘 세자였습니다. 세종 말년의 업적은 문종의 능력으로 보아도 무리가 없을 정도입니다. 하지만 딱 한 가지 갖지 못한 것이 있었으니, 바로 건강입니다. 그는 왕위에 오르고 2년 2개월 만에 세상을 떠납니다. 그리하여 자연스레 왕위는 문종의 아들 단종이 계승합니다. 문종은 어린 아들이 왕이 된다는 것이 걱정되었는지 김종서, 황보인과 같은 몇몇 신하들에게 단종을 부탁합니다.

하지만 이 모든 것이 마음에 들지 않았던 이가 있었으니, 그가 바로 수양대군입니다. 그는 세종의 둘째 아들이자, 문종의 동생이며, 단종의 숙부였습니다.

Cooking Tip
영화나 드라마의 묘사와 사실이 다를 수 있음을 영화 〈관상〉의 일부를 통해 지도했습니다. 김종서는 철퇴에 맞고도 즉사하지 않고 수양대군이 난을 일으켰음을 알리려고 노력했다고 합니다. 과연 백두산 호랑이라고 부를 만합니다.

계유정난 🔍   수양대군은 자신과 뜻을 함께할 이들을 모아 난을 일으킵니다. 단종을 보좌하고 있는 좌의정 김종서의 집에 찾아가 편지를 한 통 전달합니다. 어두운 밤이라 글씨가 잘 보이지 않았을 것입니다. 김종서가 편지를 달빛에 비춰 보는 순간, 일이 터집니다. 수양대군의 부하가 숨기고 있던 철퇴로 김종서를 내리친 것이지요. 그리고 킹 메이커 한명회는 미리 작성해 놓은 살생부를 보며 대신들을 궁으로 불러들여 한명, 한명 제거해 나갑니다. 조선판 블랙리스트였던 것이지요.

Cooking Tip
수양대군의 성격 역시 영화 〈관상〉에서처럼 자신의 야욕을 만천하에 드러내 놓고 다니는 성격은 아니었다고 합니다. 꽤 신중한 성격이었다고 전해집니다.

왜 정난이라고 부를까요? 🔍   자신이 권력을 장악하는 데 가장 걸림돌이라고 판단했던 김종서를 제거한 수양대군은 국가의 요직을 차지하며 권력을 장악합니다. 하지만 이 사건을 '정난'이라고 하는 것은 왜일까요? 정난은 '다스릴 정(靖)' 자를 사용하는데, 이는 계유년에 누군가가 난을 일으킨 것을 평정했다고 해석해 볼 수 있습니다. 수양대군은 국정을 농단하는 김종서, 황보인을 제거하고 나라의 어지러움을 평정했다고 후대 사람들에게 강조하고 있는 것입니다. 철저히 승자의 기록인 것이지요.

청개구리 세조 🔍   한동안 단종을 보좌하는 척했던 수양대군은 조카를 상왕으로 올리고 못 이기는 척 자신이 왕이 됩니다. 그리고 또 못 이기는 척 단종을 강원도 영월로 유배 보내고, 또 못 이기는 척 어린 단종에게 사약을 내립니다. 이런 모습에서 교과서에서 제시한 유교적인 윤리인 명분이 느껴지나요?

그리고 그는 조선에 몇 안 되는 호불 군주였습니다. 우리에게 국보 제2호 원각사지 십층석탑을 선물한 것을 보면 불교를 무척 좋아했음을 알 수 있습니다. 또 단종 복위를 꾀한 집현전 출신 학사들 때문에 집현전을 폐지합니다. 공부도 할 만큼 했다고 생각했는지 경연도 없애 버립니다. 유교 국가를 세우겠다는 조선의 초심을 흔들어 버린 것이지요.

성삼문과 박팽년 🔍　이때 목숨을 버리면서까지 세조의 행동이 옳지 못하다고 주장했던 신하들이 있었습니다. 특히 국문을 당하면서도 세조를 '나리'로 부르며 저항했던 성삼문과 박팽년 일화가 유명합니다.

　세조가 성삼문에게 "너는 내가 내린 녹을 먹고도 어떻게 나를 배반할 수 있는가?"라고 묻자 성삼문은 "나는 나리의 녹을 먹은 적이 없소이다. 내 말을 믿지 못하겠다면 내 집에 가서 직접 확인해 보시오."라고 답했고, 실제 성삼문의 집에는 세조에게 받은 녹이 따로 쌓여 있었고 건드리지도 않았다는 일화가 전해집니다.

　박팽년 역시 대쪽 같았습니다. 세조가 "네가 마음을 바꿔 나를 섬긴다면 목숨만은 살려 주마."라고 하자 박팽년은 "나리, 필요 없습니다."라고 답했습니다. 세조는 예전에는 자신을 신하라고 표현하다가 지금 와서 아니라고 한다면서, 왜 한때는 자신을 임금으로 모시다가 지금은 아니라고 하느냐고 물었습니다. 그러자 박팽년은 자신이 작성해 올린 문서에 자신을 신하로 표현하는 글자는 사용한 적이 없다고 답했습니다. 실제 확인해 보니 '신하 신(臣)' 자 대신에 '클 거(巨)' 자를 사용해 처음부터 세조를 왕으로 인정하지 않았다는 이야기가 전해집니다.

　왕이 된 세조를 인정하지 않았던 그들은 당연히 목숨을 잃었습니다. 성삼문과 박팽년 외에도 죽음으로 의리를 지킨 이들에는 이개, 하위지, 유성원, 유응부가 있었는데, 이 6명의 신하들을 '사육신'이라고 합니다.

세조는 자신의 사리사욕만 챙긴 왕이었을까요? 🔍 물론 세조가
왕이 된 후에 정치를 게을리하거나 잘못한 것은 아닙니다. 나라는 잘 다
스린 편으로 평가를 받습니다.

조선 시대에도 김영란법이 있었을까요? 🔍 갑자기 생뚱맞은 물
음을 던져 보았습니다. 어떻게 생각합니까? 네, 있었습니다. '분경방지
법'이라는 청탁 금지법이 존재했습니다. 세조의 업적 중 가장 주목할 만
한 것 중 하나가 조선 최고의 법전『경국대전』 편찬에 착수했다는 것인

경국대전
(국립중앙박물관)

데, 분경방지법은 세조가 편찬하기 시작하여 성종
때 완성된『경국대전』에 실려 있는 내용입니다. 유
교적 법치 국가의 틀을 만들고자 노력한 것이지요.
'경국(經國)'은 '나라를 다스린다'는 뜻이고, '대전
(大典)'은 '큰 법전'이라는 뜻으로, '나라를 다스리는
데 기준이 되는 큰 법전'이라는 뜻입니다.

특히 세조는『경국대전』의 여섯 분야 가운데 호전과 형전을 완성했습
니다. 호전은 세금을 거두는 기준과 방법 등에 대한 내용을 담은 것이고,
형전은 형벌과 소송에 대한 규칙들에 대한 내용은 담은 것입니다. 당시
중국의 법이나 관습에 의존하여 법을 집행함에 있어 기준이 모호했던 것
을 바로잡기 위한 노력이었습니다.

하지만 세조는『경국대전』의 완성을 보지 못하고 세상을 떠났습니다.
세조의 첫째 아들이 요절하고, 둘째 아들이 임금이 되는데, 그가 바로
예종입니다. 세조에게 죽임을 당한 수많은 사람들의 원혼 때문이었을까
요? 예종도 재위 1년 3개월 만에 세상을 떠납니다.

향후 200년, 다시 고쳐지지 않을 법전을 완성하다 🔍 그다음 왕
은 누가 돼야 할까요? 당연히 예종의 아들에게 우선권이 있습니다. 하지

만 세상이 순리대로 돌아가지만은 않는 것 같습니다. 요절한 세조의 첫째 아들 의경세자의 둘째 아들 자을산군이 왕위에 오릅니다. 그는 세조의 오른팔로 권력의 정점에 섰던 한명회의 사위였으니까요. 하지만 낙하산이라고 무시하지 마십시오. 그가 바로 조선의 문물을 완성했다고 평가받는 성종이니까요.

성종은 할아버지 세조가 편찬하기 시작한 『경국대전』을 완성합니다. 관리의 채용과 봉급 지급과 관련된 내용을 담은 이전, 과거 시험, 사신 접대 등의 의례와 관련된 내용을 다루는 예전, 군대의 지휘와 국방 관련 내용인 병전, 국가 시설이나 도로를 만드는 등의 업무와 관련된 법인 공전까지 육전 체제를 완성합니다. 물론 나라를 다스리는 각 관청의 업무에 대한 법만 있었던 것은 아닙니다. 다음과 같이 백성들의 실생활과 관련된 내용도 많았습니다.

- 남자는 15세, 여자는 14세가 되어야 혼인할 수 있다.
- 땅과 집을 사거나 팔면 100일 안에 관청에 보고해야 한다.
- 집이 가난해 혼인할 나이를 넘기고도 혼인을 못할 때에는 국가에서 재물을 보조해 준다.
- 여자 노비의 출산 휴가는 90일이다. 필요에 따라 남편도 출산 휴가를 신청할 수 있다.
- 호패를 위조하면 사형에 처한다.
- 아내가 죽은 후 3년이 지나야 새로 장가를 갈 수 있다.
- 돌아가신 부모님이 진 빚은 자식에게 재산이 있으면 자식이 갚아야 한다.
- 부모가 많이 아프거나 부모의 나이가 70세 이상이면 그 아들은 병역의 의무를 지지 않아도 된다.

9229 🔍 무엇을 의미하는 숫자일까요? 성종은 비가 오나 눈이 오나 공부를 게을리하지 않은 군주로 유명합니다. 그는 경연을 부활시켰

고, 25년 재위 기간 중 9,229회의 경연을 실시한 것으로 유명합니다. 하지만 할아버지가 없앤 집현전은 차마 부활시키지 못했습니다. 대신 세조가 집현전을 혁파한 뒤 세운 문서 보관소에 불과했던 홍문관의 위상을 강화하여 집현전과 같은 역할을 주어 유교 정치의 맥을 다시 뛰게 합니다. 자식 농사 빼고는 그 모든 것이 완벽했습니다.

국조오례의 🔍　나라의 행사를 유교식 예법에 맞게 치르기 위해 만든 예법서가 바로 『국조오례의』입니다. 예법을 다섯 분야로 나눠 설명한 것입니다. 이는 세종 때 편찬에 착수했다가 완성하지 못한 것을 성종 대에 완성합니다.

관혼상제 🔍　유교 국가 조선은 나라의 행사뿐 아니라 일반 백성들의 집안 행사도 유교식 예법을 따랐습니다. 물론 조선 초기부터 잘 지켜진 것은 아니고 수백 년에 걸쳐 정착되었다는 의미로 보면 좋겠습니다. 그 가운데 특히 중요하게 생각했던 것은 관혼상제였습니다.

　먼저 관례와 계례입니다. 지금으로 따지면 성년의 날과 비슷합니다. 관례는 남자의 성인식으로 댕기머리 대신 상투를 올려 갓을 쓰는 절차를 밟음으로써 성인이 됨을 알리는 것입니다. 또 계례는 여자가 비녀를 꽂음으로써 성인이 됨을 알리는 것입니다. 관례를 치른 사람에게는 웃어른이라 하더라도 반말을 하면 안 됩니다. 존댓말을 쓰거나 '~하시게' 정도로 표현했습니다. 그런데 군이 관례와 계례를 치렀던 까닭은 무엇이었을까요? 집안과 나라를 이끌어 갈 책임이 있는 어른으로 성장하는 시기를 특별히 기념하여 어른으로서 갖추어야 할 몸가짐과 마음가짐을 깨닫게 하기 위함이 아니었을까요?

　혼례는 요즘 모습으로 말하면 예식장에서 결혼하는 것을 의미합니다. 그날만큼은 신랑은 궁궐에서 일하는 관료의 옷을 입고, 신부는 공주가

Cooking Tip
　교과서 삽화에는 남성의 관례만 제시하고 있는데, 이렇게 지도하는 것은 부적절하다고 생각합니다. 여성들의 성년식, 계례까지 지도해야 하지 않을까요? 요즘 아이들에게는 익숙하지 않은 풍습이라 혼례, 상례, 제례에 비해 더 자세히 이야기했습니다.

혼례

경사스런 날에 입는 옷을 입었습니다. 평소 입지 못하는 옷을 입는다는 것은 그만큼 인생에서 중요한 행사라는 의미일 것입니다.

상례는 사람이 죽었을 때 죽은 사람을 추모하며 장례를 치르는 것으로 요즘에는 장례식장을 이용합니다. 조선 시대에는 사진과 같은 상여를 사용해 고인을 모셨습니다. 끝으로 제례는 돌아가신 분들을 위해 정기적으로 제사를 지내는 것을 의미합니다. 요즘에는 기일(해마다 돌아오는 제삿날)이나 설날, 추석과 같은 명절에 주로 치러집니다. 혼·상·제례의 경우에는 시대가 변화함에 따라 형태는 변했지만 비교적 현재까지 중요하게 여겨지고 있으며, 그 풍속이 이어지고 있다고 볼 수 있습니다.

상여

양천제도 🔍 조선은 양천제도를 법제화하여 신분을 크게 양인과 천민으로 구분하였습니다. 양인은 법적으로 자유민에 해당되었고, 전체 인구의 70% 정도였습니다. 천민은 법적으로 비자유민에 속했으며, 전체 인구의 30% 정도로 추정됩니다. 이것이 조선 탄생 직후의 모습이었습니다. 자유민인 양인의 경우에는 과거에 응시하고 벼슬길에 오를 수 있는 권리가 주어진 대신 세금을 납부하고 군역의 의무를 지고 있었습니다. 하지만 실질적으로는 양인이라고 해서 모두 같은 양인은 아니었습니다.

양반 🔍 최고 지배층으로는 양반이 있었습니다. 전체 인구의 3~5%로 추정됩니다. 양반은 본디 문반(동반)과 무반(서반)을 합쳐 부르는 말이었습니다. 고려의 귀족은 태어날 때부터 귀족이란 금수저를 물

Cooking Tip

조선 시대에도 육아 일기가 있었다고 합니다. 양반 사족 이문건이 손자를 기르며 직접 쓴 『양아록』이라는 책입니다. 갓난 아기의 성장 과정을 자세히 관찰하고 기록했으며, 당시 양반 사대부 집안에서 어린아이를 양육하는 본보기를 알 수 있는 기록입니다.

고 태어난 반면, 조선의 양반은 과거 시험 가운데 문과나 무과에 급제해서 관료가 되어야만 얻을 수 있는 칭호였습니다. 하지만 세월이 흐르면서 가족이나 가문까지도 양반 사족에 포함되어서 양반이라는 것이 하나의 신분으로 변화합니다. 지배층인 양반과 피지배층인 상민을 구별하는 반상제도가 일반화된 것이죠. 실질적으로 같은 양인이지만 직접적인 생산을 담당하고 있는 상민들이 공부할 시간을 내 전국 33등 안에 들어야 하는 과거 시험에 붙는 것은 거의 불가능에 가까웠기 때문입니다.

양반은 토지와 노비를 소유하여 경제적으로 여유로웠고, 그리하여 생산에 종사하지 않고 공부에 전념할 수 있었습니다. 농민들에게 땅을 빌려주고 그 대가를 거두기도 합니다. 그들은 국가의 고위 관직을 독점했고, 사회적으로 각종 국역을 면제받는 특권을 누렸습니다. 하지만 관직 진출은 남성들의 이야기였고, 양반 사족 여성들은 공부는 했으나 관리가 될 수는 없었습니다. 집안 살림에 힘쓰고 자녀 교육을 주로 담당했습니다.

중인 🔍   15세기 후반에서 16세기 초에 하나의 신분 계층으로 자리 잡은 중인 계층도 있었습니다. 양반보다는 낮고 상민보다는 높은 계층입니다. 사극을 보면 사또를 보좌하는 이방이 자주 등장하는데, 다른 표현으로 '아전'이라고 부르기도 합니다. '관아 앞(前)에 사는 사람'이라는 의미이죠. 고려 시대에도 수령을 보좌하는 사람들이 있었습니다만 고려 시대에 비해 이들의 지위는 낮아졌습니다. 15세기 중엽부터 땅이나 녹봉 등의 보수를 지급하지 않았기 때문입니다. 결국 그들은 백성들을 수탈하는 존재가 됩니다.

또 중인 계층을 좁은 의미로 보면 역관, 의관, 율관, 산관 등의 기술관들을 가리킵니다. 역관은 통역관 정도로 보면 될 것 같고, 의관은 의사, 율관은 법률가, 산관은 회계사입니다.

끝으로 양반의 첩에게서 태어난 자식들도 중인 계층과 같은 대우를 하였습니다. 그들은 아버지가 양반이지만 문무 관직 진출에 제한을 두었다는 점에서 차별을 받았습니다.

상민 🔍 상민은 실질적인 생산을 담당했던 이들입니다. 상민의 대다수는 농민이었습니다. 사농공상(士農工商)이라는 말을 보면 알 수 있듯이 수공업자와 상인은 같은 상민이면서도 농민보다 천시되었습니다. 상민은 법적으로는 과거 시험을 볼 수 있는 자격은 됐지만, 실제 응시 및 합격에 이르기는 매우 어려웠습니다. 따라서 상민의 신분 상승 기회는 전쟁이나 비상시 공을 세운 경우 외에는 그 가능성이 희박했습니다. 그들은 군역의 의무를 지고, 땅에서 생산된 곡식의 일부를 세금으로 바쳐야만 했습니다. 남성이고 여성이고 농업이 주업이었습니다. 여성들은 집안일과 옷감 짜는 일까지 맡아야 했습니다.

신량역천 🔍 죄인의 압송을 담당하는 나장, 조세 운송 업무를 하는 조군·수군, 봉수 업무를 하는 봉수군, 역에서 일하는 역졸 등은 몸은 양인에 속하지만 하는 일은 천하다고 하여 '신량역천(身良役賤)'이라고 불렀습니다.

천민 🔍 최하층 신분인 천민은 대부분 노비였는데, 이들은 비자유민으로 교육과 벼슬이 금지되었습니다. 노비는 재산으로 취급되어 매매의 대상이 되었습니다. 일천즉천(一賤則賤) 제도에 의해 부모 가운데 한쪽이 노비이면 그 자녀도 노비가 되었습니다.

노비는 국가에 소속된 공노비와 개인에 소속된 사노비가 있었습니다. 공노비는 관청 소속의 땅에서 농사짓거나 관청에서 요구하는 물건을 제작해야 했습니다. 사노비는 주인의 집에서 허드렛일을 하거나 농사짓는 솔거 노비와 주인과 떨어져 독립된 생활을 하면서 대가를 바치는 외거 노비가 있었습니다. 외거 노비의 경우에는 재산을 소유하고 가족을 구성할 수도 있었기 때문에 농민과 비슷한 생활을 누릴 수도 있었습니다. 한편 가축을 잡는 백정, 공연을 하는 광대, 무당이나 기생 등도 천대받는 신분이었습니다. 하지만 이에 대해서는 여러 설이 있을 수 있습니다.

조선의 교육 🔍

조선은 유학을 공부한 관리를 기르기 위해 수도와 지방에 교육기관을 설치했습니다. 앞서 이야기한 것처럼 양인이면 누구나 공부할 수 있었지만, 현실적인 여건 때문에 양반 집안 자제들 위주로 교육이 이루어진 것이 사실입니다.

서당 🔍

서당은 초등 교육기관으로 현재와 비교하면 초등학교에 해당합니다. 별도의 인가가 필요하지 않아 뜻있는 사람은 누구나 설립할 수 있었던 것으로 보입니다. 훈장 한 사람이 가르치기에 학생 수가 많은 경우에는 공부를 잘하고 나이가 있는 학생을 접장으로 임명해 어린 동생들을 가르치게 했습니다. 『천자문』, 『동몽선습』, 『소학』 등과 같은 책으로 공부했습니다.

중등 교육기관 🔍

조선의 중등 교육기관에는 4부 학당과 향교가 있었습니다. 4부 학당은 한양의 성균관 부속중고등학교 정도로 생각하면 됩니다. 한양을 네 곳으로 나누어 설치했습니다. 교육 비용은 모두 나라에서 부담했습니다. 8세 이상의 양인이면 입학이 가능했지만, 각 학당의 정원이 100명으로 입학 경쟁이 엄청나게 치열했습니다. 각 학당에서 5일마다, 예부에서 한 달에 한 번씩 시험을 보아 긴장의 끈을 놓아서는 안 되는 교육기관이었습니다.

한양에 4부 학당이 있다면 지방에는 향교를 세웠습니다. 향교 역시 성균관의 하급 관학기관으로 보통 서당 공부를 마친 학생들이 입학하여 공부하고, 선현들의 제사를 지내는 것 역시 중요한 기능 중 하나였습니다. 하지만 훗날 사립 교육기관인 서원의 사교육 열풍으로 그 규모가 점차 축소되었습니다.

대한민국에 SKY가 있다면 조선에는 ㅅㄱㄱ이 있었다 🔍

이어서 지금의 대학교에 해당하며, 전국의 수재들이 모이는 성균관에 대해 간단히 살펴보겠습니다. 한양에 세워진 학교로, 선현에게 제사를 지내는 문묘, 강의실인 명륜당, 유생들의 기숙사인 동재와 서재 등의 건물로 이루어져 있습니다. 입학 정원은 200명으로 문과의 예비 시험인 소과에 합격하거나 별도의 선발 시험을 통과한 학생만 입학할 수 있었습니다. 그들은 주로 과거 시험 대과를 준비하였는데, 그렇다고 꼭 공부만 한 것은 아닙니다. 유생들은 왕이나 고관들이 잘못된 정치를 하면 상소를 올려 자신들의 입장을 표명하기도 했습니다.

출세의 사다리, 과거 시험 🔍

끝으로 모든 유생들의 꿈인 과거 시험에 대해 살펴보겠습니다. 고려 광종 때부터 시행했던 과거제도는 '과목(科目)에 따라 인재를 거용(擧用)하는 제도'를 말합니다.

문치주의를 표방한 조선 과거 시험의 꽃은 누가 뭐라 해도 문과였습니다. 전국 수만 명의 학생들이 시험에 도전해 240명을 선발하는 것이 초시입니다. 초시 합격생을 대상으로 복시를 보게 하는데, 복시에서 과거 급제자 33명이 결정됩니다. 전국 33등 안에 들어야 급제할 수 있는 엄청난 시험인 것입니다. 그것도 3년에 한 번 시험이 있어 기회가 자주 있는 것도 아니었습니다. 그리고 33명의 합격자들은 임금 앞에서 최종 시험인 전시를 치릅니다. 전시에서 최종 순위가 결정됩니다.

조선이 문치주의를 표방했다고는 하나 무인 세력인 이성계가 세운 나라였습니다. 그래서인지 무과도 중요하게 생각했습니다. 고위 무관을 뽑

Cooking Tip
문과와 관련 있는 〈역사채널e〉의 '어떤 시험' 영상을 함께 시청했습니다. 과거 시험에서 사용된 각종 꼼수들도 소개되어 아이들이 재미있어 했습니다.

는 무과 역시 3년에 한 번 정기 시험이 돌아오는데, 합격 정원은 전국에서 28명이었습니다. 먼저 초시를 치릅니다. 초시는 전국에서 무예 시험을 통해 190명의 합격자를 가려냈습니다. 인구 비례로 인구가 많은 지역에서는 합격자 수가 더 많았습니다. 지역별 할당 인원 수는 『경국대전』에 제시된 내용을 따랐습니다. 초시에 합격한 사람들은 복시를 치러 최종 합격자 28명을 가려내고, 임금 앞에서 최종 시험 전시를 치러 최종 순위를 결정했습니다. 시대의 변화에 따라 무기에 변화가 생기면 시험 과목도 달라졌다는 특징이 있습니다.

잡과는 의학, 법률 등과 관련된 일을 하는 기술관을 뽑는 시험입니다. 이러한 직업을 가진 사람들은 중인 계층에 속하였습니다.

조선 사람들의 생활 모습과 여가 🔍 다음으로는 조선 사람들의 생활 모습과 여가 시간은 어떻게 보냈는지 살펴보겠습니다.

양반의 생활 🔍 경제적 여유가 있는 양반들은 화려한 옷에 쌀밥을 먹으며 으리으리한 기와집에 살았습니다. 그리고 여가 생활로 남성은 바둑, 활쏘기, 서예, 그림 그리기, 시 짓기 등을 즐겼습니다. 여성들은 집안에서 수놓기, 투호 등을 하며 보냈습니다.

상민의 생활 🔍 상민의 경우에는 흰옷을 주로 입고, 쌀이 귀해 잡곡밥을 먹으며 초가집에서 생활했습니다. 여가 시간에는 풍년을 기원하기 위해 풍물판(마을굿)을 벌이기도 하였습니다. 농한기에 남성들은 윷놀이, 씨름 등을 하고, 여성들은 그네뛰기, 널뛰기 등의 놀이를 즐겼습니다.

윷놀이 🔍 학자들은 윷놀이의 도·개·걸·윷·모는 고조선 또는 부여의 관직명에서 유래한 것으로 추측합니다. 도는 돼지, 개는 개, 걸은 양, 윷은 소, 모는 말을 의미합니다. 왜 하필 동물 이름을 사용했을까요? 우리 조상들에게는 가축이 반드시 필요했습니다. 소나 말은 무거운 물건을 나르거나 쟁기질할 때 꼭 필요했고, 돼지나 양은 가죽을 얻거나 먹기 위해 길렀습니다. 그리고 개는 집을 지키고 양을 몰아 주었습니다. 거기다 배설물까지 거름으로 쓸 수 있었으니 일석이조라고 볼 수 있습니다. 그래서 윷놀이에 가축 이름을 붙인 것 아닐까요?

윷놀이는 농사를 시작하기에 앞서 음력 1월에 백성들이 서로 호흡을 맞추고 풍년을 점치는 데서 출발했습니다. 윷가락을 3번 연거푸 던지며 점괘를 얻어 뜻풀이를 하는 것을 윷점이라고 합니다. 우리는 흔히 윷가락을 던져 '모'가 나오길 기대합니다. 5칸을 움직일 수 있으니까요! 그런데 왜 모놀이라고 하지 않고 윷놀이라고 했을까요?

우리나라는 일찍부터 농사에 소를 활용했고, 소를 몹시 귀하게 여겼습니다. 그 때문에 처음에는 윷놀이에서 말인 모보다 소인 윷이 더 많은 칸을 옮길 수 있었습니다. 윷은 한 번 더 던질 수 있는 기회까지 받았습니다. 모는 0점 처리를 해 버리고요. 하지만 어느 날, 우리 나라에 기존의 말보다 훨씬 크고 빠른 말이 들어와 사람들의 생각이 바뀌었고, 모를 윷보다 더 높은 점수로 바꾸었다는 이야기가 전해집니다.

널뛰기

널뛰기는 어떻게 생겨났을까요? 물론 여러 가지 설이 있지만 그중 하나를 살펴보겠습니다. 고려 시대 어떤 사내가 억울한 누명을 쓰고 옥에 갇히게 되었습니다. 그 사내에게는 아름다운 부인이 있었는데, 남편이 너무 그리웠던 부인은 감옥을 지키는 사람에게 은가락지를 빼주며 남편을 보게 해 달라고 부탁합니다. 그러자 옥졸은 죄인들이 마당에서 바람 쐴 시간을 줄 테니 재주껏 보라고 말했습니다. 하지만 감옥의 담이 너무 높아 부인은 남편을 볼 수 없었습니다. 부인은 마을에 자기와 처지가 비슷한 여자를 찾았고, 높은 담으로 막힌 감옥의 마당을 들여다보려고 널뛰기를 시작했고, 서서히 온 나라에 퍼져 나갔다고 합니다.

단체전 🔍 조선 시대 사람들은 단체전도 즐겨했습니다. 이번에는 비교적 많은 수의 사람들이 모여 진행했던 놀이에 대해 알아보겠습니다.

줄다리기 🔍 아직도 학교 운동회 단골 종목인 줄다리기에 대해 먼저 살펴보겠습니다. 줄다리기는 한 줄로 하는 줄다리기와 두 줄로 하는 줄다리기가 있습니다. 생소한 두 줄로 하는 줄다리기 이야기를 해 볼까 합니다. 두 줄로 하는 줄다리기는 암줄과 숫줄로 나누어져 있는데, 줄머리에 고리를 만들어 암고리에 숫고리를 끼워 넣고 비녀목을 꽂습니다. 편을 나눌 때도 여자는 암줄, 남자는 숫줄을 잡습니다. 누가 이겼을까요? 힘이 센 남자 편이 이겼을까요? 절대 그럴 일은 없습니다. 항상 여자 편이 이기기 마련입니다. 여자 편이 이겨야만 풍년이 든다고 믿었기 때문입니다. 여성이 아이를 낳을 수 있기 때문에 여자 편이 이겨야 풍년이 든다고 생각했던 것으로 보입니다.

강강술래 🔍 다음은 강강술래입니다. 유래에 대해서는 여러 의견이 있습니다만, 흔히 알려진 이야기는 이순신 장군 이야기입니다. 임진왜란 때 이순신 장군이 군사의 수가 많아 보이게 하기 위해 여자들에게 남장을 시키고 빙빙 돌게 한 데서 유래했다는 내용입니다.

고싸움 놀이 🔍 끝으로 고싸움 놀이입니다. 정월대보름 즈음에 하는 놀이들이 보통 한 해 운수를 점치고 풍년을 기원하는 의미로 실시한 것에 비해 고싸움 놀이는 승부를 매우 중요하게 생각했다는 점에서 차이가 있습니다. 워낙 승부가 격렬해 부상자가 나오기 일쑤였던 놀이였

고싸움(문화재청)

으니까요. 마을끼리 고싸움을 하기로 결정하면 각 마을에서는 고싸움 놀이를 지휘할 줄패장을 뽑습니다. 그런 뒤에 집집마다 논의 크기에 따라 짚단을 거두어 고줄을 만듭니다. 나무 2개를 짚으로 튼튼하게 감아 만듭니다. 그리고 고줄 머리는 소의 고삐처럼 둥글게 구부려 '고'를 만들고 두 줄을 하나로 묶어 고 몸체를 만듭니다. 그리고 사람들이 메고 싸울 수 있도록 고 몸체 밑을 나무로 받치는 것으로 준비를 마칩니다.

실제 싸움이 시작되면 줄패장의 지휘에 따라 백여 명이 고를 떠받친 채 달려가 상대편의 고와 부딪쳐 힘을 겨룹니다. 이때 고의 머리가 먼저 땅에 떨어지는 편이 지는 것입니다. 고싸움을 보면 마치 황소 2마리가 뿔싸움을 하는 것 같습니다. 고싸움 놀이는 마을 사람들의 공동체 의식을 다지고, 놀이를 통해 전에 쌓였던 감정이나 갈등을 풀어 내는 기능도 한 것으로 보입니다.

격구 🔍

고려 사람들도 마찬가지였지만 조선 사람들도 격구를 즐겨했습니다. 왕 중에서는 태종 이방원의 형인 정종이 무척 즐겼던 놀이라고 합니다. 말을 타고 막대기로 공을 걸어 던지거나 때려 상대방의 골문에 넣는 놀이입니다. 마상 무예를 중요하게 생각하여 무과 시험 종목으로 들어가기도 했던 것이 바로 격구입니다.

Cooking Tip
아이들에게 익숙하지 않은 고싸움 놀이와 격구의 경우엔 관련 영상을 유튜브에서 찾아 시청했습니다.

Cooking Tip
격구를 소재로 보드게임을 만들어 보는 것은 어떨까요? 특제 비법 소스 코너에서 자세히 소개하겠습니다.

조선의 바다에는 그가 있었다

오늘의 식단 한눈에 보기

- 선조, 백성을 버리다
- 임진왜란 3대 대첩과 의병
- 기적의 승리와 마지막 승리
- 7년 전쟁 그 후

재료 준비	장 보기
• 대립제의 폐단 관련 영상	• 영화 〈대립군〉
• 선조의 몽진, 한양에 입성한 일본군 관련 영상	• 드라마 〈임진왜란 1592〉
• 세계 4대 해전 한산도대첩 관련 영상	• 유튜브
• 분조의 의미 관련 영상	• 영화 〈대립군〉
• 비격진천뢰 관련 영상	• 〈역사채널e〉(EBS)
• 신기전기 화차와 총통기 화차 발사 영상	• 유튜브
• 2차 진주성 전투 관련 영상	• 〈역사채널e〉(EBS)
• 명량대첩 관련 영상	• 영화 〈명량〉
• 노량해전 관련 영상	• 드라마 〈임진왜란 1592〉

1592년 4월 🔍

조선이 건국된 지 200년, 큰 전쟁 없이 평화를 유지하고 있던 1592년 4월! 그들이 왔습니다. 전국시대(센고쿠 시대)의 피비린내 나는 100년 전장을 뚫고 일본을 통일한 도요토미 히데요시! 그의 명으로 16만 명 이상의 일본군이 전함 700여 척을 이끌고 부산 앞바다로 상륙합니다. 이를 '임진왜란'이라고 합니다.

Cooking Tip
"일오구있(1592)을 때가 아니야!"라고 임진왜란 발발 연도 암기법을 알려주었더니 아이들이 무척 즐거워했습니다.

정명가도 🔍

정명가도(征明假道), 명나라를 정벌하러 가는 길이니 조선은 길을 빌려 달라는 구실로 조선에 들어왔으나 이는 새빨간 거짓말입니다. 전쟁에 참여한 일본군 다이묘(영주)들은 조선을 자신들끼리 어떻게 나눠 먹을지 이미 구상을 마친 상태였으니까요. 조선도 먹고 명나라도 먹겠다는 야욕을 가지고 전쟁을 벌인 것입니다. 그들은 동래성을 짓밟고 북으로 진격합니다. 과거 동래성이 있었던 터에서 많은 수의 유골이 발굴되어 현재 부산의 한 지하철역에 동래읍성 임진왜란 역사관이 건립되었습니다.

동래성 발굴 유골

충주 탄금대에서 배수의 진을 치다 🔍

지휘관 신립은 병사 8천과 함께 충주 탄금대 인근 달천 평야에 배수의 진을 치고 일본군 조총부대에 맞섰습니다. 하지만 일본군의 강력한 화력에 조선군은 궤멸당합니다. 좁은 길목을 지닌 천혜의 요새 조령 쪽에 진을 치는 것이 옳았을까요? 전장에서 패배한 장수는 말이 없는 법이지만, 사실 신립 장군이 이끌었던 8천에 이르는 병사들은 제대로 훈련조차 받지 못하고 징집된 백

Cooking Tip
충주 탄금대 일대의 모습을 드론으로 촬영한 영상 자료를 수업 시간에 활용하는 것은 어떨까요? 정식 허가를 받고 촬영한 영상 자료를 쌤동네 채널 '열정의 봉선생'에 공유합니다.

탄금대에서 바라본
남한강의 모습

성들이 대부분이었습니다. 자신의 정예 부대인 500명의 기병대만이 그가 믿는 도끼였을지도 모르겠습니다. 어디서 싸웠다 할지라도 그 당시 조선군의 상태는 정상적이지 못했으니까요. 거기다 일본군의 신무기 조총이 우리의 패배에 한몫합니다. 전쟁 전에 이미 일본에서 선조에게 조총을 선물로 보내 주어 조선도 조총의 존재를 알고 있었습니다. 나는 새도 잡을 수 있다는 조총! 하지만 조선 사람들이 보기에 조총은 빛 좋은 개살구로 보였을지도 모르겠습니다. 한 번 쏜 후에 재장전하는 데 1분 이상 걸리는 무기보다 조선군의 활이 전투에 더 효율적으로 보였을 테니까요.

하지만 일본은 한 세기 동안 전국시대를 거치며 전투력이 몇 배나 강해졌을 때 조선 땅을 밟았습니다. 일본 전국시대의 영웅 오다 노부나가는 비효율적인 조총을 가장 무서운 무기로 바꿔 버립니다. 삼단 사격전법이죠. 훈련이 잘된 조총병을 3오 횡대로 배치하여 첫째 줄이 사격하고 빠지고 재장전하는 동안 둘째 줄이 사격하고 빠지고, 둘째 줄이 재장전하는 동안 셋째 줄이 사격을 하고, 이어서 다시 첫째 줄이었던 병사들이 나와 사격을 하는 방식으로 전투를 치릅니다. 비록 오다 노부나가는 세상을 떠나 그 밑에 있던 도요토미 히데요시가 일본을 통일했지만 훈련 방식은 여전했고, 그 위력은 조선 조정의 상상을 초월하는 것이었습니다.

18일 🔍 일본군이 동래성 전투 후 충주 탄금대를 거쳐 한양을 점령하는 데 걸린 시간은 고작 18일이었습니다. 완전무장을 하고 적진에서의 진군 속도가 하루 20km 이상이었던 것입니다. 거의 충주 탄금대를 휴게소 삼아 거칠 것 없이 한양까지 도달한 격입니다.

Why? 🔍 어쩌다가 조선의 국방이 이 모양이 되었을까요? 장기간 평화로웠던 조선에서는 군역을 제대로 지는 이들이 없는 지경에 이르렀습니다. 세종 시기 군사력의 정점을 찍은 후 점점 군역 체제가 썩기 시작했기 때문입니다. 자신이 군역을 지지 않고 남을 대신 세우는 '대립제'가 성행하였습니다. 그런 상황에서 과연 훈련은 제대로 이루어졌을까요?

Cooking Tip
영화 〈대립군〉의 일부를 활용해 쌀막하게 군역의 폐단 대립제가 무엇인지 살펴보았습니다.

선조 임금은? 🔍 일본군이 경복궁을 점령했을 때 조선의 임금 선조는 이미 그 자리에 없었습니다. 왕이 살아 있어야 뭐라도 할 수 있을 테니까요. 선조는 백성을 버리고 평양으로 떠난 후입니다. 일본군 입장에서는 어이가 없었을 것입니다. 일본은 성을 지키는 영주가 패했을 땐 할복하거나 끝까지 저항하는 전쟁 문화를 가지고 있었으니까요.

Cooking Tip
드라마 〈임진왜란 1592〉의 일부를 활용해 선조가 몽진을 떠나는 장면과 일본군이 한양 경복궁에 도착한 장면을 시청했습니다.

조선의 바다엔 그가 있었다 🔍 육지가 무참히 짓밟히고 유린당하고 있을 때 바다에서 승전보가 날아듭니다. 우리의 바다에는 그가 있었습니다. 그의 활약 덕분에 일본군의 수륙병진과 군량미, 무기 조달을 막아 내 궁극적으로는 육지에 있는 일본군까지 꺾을 수 있었던 것이지요.

옥포해전을 첫 승리로 23번 일본군과 싸워 23번 모두 승리를 거둔 세계 해전사에 다시 없을 명장, 바로 이순신입니다. 당시 이순신은 전라좌수사로 전쟁 전부터 수군도 군대답게 규정과 방침대로 군사 훈련에 전력을 다하고, 언제 전쟁이 일어나도 나가 싸울 수 있게 준비 중이었습니다.

조선판 인스타그램 🔍 이순신이 전투를 치르는 과정은 그가 쓴 『난중일기』에 무척 자세한 기록으로 남아 있습니다. 그 덕분에 우리는 이순신 장군의 전모를 알 수 있게 된 것입니다.

한산도대첩 🔍 이순신의 전투 가운데 유명한 전투를 몇 가지

Cooking Tip
유튜브에서 찾은 영상을 통해 한산도대첩의 의의에 대해 알아보았습니다.

Cooking Tip
드라마 〈임진왜란 1592〉를 편집해 한산도대첩의 모습을 아이들에게 선물하는 것은 어떨까요? 크게 이긴 전투이긴 하지만 쉬운 전쟁은 없으며, 전쟁은 언제나 참혹함을 느낄 수 있습니다.

만 소개하겠습니다. 거북선이 처음 등장했던 사천해전도 유명하지만 가장 유명한 전투는 한산도대첩입니다. 통영 앞바다에서 이루어진 전투로 임진왜란 3대 대첩에 들어가는 것은 물론이고, 세계 4대 해전에 들어갈 정도로 높은 평가를 받고 있는 큰 승리였습니다. 분류하는 방법에 따라 다르긴 하겠지만 말이죠.

54 vs 73 🔍 조선 군함 54척 대 일본 군함 73척이 맞붙었습니다. 다소 불리한 전력이었지만 조선 수군이 침몰시킨 일본군 전함은 66척, 적군 사망자 수는 4만 명에 이르렀다고 합니다. 조선군의 배 몇 척이 후퇴하는 척하며 한산도 앞바다로 적을 유인하여 학이 날개를 편 모양으로 적을 둘러싸 포위했습니다. 돌격선인 거북선을 이용해 적을 혼란스럽게 한 후 함포 사격을 집중했기 때문에 손쓸 길이 없었던 것 같습니다. 훗날 러일 전쟁 때 러시아 발틱 함대를 박살 낸 일본의 해군 영웅 도고 헤이 하치로가 다음과 같이 말했다고 합니다. "나를 넬슨 제독에 비하는 것은 가능하나 이순신 장군에 비하는 것은 감당할 수 없는 일이다."

광해군 세자 책봉과 분조 🔍 하지만 육지의 상황은 여전히 녹록지 않았습니다. 조정은 평양성도 포기하고 임금은 명나라 망명을 결심합니다. 평양성에서 함께 싸우기로 백성들과 약속한 선조는 그 약속을 지킬 수 없었습니다. 그리고 자신이 방계 출신이라는 열등감을 가지고 있어서 미루었던 세자 책봉을 그때서야 합니다. 책봉된 세자는 광해군입니다. 후궁과의 사이에서 낳은 자식이라 세자 책봉을 미루고 있었다고 합니다. 막 세자로 책봉된 광해군은 엄청나게 무거운 짐을 지게 됩니다. 선조가 조정을 둘로 나누었기 때문입니다. 명나라 망명을 위해 압록강이 있는 의주에서 배를 대 놓고 명나라에 원군을 요청하는 조정과 광해군이 백성들을 만나 왕실이 아직 살아 있음을 알리고 의병 활동을 독려하기 위한 조정이었죠! 이를 '나눌 분(分)', '조정 조(朝)' 자를 써서 '분조'라고 합니다. 이윽고 요충지 평양성마저 떨어집니다.

Cooking Tip
영화 〈대립군〉의 일부를 활용해 짤막하게 분조가 무엇인지 살펴보는 것은 어떨까요?

들불 🔍 바다에서 이순신의 연전연승이 보고되는 동안 육지에서는 의병이 들불처럼 일어났습니다. 의로운 마음으로 일어난 병사들! 의병의 신분은 양반에서 천민에 이르기까지 다양했지만 농민들이 가장 많았던 것으로 보입니다. 최초로 거병했던 사람은 바로 홍의장군 곽재우였습니다. 그는 전쟁이 일어난 4월 전 재산을 털어 고향 의령에서 의병을 일으킵니다. 전투할 땐 붉은 옷을 입고 싸워 '홍의장군'이라는 별명이 붙었습니다. 의병들은 관군과 협력해 많은 전투에서 공을 세웁니다.

Cooking Tip
임진왜란 때 일본군 장수였으나 조선에 귀화한 인물 '사야가'에 대해 조사하는 활동을 통해 임진왜란에 대한 아이들의 시야를 넓혀 주는 것은 어떨까요?

700 🔍 그리스에 페르시아 100만 대군에 맞선 스파르타의 300이 있었다면 조선에는 조헌 장군과 700 의병이 있었습니다. 충청도 옥천에서 천여 명의 의병을 규합하여 거병해 일본군에게 빼앗긴 청주성을 되찾기도 합니다. 하지만 그 후 금산에서 곡창지대 전라도로 향하는 일본군에 맞서 싸우다 조헌과 700명의 의병은 전사합니다. 그들의 뜻을 기리는 곳으로 충남 금산에 칠백의총이 있습니다.

진주대첩 🔍 이어서 1차 진주성 전투인 진주대첩을 살펴보겠습니다. 진주대첩 역시 임진왜란 3대 대첩 가운데 하나로 평가받고 있습니다.
　일본의 3만 대군은 호남 지방으로 가는 길목으로 전략적 요충지인 진주성을 포위하였습니다. 조선의 서남부 지역을 장악하기 위해서였습니다. 조선 관민 3,800명 대 일본군 3만 명의 싸움이 시작된 것이지요. 진

김시민 장군 동상

비격진천뢰

주 목사 김시민은 열세인 조건을 극복하기 위해 여자와 노인을 남장시키는 위장 전술을 펼치고, 밤에는 여유로운 척 악공이 피리를 불게 하는 심리전을 펼칩니다. 진주성 관민이 모든 힘을 합쳐 6일간 치열한 항전으로 일본의 3만 대군을 막아 내기에 이릅니다. 일본군의 한반도 서남부 지역 진격을 막아 낸 것이지요. 하지만 전투가 끝날 무렵 김시민은 시신 속에 숨어 있던 일본군의 총탄에 순국하고 맙니다.

평양성 전투 🔍

이제 길고 긴 임진년이 지나갔습니다. 1593년입니다. 여전히 전쟁은 끝나지 않았지만 전세가 달라집니다. 임진년 말 명나라에서 원군이 왔고, 조선과 명나라는 연합군을 이룹니다. 명나라 역시 일본에게 위협을 느낀 것입니다. 처음에는 선조의 원군 요청이 계략이라고 생각했다고 합니다. 일본군의 진격 속도가 비정상적으로 빨라 조선이 내응하고 함께 명나라를 치는 것으로 착각할 정도였다고 합니다. 하지만 시간이 흘러 진실을 알게 되었고, 입술이 없으면 치아가 시린다는 순망치한(脣亡齒寒)이라는 말을 기억하며 원군 파병을 결정합니다.

처음에 온 명나라 선발대는 일본군에게 박살이 났습니다. 너무 얕잡아 본 것이죠. 이후 조명 연합군은 4차에 걸쳐 평양성을 공격했고, 1593년 초 평양성을 탈환합니다. 서산 대사와 그의 제자 사명 대사도 이때 승병들을 이끌고 전투에 참여해 공을 세웁니다. 조선 전기 내내 불교는 나라로부터 탄압을 받았지만 그들은 나라를 구하기 위해 손에 무기를 든 것입니다. 평양성 탈환으로 전쟁의 양상이 바뀝니다. 하지만 너무 흥분한 것일까요? 명나라 장수 이여송은 밀려나는 일본군을 뒤따라갔다가 일본군에게 박살이 납니다. 이것이 벽제관 전투입니다. 이후 이여송은 조선을 구원할 의지를 잃어 번번이 일본군과의 전투를 피하는 모습을 보입니다.

`3천 vs 3만` 🔍
후퇴하던 일본군은 행주산성으로 향했습니다. 이때 행주산성을 지키던 사람은 권율 장군이었습니다. 권율은 임진왜란이 발발하고 광주 목사로 임명됩니다. 여기서 목사는 광주목의 지방관을 의미합니다. 그는 임진년에 전라도 이치 전투에서 고작 1,500명의 병사로 1만 명의 일본군을 격파해 조선의 곡창 지대인 호남 지역을 지켜 내는 데 큰 공을 세운 장수입니다. 하지만 1593년 3월 행주산성을 포위한 일본군은 3만의 병력이었고, 행주산성의 관민은 3천 명에 불과했습니다. 누가 봐도 열세였던 이 전투를 권율은 어떻게 승리로 이끌 수 있었을까요? 이번에도 역시 신무기가 열쇠였습니다.

한 장의 사진은 익숙하지만 다른 한 장의 사진은 익숙하지 않을 수도 있습니다. 잘 알려지지 않았으니까요. 왼쪽 사진은 우리가 흔히

❶ 신기전기 화차
❷ 총통기 화차

알고 있는 신기전기 화차이고, 오른쪽 사진은 총통기 화차입니다. 조선 초기부터 쓰였는데, 화살의 위력을 배로 만드는 무기이고, 현재 다련장(다연발 로켓포)과 비슷한 모습입니다. 도화선을 연결해 한꺼번에 많은 화살을 강력하게 날릴 수 있습니다. 장거리용으로 볼 수 있습니다. 하지만 기록을 보면 장성의 망암 변이중이 화차를 만들어 권율을 지원해 주었는데, 그 화차가 바로 오른쪽 사진의 총통기 화차였다고 합니다. 총통기 화차는 장갑차와 유사합니다. 두꺼운 나무 판으로 사면을 막고 각 면에 소형 대포격인 총통을 배치한 것입니다. 근접전도 가능한 무기인 것입니다.

Cooking Tip

유튜브에서 신기전기 화차와 총통기 화차 발사 장면을 찾아 보여 주어 아이들의 이해를 도왔습니다.

`패배로 기록된 2차 진주성 전투` 🔍
평양성을 빼앗기고 행주산성

Cooking Tip
2차 진주성 전투를 재조명
하는 영상을 시청했습니다.
〈역사채널e〉 '17대 1 전설의
승리'입니다.

에서 크게 패한 일본군은 전략을 바꾸었습니다. 그들은 도요토미 히데요
시의 명령에 따라 조선 전역 지배를 포기하고 전 군을 동원해 삼남 지방
을 점령하기 위해 요충지 진주성을 공격합니다. 당시 조선에 주둔하고
있는 12만 일본군 가운데 9만 3천 명을 동원하였으므로 거의 총력전에
가까웠습니다. 이에 반해 진주성을 지키고 병력의 수는 관과 민을 합해
5,800명이었습니다. 17대 1의 싸움인 것이지요. 병사의 수가 적어 패배
했다고 변명하기 위해 이야기를 꺼낸 것이 아닙니다. 8박 9일 동안 정말
치열하게 싸웠습니다. 총 24번을 싸워 24번을 승리했습니다. 하지만 전
투 9일차 폭우가 내렸고, 폭우로 인해 성벽이 무너져 진주성은 함락되었
고 안에 있던 관민은 몰살당합니다. 비록 25번째 전투에서 패배하긴 했
지만, 앞서 있었던 24번의 전투에서 일본군을 3만 8천 명 가까이 사살했
고, 병력을 3분의 1이나 잃은 일본군은 추가 진격을 포기하고 부산으로
퇴각했다는 점이 2차 진주성 전투의 의의입니다. 이렇게 임진년에 시작
된 전투는 소강 상태에 이르게 됩니다.

말이야, 막걸리야? 🔍   생각보다 전쟁이 길어집니다. 이에 명나라
와 일본은 전쟁에 대한 강화 교섭을 시작합니다. 교섭 중 일본은 말도 안
되는 이상한 요구를 합니다. 조선의 경기·충청·경상·전라도 지역은 자신
들이 차지하고 조선의 왕자와 신하들을 인질로 삼겠다는 조건, 명나라
황제의 딸을 도요토미 히데요시의 첩으로 보내라는 조건 등을 제시합니
다. 협상을 하기 싫었던 모양입니다. 명나라 입장에서는 두 번째 조건을
더 싫어했을 듯합니다만. 어찌 되었든 협.상.결.렬.

정유재란 🔍   다시 전쟁이 발발합니다. 정유년에 일본군이 다시 쳐
들어왔다고 하여 '정유재란'이라고 합니다.

백의종군 🔍 하지만 이 중요한 순간에 삼도 수군 통제사였던 이순신은 일본군 지휘관 고니시 유키나가의 계략에 빠져 감옥에 갇혔다가 지위를 박탈당하고 백의종군하게 됩니다. 고니시 유키나가가 조정에 흘린 정보는 '나와 경쟁 관계에 있는 가토 기요마사가 조선에 상륙하는 날이 언제인지 정보를 흘려 줄 테니 조선 수군을 출동시켜 덮쳐라.'라는 내용이었습니다. 조정에서는 적군 지휘관 말만 믿고 이순신에게 출정 명령을 내렸고, 이순신은 뭔가 이상하다는 느낌을 받아 출동하지 않았습니다. 이순신 입장에서는 확신이 있어 한 행동이겠지만 전쟁 중에 왕의 명을 어긴 것이 되어 일이 그렇게 된 것입니다.

최악의 전투 칠천량 해전 🔍 이순신이 물러나고 원균이 삼도 수군 통제사가 됩니다. 거북선도 판옥선도 이순신이 전투 때 사용한 것 그대로였습니다. 원균 역시 조정으로부터 출정 명령을 받았고, 반강제로 출전하게 됩니다. 도대체 조선 조정은 제정신인지 모르겠습니다. 전쟁에 대해 모르는 사람들이 전쟁터에서 '감 놔라, 배 놔라' 하는 격이죠. 억지 출정한 원균은 칠천량 해전에서 대부분의 병력과 전함을 잃고 자신도 생을 마감합니다. 이에 당황한 조정은 부랴부랴 이순신을 다시 불러 통제사로 임명해 수군을 지휘하게 합니다.

必死則生 必生則死 🔍 다시 수군을 맡았다고는 하나 칠천량에서의 패배로 수군은 거의 궤멸 상태에 이르러 절망적인 상황이었습니다. 선조는 바다를 버리고 육군에 합류하라는 지시를 합니다. 이에 대한 이순신의 답은 다음과 같았습니다. "신에게는 아직 12척의 전선이 남아 있습니다." 이런 상황에서 일본군이 약해진 수군을 아예 없애 버리려고 작정을 했는지 300척이 넘는 전함을 이끌고 명량 앞바다에 들이닥칩니다. 이순신과 조선 수군은 '살고자 하면 죽을 것이고, 죽고자 하면 살 것이

Cooking Tip
영화 〈명량〉의 일부를 보여
주어 분위기를 환기시켰습
니다. 실제 진도대교에 가
서 바다를 보면 물살이 거
세 바다가 회오리치는 모습
을 어렵지 않게 볼 수 있습
니다.

다.'라는 생각으로 전투에 임합니다.

명량대첩 당시 조선 수군의 배는 최종 13척(후에 1척의 배가 추가 합류했다고 한다), 전투에 참여한 일본 군함은 133척이었습니다. 전투에 참여하는 배 뒤에는 수백 척의 일본 전함이 대기하고 있었습니다. 이순신 하면 떠오르는 거북선도 단 한 척도 없었습니다. 이런 상황에서 이순신은 이말도 안 되는 전투마저도 승리로 이끌어 냅니다. 긴 쇠사슬을 이용해 적의 전함을 오가지 못하게 만들었다는 이야기도 전해지는데, 이는 하나의 가설로 보면 될 것 같습니다. 하지만 이순신이 진도 앞바다 울돌목의 강한 물살과 조류가 바뀌는 순간을 이용해 승리를 거둔 것만은 확실한 것 같습니다. 기적의 승리, 명량대첩이었습니다.

울돌목

Cooking Tip
드라마 〈임진왜란 1592〉를
활용해 노량대첩에 임하는
이순신 장군의 마음을 엿보
았습니다.

그의 마지막 전투 🔍 울돌목에서도 기적의 승리를 보여 준 이순신 장군! 하지만 마지막 노량대첩에서 그는 일본군의 총탄에 맞아 세상을 떠납니다. 자신의 죽음을 적에게 알리지 말라는 유언을 남기며……. 노량대첩은 돌아가는 일본군 전함 한 척도 조선 사람들을 괴롭히고 조선 땅을 짓밟은 자들이니 그냥 돌려보낼 수 없다는 마음이었을 듯합니다.

7년 전쟁 그 후 🔍 7년 전쟁의 결과는 비참했습니다. 수많은 사람들이 죽거나 다쳤습니다. 농토는 황폐해져 먹고살 일이 막막합니다. 일본에 포로로 끌려간 사람들도 많았습니다. 그중 활자공, 도공들과 같은 장인들도 다수 있었습니다. 그래서 임진왜란을 활자 전쟁, 도자기 전쟁이라고 부르는 사람들도 있습니다. 조선의 선진 문물을 전쟁을 통해 약탈한 것이죠.

포로 이야기가 나오니 한 인물이 떠오릅니다. 바로 사명 대사입니다. 그는 전쟁이 끝난 후 일본으로 건너가 일본에 붙잡혀 있는 조선인 포로들을 데려오는 데 노력합니다. 적진에 들어가 명쾌하게 회담을 이끌어 3천 명 이상의 포로들을 데려왔다는 이야기가 전해집니다.

하나 더, 전쟁으로 귀중한 우리 문화유산도 일본에 많이 **빼앗겼습니다**. 그들은 가져갈 수 없는 문화유산에는 불을 질렀습니다. 경주의 불국사가 그 예입니다. 경복궁과 창덕궁도 화재로 불타 버립니다. 그와 함께 우리의 소중한 기록들도 불타 버립니다.

Cooking Tip
임진왜란을 조금 더 객관적으로 보자는 입장에서 '임진전쟁' 또는 '조일전쟁'으로 불러야 한다는 견해도 있습니다.

Cooking Tip
이 수업을 진행하면 우리의 영웅 이순신 장군은 아이들에게 거의 신이 돼 버립니다. 온라인 게임 등의 영향으로 무기나 전쟁에 관심이 높은 남학생들이 다소 엉뚱한 시선으로 전쟁을 바라보지 않도록, 다양한 입장에서 전쟁에 대해 생각할 수 있는 기회를 주는 것은 어떨까요? 전쟁 속에서 남성, 여성, 어린이가 어떤 상황에 처할 수 있는지 생각해 보는 시간이 필요합니다. 또 마지막 전투에서 생을 마감하게 되는 이순신 장군의 입장, 자신이 살던 곳을 등져야만 했던 활자공과 도공들의 입장, 조선을 돕다가 여진의 성장을 제어하지 못해 나라가 망한 명나라 황제의 입장 등 다양한 관점을 주고 전쟁의 처참함을 느끼고 평화에 대한 관심을 독려해 주세요!

핵심역량을
기르는
특제 비법 소스
7종 세트

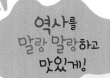

역사를
말랑 말랑하고
맛있게!

① 교과서에선 사라졌지만 꼭 알아야 할 6조를
   보드게임으로!
② 호패에 꿈을 담다
③ 교과서 저자의 눈으로 보는 조선 초기 주변 나라와의 관계
④ 우리가 만드는 삼강행실도
⑤ 훈민정음 톺아보기
⑥ 격구 보드게임 만들기
⑦ 니들이 노잡이의 고통을 알아?
   노잡이 없는 현대판 거북선과 판옥선 만들기

01 교과서에선 사라졌지만 꼭 알아야 할 6조를 보드게임으로!

- ☑ 난이도 : ★★☆☆☆
- ☑ 관련 핵심역량 : 지식정보처리 역량
- ☑ 준비물 : 6조 보드게임

  → 학교 예산을 활용하여 플토보드로(www.pltobodro.com)에서 구입할 수 있습니다.

- ☑ 활동

  • 조선의 정치 기구인 이조, 호조, 예조, 병조, 형조, 공조 가운데 한 역할을 맡아 왕을 만나러
    가는 게임입니다.

  • 보드게임을 통해 6조의 기능을 자연스럽게 익힐 수 있습니다.

- ☑ 활동 모습

02 호패에 꿈을 담다

- ☑ 난이도 : ★★★☆☆
- ☑ 관련 핵심역량 : 자기관리 역량, 심미적 감성 역량
- ☑ 준비물 : MDF, 접톱, 목공용 끌(또는 조각칼), 망치, 목장갑, 드릴, 끈 등
- ☑ 진행 방법

① 자신의 장래희망에 대해 조사하고 발표한다.

② 천간(10간)과 지지(12지)를 결합해 만드는 60갑자(간지)에 대해 알아본다.

③ 해당 연도의 간지를 기준으로 학생의 출생년도의 간지와 희망하는 직업에 종사할 수 있는 연도의 간지를 계산한다.

④ MDF를 적당한 크기로 자른다.

⑤ 호패의 앞면 상단에 자신의 이름을 크게 적고, 우측 하단에는 출생년도를 간지로 적는다.

⑥ 호패의 앞면 좌측 하단에는 자신이 희망하는 직업에 종사할 수 있는 연도를 간지로 적고, 바로 아래에 희망 직종을 영어 약자로 적는다(공간이 부족해 부득이하게 영어 약자 사용).

⑦ 호패의 뒷면에는 호패 제작 연도를 간지로 적는다.

⑧ 끌과 망치를 사용해 호패 앞면만 음각으로 파낸다.

⑨ 드릴을 사용해 호패 상단에 구멍을 뚫어 끈을 묶는다.

- ☑ 활동 Tip

• 자신이 희망하는 직종에 대해 자세히 조사(해당 직종에 종사하고 싶게 된 동기, 꿈을 이루기 위한 방법, 롤 모델, 꿈을 이루기 위해 현재 할 수 있는 일)하고 발표를 준비하는 과정 또한 중요합니다(진로교육과 연계).

• MDF의 두께를 고려하여 앞면만 파냅니다.

☑ 활동 모습

교과서 저자의 눈으로 보는 조선 초기 주변 나라와의 관계

- ☑ 난이도 : ★★★☆☆
- ☑ 관련 핵심역량 : 지식정보처리 역량, 의사소통 역량
- ☑ 준비물 : 교과서, 활동지, 플래그 포스트잇 등
- ☑ 활동 **Up**
  - 사대교린, Give&Take 수업을 마치고 본 활동을 진행하는 것이 효과적입니다.
  - 교과서 서술 문장이 어떤 사료(『조선왕조실록』 기록)에 기초해 만들어졌는지 파악해 볼 수 있습니다.
- ☑ 활동지(쌤동네 채널 파일 탑재)

04 우리가 만드는 삼강행실도

☑ 난이도 : ★★★☆☆

☑ 관련 핵심역량 : 자기관리 역량, 심미적 감성 역량, 공동체 역량

☑ 준비물 : 판화용 목판, 끌, 망치, 물감, 붓, 종이 등

☑ 진행 방법

　① 삼강행실도에 대해 간단히 알아본다.

　② 토의를 거쳐 현재 우리에게 의미 있다고 여겨지는 덕목은 남기고, 시대에 맞지 않는 내용은 변형 또는 배제한다(예시 : 임금과 신하와의 관계 → 나라를 사랑하는 마음, 열녀와 관련된 내용은 삭제하고 학생과 선생님 사이에 지켜야 할 도리로 대체).

　③ 자신의 경험 속에서 효를 다한 사례, 나라를 사랑하는 마음을 실천한 사례, 학생과 선생님 사이에서의 미담 사례를 찾고, 각자 어떤 내용을 목판에 새길지 토의한다.

　④ 그림과 문구(좌우 반전)를 목판에 스케치한다.

　⑤ 끌과 망치를 사용해 음각으로 목판을 완성한다.

　⑥ 물감을 바르고 종이에 인쇄한다.

☑ 활동 Tip

　• 물감의 특성상 금방 건조되어 인쇄가 어렵습니다. 그 때문에 모둠원들이 협동하여 빠른 시간 내에 목판에 물감을 발라야 합니다.

☑ 활동 모습

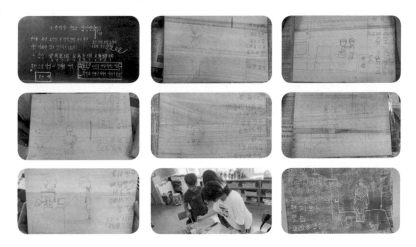

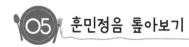

O5 훈민정음 톺아보기

☑ 난이도 : ★★★★☆

☑ 관련 핵심역량 : 지식정보처리 역량, 의사소통 역량, 공동체 역량

☑ 준비물 : 컴퓨터 등

☑ 활동 **Tip**

• 1개월 정도의 기간 동안 한글날 관련 프로젝트 학습을 진행했습니다. 프로젝트 학습의 결과물로 학생들이 직접 학급 소식지를 만들어 학부모님께 전달했습니다.

☑ 아이들이 발행한 학급 소식지 모습과 학부모 반응

06 격구 보드게임 만들기

☑ **난이도** : ★★☆☆☆

☑ **관련 핵심역량** : 심미적 감성 역량, 의사소통 역량

☑ **준비물** : 교과서, 4절지, 연필, 색연필, 자, 칼, 코팅지, 가위 등

☑ **진행 방법**

① 교과서에 제시된 삽화를 참고해 4절지에 그림을 그린다.

② 사절지 양 끝에 점수를 적고, 세 변을 칼로 잘라 세울 수 있게 만든다.

③ 동일한 방식으로 골대의 일부분을 잘라 세운다.

④ 코팅된 코팅지를 동그랗게 오려 공을 만든다.

⑤ 2명씩 짝을 지어 게임을 즐긴다.

☑ **활동 Tip**

• 교과서에 제시된 조선 시대 사람들의 놀이 가운데 가장 낯선 것이 바로 격구입니다. 가장
낯선 것을 가장 익숙한 것으로 변화시키기 위해 추억의 보드게임 제작이라는 방식을 선
택했습니다.

• 연필 끝으로 코팅지로 만든 공을 눌러 패스하고, 골대에 공을 넣어 점수를 따는 방식의
게임입니다.

☑ **활동 모습**

니들이 노잡이의 고통을 알아?
노잡이 없는 현대판 거북선과 판옥선 만들기

☑ 난이도 : ★★★★☆

☑ 관련 핵심역량 : 창의적 사고 역량

☑ 준비물 : 태양광 거북선, 판옥선 만들기 세트 등

→ 네이버쇼핑에서 '태양광 거북선' 또는 '태양광 판옥선'으로 검색하면 아카데미과학에서 만든 만들기 세트를 손쉽게 구입할 수 있습니다.

☑ 활동 Tip

•임진왜란 관련 수업을 한 후, 충무공 탄신일 또는 과학의 날 행사에 활용하면 좋습니다(과학 또는 실과와 연계).

☑ 활동 모습

'사신 프로젝트 두드림' 블로그에서
'진수식'이라는 키워드로 검색하면
물 위에서 노를 저으며 움직이는 태양광
거북선과 판옥선의 모습을 동영상으로
살펴볼 수 있습니다.

첫 번째
食史

자료 출처

자신만의 싱싱한 식재료를 얻을 수 있는 곳

원산지 표시	로컬 푸드
• 주먹도끼 : 국립중앙박물관 누리집 • 단양 금굴 유적 : 문화재청 누리집 • 빗살무늬토기 : 국립중앙박물관 누리집 • 비파형 동검 : 국립중앙박물관 누리집 • 거친무늬 거울 : 국립중앙박물관 누리집 • 화순 대곡리 청동 유물 : 국립중앙박물관 누리집 • 반달돌칼 : 국립중앙박물관 누리집 • 민무늬토기 : 국립중앙박물관 누리집 • 농경문 청동기 : 국립중앙박물관 누리집 • 잔무늬 거울 : 문화재청 누리집 • 나주 신촌리 금동관 : 국립중앙박물관 누리집 • 안악 3호분 행렬도 / 생활도 : 동북아역사재단 • 수산리 고분 서벽 : 동북아역사재단 • 고구려 각저총 고분 벽화 : 한국콘텐츠진흥원 • 무령왕 금제관식 : 국립중앙박물관 누리집 • 무령왕비 금제관식 : 국립중앙박물관 누리집 • 무령왕비 금귀걸이 : 국립중앙박물관 누리집 • 문무대왕릉 : 문화재청 누리집 • 고구려 및 발해 연꽃무늬 수막새 : 국립중앙박물관 누리집 • 발해 목간 : 국립중앙박물관 누리집 • 예빈도 : 한국콘텐츠진흥원 • 금동초심지 : 문화재청 누리집 • 민정문서 : 국립수목원산림박물관 누리집 • 의상대사 영정 : 문화재청 누리집 • 석굴암 : 문화재청 누리집 • 석가탑 : 문화재청 누리집 • 경주 용장사곡 삼층석탑 : 문화재청 누리집 • 경주 남산 칠불암 마애불상군 : 문화재청 누리집	• 전곡 선사 박물관(경기도 연천군) • 공주 석장리 박물관(충청남도 공주시) • 서울 암사동 유적(서울특별시) • 국립중앙박물관(서울특별시) • 강화 부근리 고인돌(인천광역시 강화군) • 화순 고인돌 유적지(전라남도 화순군) • 고창 고인돌 박물관(전라북도 고창군) • 숭실대학교 한국기독교박물관(서울특별시) • 한성백제박물관(서울특별시) • 마한문화공원(전라남도 영암군) • 가야테마파크(경상남도 김해시) • 수로왕릉(경상남도 김해시) • 파사석탑(경상남도 김해시) • 충주 고구려비 전시관(충청북도 충주시) • 공산성(충청남도 공주시) • 백제문화단지(충청남도 부여군) • 대성동 고분 박물관(경상남도 김해시) • 국립김해박물관(경상남도 김해시) • 정림사지 오층석탑(충청남도 부여군) • 서산 용현리 마애여래삼존상(충청남도 서산시) • 익산 미륵사지 석탑(전라북도 익산시) • 분황사 모전석탑(경상북도 경주시) • 송산리 6호분(충청남도 공주시) • 무령왕릉(충청남도 공주시) • 국립부여박물관(충청남도 부여군) • 대릉원(경상북도 경주시) • 국립경주박물관(경상북도 경주시) • 호류지(=법륭사, 일본) • 고류지(=광륭사, 일본) • 계백 동상(충청남도 논산시) • 김유신 동상(서울특별시) • 감은사지 석탑(경상북도 경주시) • 장보고 기념관(전라남도 완도군) • 월지(경상북도 경주시) • 원효대사 동상(서울특별시) • 국립민속박물관(서울특별시)

두 번째
食史

자료 출처

자신만의 싱싱한
식재료를 얻을 수
있는 곳

원산지 표시	로컬 푸드
• 금산사 : 국립중앙박물관 누리집 • 완사천 : 문화재청 누리집 • 장양수 홍패 : 문화재청 누리집 • 건원중보 : 국립민속박물관 누리집 • 해동통보 : 국립중앙박물관 누리집 • 삼한중보 : 국립중앙박물관 누리집 • 동국통보 : 국립중앙박물관 누리집 • 송도전경〈송도기행첩〉 : 국립중앙박물관 누리집 • 천산대렵도 : 국립중앙박물관 누리집 • 월정사 팔각구층석탑 : 문화재청 누리집 • 영주 부석사 무량수전 : 공공누리 누리집 • 통도사 장생표 : 문화재청 누리집 • 수월관음도 : 문화재청 누리집 • 진관사 동종 : 국립중앙박물관 누리집 • 의천 : 문화재청 누리집 • 청자상감운학문매병 : 문화재청 누리집 • 해인사 장경판전 : 문화재청 누리집 • 고려대장경판 : 문화재청 누리집 • 금속활자 '복' : 국립중앙박물관 누리집	• 킨카쿠지(=금각사, 일본) • 고려궁지(인천광역시 강화군) • 국립중앙박물관(서울특별시) • 논산 관촉사 석조미륵보살입상(충청남도 논산시) • 고려청자 박물관(전라남도 강진군) • 국립민속박물관(서울특별시)

자료 출처

자신만의 싱싱한
식재료를 얻을 수
있는 곳

원산지 표시

- 태조 이성계 어진 : 문화재청 누리집
- 돈의문 : 국립민속박물관 누리집
- 숙정문 : 문화재청 누리집
- 사직단 : 문화재청 누리집
- 호패 : 국립중앙박물관 누리집
- 혼천의 : 문화재청 누리집
- 삼강행실도 : 국립중앙박물관 누리집
- 훈민정음 해례본 : 문화재청 누리집
- 경국대전 : 국립중앙박물관 누리집
- 고싸움 : 문화재청 누리집

로컬 푸드

- 정도전 유배지(전라남도 나주시)
- 흥인지문(서울특별시)
- 숭례문(서울특별시)
- 보신각(서울특별시)
- 청계천(서울특별시)
- 경복궁(서울특별시)
- 종묘(서울특별시)
- 충주박물관(충청남도 충주시)
- 창덕궁(서울특별시)
- 국립민속박물관(서울특별시)
- 국립중앙박물관(서울특별시)
- 국립고궁박물관(서울특별시)
- 국립중앙과학관(대전광역시)
- 국립한글박물관(서울특별시)
- 오사카조(=오사카성, 일본)
- 동래읍성 임진왜란 역사관(부산광역시)
- 부산 박물관(부산광역시)
- 탄금대(충청남도 충주시)
- DDP(서울특별시)
- 진주성(경상남도 진주시)
- 덕수궁(서울특별시)
- 봉암서원(전라남도 장성군)
- 울돌목(전라남도 진도군)

도움 받은 레시피

5학년 2학기 초등학교 사회(2016)
6학년 1학기 초등학교 사회(2017)
5학년 1학기 초등학교 사회(2014)
5학년 2학기 초등학교 사회(2014)
5학년 1학기 초등학교 사회과 탐구(2014)
5학년 2학기 초등학교 사회과 탐구(2014)
6학년 1학기 초등학교 사회(2009)
6학년 1학기 초등학교 사회과 탐구(2009)

김한종, 민주사회와 시민을 위한 역사교육, 서울대학교출판문화원
민윤 · 최용규 · 이향아 · 이광원, 다문화 시대의 어린이 역사교육, 대교출판
한영우, 다시 찾는 우리 역사, 경세원
배성호 · 박찬희 · 김종엽, 두근두근 한국사 1 · 2, 양철북
이관구, 초등 한국사 진짜 역사 수업을 말한다, 즐거운학교
최준채 · 윤영호 · 남궁원 · 박찬영, 한자로 깨치는 한국사, 리베르스쿨
최승후, 한자 풀이로 끝내는 한국사, 들녘
박기복, 십대를 위한 한국사 어휘력 만점공부법, 행복한나무
한국생활사박물관 편찬위원회, 한국생활사박물관, 사계절
역사신문 편찬위원회, 역사신문, 사계절
전국역사교사모임, 제대로 한국사, 휴먼어린이
박시백, 박시백의 조선왕조실록 1~20, 휴머니스트
아울북 편집부, 생방송 한국사 1~8, 아울북
설민석, 설민석의 조선왕조실록, 세계사
최진기, 최진기의 끝내주는 전쟁사 특강, 휴먼큐브
금현진 외, 용선생 시끌벅적 한국사 1~10, 사회평론
무적핑크, 조선왕조실톡, 이마
응가역사, 제이그룹
조정래, 대하소설 한강, 해냄

서의식 외, 뿌리 깊은 한국사 샘이 깊은 이야기, 가람기획

유시민, 나의 한국현대사, 돌베개

우리누리, 관혼상제, 재미있는 옛날 풍습, 어린이중앙

이동렬, 사라져 가는 세시풍속, 두산동아

역사채널e(EBS)

역사저널 그날(KBS)

역사 스페셜(KBS)

. . . .

고종훈, 수능 국사(메가스터디 강의)

고종훈, 수능 근현대사(메가스터디 강의)

고종훈, 수능 세계사(메가스터디 강의)

고종훈, 공무원 한국사(은현에듀 강의)

강민성, 공무원 한국사(공무원단기학교 강의)

최태성, 고급 한국사능력검정시험(EBS 강의)

설민석, 고급 한국사능력검정시험(태건에듀 강의)

설민석, 한국통사(태건에듀 강의)

설민석, 역사 톡!톡! 역사 속 인물과 사건으로 보는 삶의 지혜(티처빌 강의)

이다지, 근현대사의 맨얼굴(EBS 강의)

권용기, 수능 한국사(대성 마이맥 강의)

초판 1쇄 발행　2019년 3월 6일
초판 2쇄 발행　2022년 12월 30일

지 은 이　신봉석
그 린 이　김차명, 남궁주혜
펴 낸 이　이형세
책임편집　윤정기
편　　집　정지현
디 자 인　강태영
제　　작　제이오엘앤피
펴 낸 곳　테크빌교육㈜
주　　소　서울시 강남구 연주로 551, 프라자빌딩 5층, 8층
전　　화　02 – 3442 – 7783(333)
팩　　스　02 – 3442 – 7793

ISBN　979 – 11 – 6346 – 013 – 8　14370
　　　　979 – 11 – 6346 – 012 – 1　(세트)